60 ans TFS

TfS CANADA'S INTERNATIONAL SCHOOL | L'ÉCOLE INTERNATIONALE DU CANADA

Félicitations

Thom Fauvain

pour le prix de

Physique
Niveau Supérieur

2023 - 2024

Le voilà donc,

Ce livre qui m'a passionné
pendant l'été 2023 et
qui m'a largement servi pour
l'option Astrophysique !
Je t'invite à te plonger
dans ce milieu intrigant
qu'est ... le vide !

[illegible]

TRINH XUAN THUAN

La Plénitude du Vide

ALBIN MICHEL

ISBN : 978-2-253-13213-4 – 1re publication LGF

À la mémoire de mes parents
et de ma sœur, et à tous ceux qui sont
à la recherche du vide fécond

Avant-propos

Après avoir exploré les propriétés de l'infini[1], il est naturel que je me penche sur le vide. L'homme se situe entre deux infinis, l'infiniment petit et l'infiniment grand. Comme Pascal l'a observé : « Qu'est-ce que l'homme dans la nature ? Un néant à l'égard de l'infini, un tout à l'égard du néant, un milieu entre rien et tout, infiniment éloigné de comprendre les extrêmes[2]. » Le vide, comme l'infini, n'a cessé de se manifester, sous les apparences les plus variées, dans différents domaines de la pensée humaine. Il a non seulement attiré l'attention des philosophes et des théologiens, mais aussi celle des mathématiciens, des physiciens et des cosmologues. Et chaque fois, la rencontre avec le vide a permis à l'homme de progresser et de grandir. Léonard de Vinci le remarquait justement : « De tous les grands concepts que nous portons en nous, celui du néant est sans doute le plus fécond. »

---

1. Trinh Xuan Thuan, *Désir d'infini*, Folio essais, 2014.
2. Blaise Pascal, *Pensées,* Folio classique, 2004.

Le vide s'est manifesté dans le monde des mathématiques sous la forme du zéro. Il existe une énigme à ce sujet : pourquoi le zéro n'est-il pas né en Occident, malgré les grandes avancées réalisées dans le domaine des mathématiques par les Grecs, mais en Orient ? Pourquoi le zéro a-t-il suscité un tel effroi dans la pensée occidentale, alors qu'il a été accueilli à bras ouverts par la pensée orientale ? Pourquoi a-t-il fallu attendre jusqu'au Ve siècle pour que le génie mathématique indien confère enfin au zéro le statut d'un nombre à part entière ? Le premier chapitre tentera de répondre à ces interrogations.

Dans le deuxième chapitre, nous explorerons les débuts scientifiques de la notion de vide. Comment celle-ci a-t-elle fait son entrée dans les sciences physiques avec la théorie de l'atomisme de Leucippe et Démocrite, vers le Ve siècle avant notre ère ? Pourquoi les voix des atomistes furent-elles vite étouffées par celles, considérablement plus influentes, de Platon et surtout d'Aristote qui clama haut et fort que « la nature a horreur du vide » ? Comment, au XVIe siècle, après quelque vingt siècles d'*horror vacui* aristotélicien, le vide a-t-il cessé d'être le sujet de discussions théologiques et philosophiques pour devenir enfin une question scientifique qui peut être résolue de manière expérimentale ? Nous verrons comment Torricelli, élève de Galilée en Italie, puis Pascal en France réussirent, par une série d'expériences remarquables basées sur des colonnes de mercure (ou d'autres liquides) dans des tubes en verre, à créer un vide physique durable sur Terre, démontrant ainsi que, dans certaines situations, la nature n'abhorre pas le vide. Comment ces expériences mettent-elles en évidence la réalité de la pression atmosphérique et du poids de l'air ?

Mais si du vide peut être créé sur Terre, pouvons-nous être certains que l'espace au-delà de notre planète est totalement vide ? Le troisième chapitre se penchera sur l'idée aristotélicienne d'une « quinte essence » invisible appelée « éther », plus légère que l'air, l'eau, la terre et le feu, qui baignerait l'univers tout entier. Comment la notion d'éther a-t-elle évolué au cours du temps ? Pourquoi de grands scientifiques, tels Newton avec sa théorie de la gravitation universelle en 1687 et Maxwell avec sa démonstration au XIXe siècle que la lumière n'est autre qu'une onde électromagnétique, ont-ils ressenti la nécessité de faire appel à l'éther pour renforcer leurs théories ? Les théories scientifiques doivent être soumises à la vérification par l'expérience ou l'observation. Comment pouvons-nous mettre en évidence l'existence (ou la non-existence) de l'éther ? Nous verrons comment l'ingénieuse expérience des physiciens Michelson et Morley apporta un début de réponse à cette question à la fin du XIXe siècle. Mais c'est au début du XXe siècle qu'Einstein le révolutionnaire allait fournir, grâce à sa théorie de la relativité, la solution définitive, et décider une fois pour toutes du sort de l'éther. Ce faisant, il allait modifier profondément nos notions habituelles de temps et d'espace. Comment le jeune physicien a-t-il pu accomplir un tel prodige ?

La relativité n'est pas la seule théorie à bouleverser profondément notre vision du réel. L'autre grande théorie du début du XXe siècle, la mécanique quantique, la physique qui décrit le monde des atomes et des particules subatomiques, nous présente aussi une conception du vide radicalement nouvelle. Dans le quatrième chapitre, nous nous intéresserons à cette conception inédite du vide, en nous demandant notamment si la matière qui compose notre corps et les objets autour de nous n'est que du « presque vide », ainsi que les physiciens nous l'affirment. Et supposons que nous enlevions toute matière de l'espace, obtiendrait-on alors un vrai vide ? La réponse, surprenante et extraordinaire, fera appel à ce que les physiciens appellent le « principe d'incertitude de Heisenberg » qui régit le monde de l'infiniment petit. Pour y parvenir, nous aurons recours à des concepts nouveaux tels que le flou de l'énergie et à des entités étranges qui bafouent le bon sens, telles que les particules virtuelles ou le vide plein.

Le cinquième chapitre traitera de la cosmologie. Car l'univers est lié au vide par excellence. Comment celui-ci est-il passé de la non-existence à l'existence, du non-être à l'être, du néant à quelque chose ? Quel est le rôle du vide dans la naissance de l'univers ? Comment le vide a-t-il pu être la cause du « bang » du big bang, cette fameuse explosion primordiale qui s'est produite il y a 13,8 milliards d'années, lançant l'univers dans une expansion folle à partir d'un état extrêmement petit, chaud et dense ? Comment le vide a-t-il pu générer toute la beauté et la complexité du monde ? L'univers a décéléré pendant les sept premiers milliards d'années de son existence, freiné par la force de gravité attractive de son contenu en matière et énergie. Mais depuis le huitième milliard d'années, il est en accélération, poussé par une mystérieuse force antigravité répulsive appelée, faute de plus d'informations,

« énergie noire ». Le vide est-il responsable de l'accélération de l'univers ? Se peut-il que l'énergie noire ne soit qu'une manifestation de l'énergie du vide ?

Enfin, le dernier et sixième chapitre comparera la connaissance rationnelle du cosmos avec la connaissance mystique orientale. Le Vide joue en effet un rôle primordial dans les visions taoïste et bouddhiste du monde. Pour les taoïstes, le Tao est le Vide qui est à l'origine de l'univers. C'est en s'identifiant au Vide originel que l'homme devient le miroir du monde et peut appréhender le rythme du temps et de l'espace. Quant au bouddhisme, il parle explicitement du Vide ou de la vacuité des choses. À cause de l'interdépendance des phénomènes, rien ne peut exister en soi ni être sa propre cause, et les choses sont dépourvues d'existence intrinsèque. Comment ces visions de la spiritualité orientale rejoignent-elles la conception scientifique du vide ?

Cet ouvrage s'adresse à tout « honnête homme » curieux des développements scientifiques et philosophiques sur le vide. En le rédigeant, j'ai pris soin d'éviter toute démonstration trop technique, si bien qu'aucune connaissance scientifique avancée n'est requise de la part du lecteur. En même temps, je me suis efforcé de ne compromettre en aucun cas la rigueur et la précision de l'exposé. Le texte est également accompagné d'illustrations qui permettent à la fois d'éclairer mes propos et d'en égayer la lecture.

Trinh Xuan Thuan
Paris, juin 2016

I.

Le vide mathématique

Le vide et le néant

La notion de vide n'a cessé de hanter l'humanité depuis l'aube des temps. Qu'est-ce que le vide ? Le *Petit Larousse* nous dit : « Un espace qui ne contient rien. » Le *Dictionnaire culturel*[1], lui, précise : « Un espace qui n'est pas occupé par de la matière. » Le concept d'un espace préexistant est donc intimement et indissolublement lié à celui du vide. Le vide est l'absence de matière dans un espace défini, que cet espace soit à l'intérieur d'une bouteille de vin ou au sein de l'univers entier. Mais ce qui nous subjugue dans la notion de vide, c'est, au-delà du concept d'un espace dénué de tout, qu'elle suggère la notion de néant qui lui est souvent associée. Le même *Petit Larousse* nous dit que le néant est le « non-être, ce qui n'existe pas » ou « ce qui n'a pas encore d'existence ou qui a cessé d'être ». Contrairement à la notion de

1. *Dictionnaire culturel en langue française*, sous la direction d'Alain Rey, Le Robert, 2005.

vide, celle de néant n'implique pas d'espace sous-jacent : puisque le néant est l'absence d'existence, la notion même d'espace n'a plus de sens. La notion de néant nous fascine car elle nous oblige à confronter le problème du passage du non-être à l'être, de la non-existence à l'existence. Elle nous contraint à imaginer des temps passés où nous n'étions pas encore et des temps futurs où nous ne serons plus.

Parce qu'il sera beaucoup question de science dans cet ouvrage, j'utiliserai de préférence le mot « vide » ici, car il sous-entend l'existence préalable d'un espace. L'idée d'un espace sous-jacent est en effet nécessaire à la description de tout phénomène dans la science connue. En revanche, le mot « néant » sera utile quand le concept d'espace n'entre pas directement en jeu, ce qui est souvent le cas dans un contexte philosophique.

Faire le vide dans son esprit

Il n'est pas aisé de se représenter le néant : comment concevoir ce qui n'existe pas ? Je peux tenter d'éliminer successivement par la pensée toutes les choses qui m'entourent : la chaise où je suis assis, le bureau où j'écris, la chambre, la maison, toutes les habitations dans le voisinage, les arbres, les fleurs et les montagnes, la ville, le pays, le continent, la Terre, le Soleil, les centaines de milliards d'étoiles dans la Voie lactée et les centaines de milliards de galaxies de l'univers observable. À la fin surgit dans mon esprit un univers vide de tout, que j'imagine enveloppé d'un silence de plomb, plongé dans un noir d'encre et immergé dans une froideur glaciale.

Mais en considérant un univers qui se vide de plus en plus, mes processus de pensée ne ralentissent pas, ils continuent d'opérer. Et s'ils ne s'arrêtent pas, c'est parce qu'il est impossible de supprimer la pensée. Comme George Steiner a remarqué très justement : « Il est deux processus que les êtres humains ne sauraient arrêter aussi longtemps qu'ils vivent : respirer et penser. En vérité, nous sommes capables de retenir notre respiration plus longtemps que nous ne pouvons nous abstenir de penser. À la réflexion, cette incapacité à arrêter la pensée, à cesser de penser, est une terrifiante contrainte[1]. » Dans ce contexte, l'expression « faire le vide dans son esprit » est mal interprétée si nous la comprenons dans le sens de débarrasser son esprit de toute pensée, puisque cette tâche est impossible à réaliser. En fait, il faut plutôt comprendre que cette expression, souvent invoquée dans le contexte de la méditation, ne signifie pas tant arrêter la pensée que faire le vide d'action et de distraction, arrêter le tumulte des pensées et se concentrer sur l'instant présent. Méditer, ce n'est pas arrêter toute pensée, ce qui est infaisable, mais s'arrêter de constamment s'agiter pour retrouver la sérénité intérieure ; c'est passer du mode « faire » au mode « être » ; c'est ne pas toujours ressasser le passé ou penser à l'après, mais se concentrer sur l'instant présent ; c'est se concentrer sur son souffle

---

1. George Steiner, *Dix raisons (possibles) à la tristesse de pensée*, Albin Michel, 2005.

et être conscient de son corps et des objets qui nous entourent ; c'est éliminer le plein du bruit et de la fureur, c'est s'échapper du tapage, du chaos et des sensations turbulentes pour retrouver le vide de la pleine conscience et de la présence attentive[1].

Le néant n'est-il qu'une pseudo-idée ?

Le philosophe Henri Bergson (1859-1941) a ainsi décrit sa propre expérience de pensée pour éliminer les informations sensorielles qui l'assaillent de toute part et cela pour cerner la non-existence : « Je vais fermer les yeux, boucher mes oreilles, éteindre une à une les sensations qui m'arrivent du monde extérieur : voilà qui est fait, toutes mes perceptions s'évanouissent, l'univers matériel s'abîme pour moi dans le silence et dans la nuit. » Mais il va plus loin. Son expérience de pensée pour imaginer le néant le conduit à la conclusion paradoxale que quoi qu'il fasse, il ne peut se représenter l'annihilation totale du contenu matériel de l'univers, car il se heurte inévitablement à son soi, à sa conscience, au fait qu'il existe : « Je subsiste cependant, et ne puis m'empêcher de subsister. Je suis encore là, avec les sensations organiques qui m'arrivent de la périphérie et de l'intérieur de mon corps, avec les souvenirs que me laissent mes perceptions passées, avec l'impression même, bien positive et bien pleine, du vide que

---

1. Christophe André, *Méditer, jour après jour*, L'Iconoclaste, 2011.

je viens de faire autour de moi. Comment supprimer tout cela ? Comment s'éliminer soi-même ? »

Malgré tous ses efforts pour atténuer les sensations que son corps lui envoie et pour éliminer sa conscience, celle-ci revient avec insistance : « À l'instant même où ma conscience s'éteint, une autre conscience s'allume ; ou plutôt elle s'était allumée déjà, elle avait surgi l'instant d'auparavant pour assister à la disparition de la première... Ainsi, j'ai beau faire, je perçois toujours quelque chose, soit du dehors, soit du dedans. Quand je ne connais plus rien des objets extérieurs, c'est que je me réfugie dans la conscience que j'ai de moi-même ; si j'abolis cet intérieur, son abolition même devient un objet pour moi imaginaire qui, cette fois, perçoit comme un objet extérieur le moi qui disparaît. Extérieur ou intérieur, il y a donc toujours un objet que mon imagination se représente. » Parce qu'il est impossible de supprimer sa conscience, le philosophe conclut que « l'idée du néant absolu, entendu au sens d'une abolition de tout », n'a pas de sens, qu'elle est « une idée destructive d'elle-même, une pseudo-idée, un simple mot[1] ». Pour Bergson, l'idée du néant ne peut être un concept valide car toute idée suppose une conscience. Or, dès qu'il y a conscience, parler de néant n'a plus de sens.

La conclusion du philosophe que le néant n'est qu'une « pseudo-idée, destructive d'elle-même » repose sur l'hypothèse que l'univers contient en per-

1. Henri Bergson, *L'Évolution créatrice*, Presses universitaires de France, 2013.

manence des êtres doués de conscience, capables d'appréhender sa beauté et son harmonie. C'est certainement le cas pour notre univers, à l'époque actuelle, 13,8 milliards d'années après le big bang. Sur une planète appelée Terre, la troisième à partir d'une étoile appelée Soleil, dans la banlieue d'une galaxie nommée Voie lactée, la vie s'est éveillée il y a quelque 3,8 milliards d'années, et la conscience bien plus tard, il y a seulement quelques dizaines de milliers d'années. Je définis ici la conscience comme l'aptitude à symboliser le monde, et la capacité à se poser des questions telles que : « D'où viens-je ? Où vais-je ? Quel est le sens de ma vie ? Que deviendrai-je après ma mort ? »

Mais si notre univers héberge actuellement au moins une forme de conscience, la nôtre (il peut exister d'autres formes de vie intelligente dans l'univers, mais nous ne pouvons en être sûrs tant que nous ne sommes pas entrés en contact avec ET), il y a eu probablement des périodes dans son passé d'où la conscience était absente. Ainsi, il faut remonter à quelque 3,8 milliards d'années dans l'histoire cosmique pour que la première cellule vivante fasse son apparition sur Terre. Et quand l'univers naît, il y a quelque 13,8 milliards d'années, il n'existe ni vie, ni hommes, ni Terre, ni planètes, ni Soleil, ni étoiles, ni galaxies, ni atomes, ni même particules élémentaires. Avec notre conscience d'aujourd'hui, nous pouvons très bien imaginer cette période primordiale où rien n'existait encore, c'est-à-dire le néant. Autrement dit, si la conscience, initialement absente, fait son apparition au cours de l'histoire de l'univers, l'argument de Bergson contre l'idée de néant ne tient plus.

La cosmologie moderne nous a appris que l'émergence de la vie et donc de la conscience dépend à un extrême degré de précision de la valeur d'une quinzaine de nombres caractérisant la nature appelés « constantes physiques » – par exemple, la vitesse de la lumière ou la masse et la charge de l'électron – et des conditions initiales de l'univers, les propriétés dont il a été doté à sa naissance, tel son contenu initial en masse et énergie. Que ces constantes physiques et ces conditions initiales varient un tant soit peu, et la vie et la conscience n'auraient pas pu apparaître. La précision du réglage de certaines de ces constantes et conditions initiales défie l'imagination. Par exemple, changez un seul chiffre à la soixantième décimale de la densité initiale de l'univers, et les étoiles n'auraient pas pu se former ni pu fabriquer par leur alchimie nucléaire les éléments lourds nécessaires à la vie et à la conscience. L'univers serait dès lors stérile. Or certaines théories physiques nous disent qu'il peut exister une infinité d'autres univers parallèles au nôtre, formant un vaste multivers (nous y reviendrons). Dans ces univers parallèles, les constantes physiques et les conditions initiales prendraient toutes les valeurs possibles. La très grande majorité de ces univers posséderaient une combinaison « perdante » et se retrouveraient dépourvus de vie et de conscience. Dans ces univers, le néant serait bien une pseudo-idée car il n'y aurait pas de conscience pour l'appréhender. Mais dans notre univers, c'est la combinaison « gagnante » qui est sortie, la conscience a fait son apparition, et la notion de néant n'est plus une pseudo-idée. Elle demeure une réelle possibilité métaphysique qu'il convient d'explorer.

Parmi tous les visages que l'homme a pu donner au néant et au vide au fil du temps, qu'il soit philosophe, théologien, cosmologue ou mathématicien, commençons par nous pencher sur le vide mathématique.

L'empire du zéro

Dans le monde des mathématiques, le vide prend la forme du chiffre zéro. Le mot « zéro » a pour racine l'indien *sunya* qui signifie « vide » ou « néant ». Traduit littéralement, *sunya* devient *sifr* en arabe (qui a aussi le sens de « vide ») et *zephirum* en latin, ce qui a donné naissance au mot « zéro ».

Si le concept du zéro nous est familier aujourd'hui, cela n'a pas été toujours le cas. Longtemps, il a représenté pour certaines sociétés antiques en Occident une notion dangereuse et menaçante, capable de mettre à mal la structure du raisonnement logique et, par là, susceptible d'ébranler les fondements mêmes de la société. À cause de ce danger qui lui était associé, le zéro a mis très longtemps à s'imposer dans sa forme actuelle, alors que la pensée mathématique est née il y a des dizaines de milliers d'années avec le désir qu'avait l'homme de compter ses possessions (des cailloux ou des outils par exemple), les entités qui l'entouraient (tels des arbres ou des loups), ou simplement de marquer le temps qui passe. Compter, c'est déterminer la quantité d'éléments dans un ensemble de choses, c'est assigner un nombre à cette quantité. L'idée de nombre qui nous semble si évidente aujourd'hui est en fait le résultat d'un long travail d'abstraction et de mûrissement de l'esprit, d'un long et ardu cheminement de la pensée mathématique à travers les siècles. Ce qui relève pour nous d'opérations simples dans la vie quotidienne – additionner, soustraire, multiplier des nombres pour vérifier une facture, une addition au restaurant ou un compte en banque – se révèle être en fait une pratique extraordinaire qui n'est survenue que tard dans l'histoire des hommes. Nous verrons que ces calculs par l'écrit, et par l'écrit seulement, avec dix figures pour représenter tous les nombres du monde, ne sont devenus possibles qu'avec l'invention du zéro. Des millénaires ont été nécessaires à l'humanité pour apprendre à passer de la quantité aux nombres puis à inventer le zéro pour pouvoir calculer par l'écrit.

Pour exprimer la quantité par des nombres, le premier pas dans le processus d'abstraction consiste à allier le différent au semblable. L'homme doit prendre en compte l'existence singulière des choses, tout en étant capable de gommer leurs différences particulières. Par exemple, pour compter le nombre de moutons dans son troupeau, le berger doit reconnaître que tous ses moutons sont de la même espèce, bien que chacun diffère par ses propriétés physiques :

chaque mouton a en effet son propre poids, sa taille particulière, etc.

Il faut ensuite élaborer un système de numération. Les hommes des premières civilisations humaines, à l'ère paléolithique, comptaient en faisant des entailles sur un support solide, chaque entaille correspondant à une unité de l'ensemble. Le support solide utilisé était parfois le bois ou la pierre, mais le plus souvent des os d'animaux car ceux-ci résistaient mieux à l'usure du temps et de l'humidité. Les archéologues ont retrouvé des « os numériques » portant des entailles datant de près de trente mille ans (fig.).

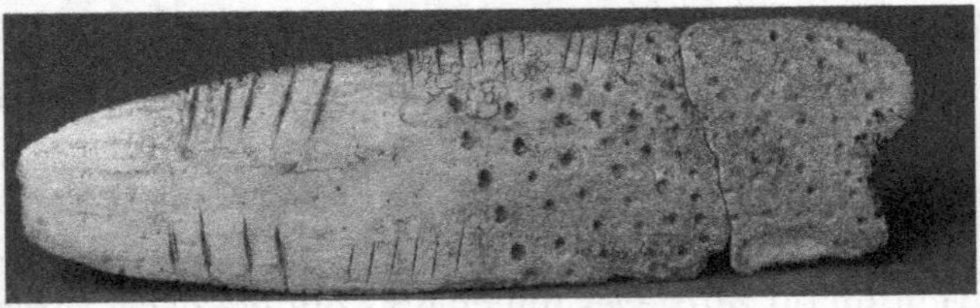

Bois de renne entaillé datant d'environ 25 000 ans av. J.-C.

À l'origine, le système de numération était très rudimentaire. L'homme des cavernes savait seulement distinguer entre « un » et « plusieurs ». Avec le temps, la numération devint plus construite – « un », « deux » et « plusieurs », puis « un », « deux », « trois » et « plusieurs » –, mais sans aller plus loin. Nombre de langues primitives ne possédaient pas de mots pour désigner des nombres supérieurs à 3. C'est encore le cas aujourd'hui pour certaines tribus indiennes d'Amérique du Sud.

Dessin montrant comment utiliser les doigts des deux mains pour le calcul digital : ceux de la main gauche pour les unités et les dizaines, et ceux de la main droite pour les centaines et les milliers, et des positions variées des mains par rapport à certaines parties du corps pour les dizaines et centaines de mille.

L'homme s'est aussi servi de son corps pour compter. Non pas pour y faire des entailles comme dans le cas de l'os, du bois ou de la pierre, mais pour faire correspondre un nombre à certaines parties du corps. Par exemple, les doigts de la main sont associés au nombre 5. De nombreuses civilisations ont ainsi développé des schémas très complexes basés sur une gestuelle des doigts disposés de façon différente : allongés, courbés ou pliés, chaque combinaison de la position des doigts étant associée à un nombre différent. Ce système de numération est capable de représenter de très grandes quantités (fig.). Ainsi, au XVIe siècle, les Chinois, en utilisant un « calcul digital », basé sur les doigts des deux mains, ont pu représenter des nombres qui dépassent le milliard ! Alors que certains systèmes de numération sont en base 5, le nombre de doigts dans une main, notre système de numération actuel (et celui de nombreuses autres cultures) est en base 10, c'est-à-dire que nous comptons par groupes d'unités (ou paquets) de dix, soit le nombre total de nos doigts. Certaines tribus indiennes d'Amérique utilisent un système de numération en base 8 : ce qui paraît étrange au premier abord ne l'est plus quand on se rend compte que c'est là le nombre total des intervalles entre nos dix doigts.

Une étape décisive dans la construction d'un système de numération consiste à passer des nombres aux chiffres, ces derniers étant les symboles utilisés pour représenter les nombres. Ainsi notre système de numération actuel est basé sur les chiffres dits « arabes », 1, 2, 3… 9, en plus du fameux zéro. Mais d'autres civilisations ont utilisé non pas des chiffres comme symboles, mais des dessins d'objets. Par exemple, une des plus anciennes numérations connues, la numération sumérienne qui date de 3 000 av. J.-C. environ, utilise le dessin d'un clou pour représenter l'unité et celui d'un poinçon pour la dizaine (fig.). Les Sumériens ont non seulement adopté une base décimale mais également une base 60. Nous nous servons encore aujourd'hui de cette dernière pour compter le temps, une heure valant soixante minutes et une minute soixante secondes.

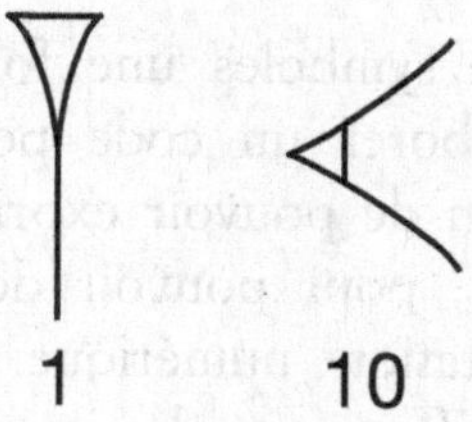

Numération sumérienne.

La numération hiéroglyphique égyptienne, qui se développe vers la même époque et qui est de base décimale, utilise, elle, une série de dessins : ainsi, une barre verticale représente l'unité, une anse de panier la dizaine, une corde enroulée la centaine, une fleur de lotus le millier, un doigt dressé pour la dizaine de mille, un têtard pour la centaine de mille et un homme levant les bras au ciel pour le million[1]

1. Denis Guedj, *L'Empire des nombres*, Gallimard, 1996.

(fig.). Dans ces systèmes de numération, les symboles jouent le même rôle dans l'écriture des nombres que les lettres de l'alphabet dans l'écriture des mots. Mais dans tous ces systèmes, le zéro reste désespérément absent !

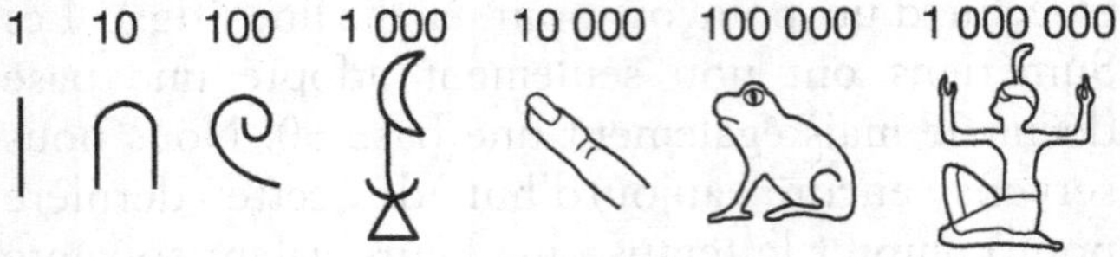

Numération égyptienne.

Les signes et symboles une fois établis, il est nécessaire d'élaborer un code pour les disposer spatialement afin de pouvoir exprimer un nombre ou, inversement, pour pouvoir décoder l'écriture d'une représentation numérique. La disposition spatiale des chiffres ou des symboles est invariablement linéaire, les signes se déployant soit horizontalement, soit verticalement, avec un sens de lecture déterminé. Elle s'appuie sur ce qu'on appelle le « principe de la base », c'est-à-dire qu'au lieu de compter par unités (1+1+1…), on compte par groupes ou paquets. Cela permet de raccourcir considérablement l'écriture des grands nombres. La base adoptée peut être n'importe quel nombre. La plus utilisée est la base décimale : ainsi, en base 10, le nombre 121 est égal à $1 + 2 \times 10 + 1 \times 10^2$ et a la valeur de cent vingt et une unités. C'est celle que nous utilisons aujourd'hui. Mais l'adoption de la base décimale n'est pas universelle. Les Mayas en leur temps se servaient d'une base 20, alors que les Sumériens, on l'a vu, utilisaient aussi la base 60. Dépendant de la base adoptée, un même nombre possède différentes valeurs. Ainsi, dans un système de numérotation en base 5, le nombre 121 vaut $1 + 2 \times 5 + 1 \times 5^2$, soit seulement trente-six unités au lieu de cent vingt et une unités dans le système décimal.

Dans la vaste majorité des systèmes de numération, la valeur d'un chiffre ne dépend pas de la position qu'il occupe dans la représentation du nombre. Par exemple, dans la numération romaine, le I vaut 1 et le V vaut 5 où qu'ils se trouvent dans l'écriture du nombre. La place du chiffre ne compte pas – au sens propre comme au sens figuré. Ainsi le nombre 4 s'écrit IV, et le nombre 6 VI, l'ordre des symboles indiquant s'il faut soustraire 1 de 5 (I précède V) ou additionner 1 à 5 (I suit V). De même, la position du chiffre n'a pas d'importance dans le système hiéroglyphique égyptien. Par exemple, le nombre 22 peut être représenté soit par

 soit par 

Tout change avec l'invention de la numération de position. Au lieu de chiffres (ou symboles) dont la valeur ne dépend aucunement de leur place dans l'écriture du nombre, à chaque chiffre est assignée une valeur qui n'est pas constante, mais qui varie en

fonction de la position qu'il occupe dans le nombre. Dans ce schéma, la place joue un rôle essentiel, elle *compte* littéralement. Comment assigner une valeur à chaque chiffre en fonction de son emplacement dans le nombre ? La règle est simple : chaque place correspond à une certaine puissance de la base. Prenons par exemple le nombre 333 dans notre système de numération en base décimale. Le premier chiffre 3 vaut $3 \times 10^2 = 300$, le deuxième $3 \times 10^1 = 30$ et le dernier $3 \times 10^0 = 3$ (car $10^0 = 1$). La valeur du nombre 333 est donc de 300 + 30 + 3, soit trois cent trente-trois unités. De même, dans un système en base 5, le premier chiffre vaudrait $3 \times 5^2 = 75$, le deuxième $3 \times 5^1 = 15$ et le dernier $3 \times 5^0 = 3$. Le nombre 333 vaudrait ainsi quatre-vingt-treize unités. Dans un système de numération de position, il n'est plus besoin de symboles différents pour indiquer dizaines, centaines, milliers, etc., puisque la position même du symbole dans l'écriture du nombre assure cette fonction (si les Égyptiens avaient connu le principe de position, ils n'auraient pas eu besoin de dessiner une anse de panier pour désigner la dizaine ou une fleur de lotus pour désigner le millier). Les seuls chiffres ou symboles nécessaires sont ceux qui sont associés aux chiffres inférieurs à 10.

C'est la numération de position qui va imposer le zéro. Pourquoi ? Il faut comprendre qu'avant l'invention du zéro, l'écriture des nombres dans les systèmes existants ne facilitait pas, en général, les calculs. Abaques, bouliers (fig.) et autres quipus (des cordelettes

Les bouliers (ici un boulier chinois) permettent d'effectuer des opérations de calcul élémentaire comme l'addition, la soustraction, la multiplication ou la division. Le calcul se fait en déplaçant des boules sur des tiges parallèles, ce qui nécessite une grande dextérité manuelle.

à nœuds en usage chez les Incas à partir du XIIIe siècle) aidaient ainsi les hommes à compter. Le principe de position était déjà utilisé dans ces divers instruments de calcul qui permettaient d'effectuer des opérations élémentaires telles qu'additions, soustractions, multiplications ou divisions. Pour passer de la représentation d'un nombre sur une planche de calcul à une représentation écrite, il suffit de faire disparaître les colonnes de l'abaque ou les tiges des bouliers, et de remplacer les boules, les nœuds et autres objets enfilés dans les tiges ou alignés dans les colonnes par des symboles écrits. Mais une question se pose : comment représenter une place vide dans une colonne ou l'absence d'une boule sur une tige ? Par un symbole qui désigne un vide ou une absence : c'est le zéro. Celui-ci est absolument indispensable à tout système de numération de position. Considérons par exemple le nombre 2 016. Sans le zéro, comment indiquer d'une part que les centaines ne « comptent » pas, et d'autre part que le chiffre 2 qui précède le zéro est celui des milliers et le chiffre 1 qui le suit celui des dizaines ?

Il y a eu trois zéros dans l'histoire des mathématiques. Le premier a vu le jour vers 300 av. J.-C. avec les Babyloniens. Ceux-ci utilisaient un système de numération en base 60 et leur représentation des chiffres était similaire à celle utilisée par les Sumériens. Ainsi un clou représentait l'unité et un chevron la dizaine. Mais les Babyloniens réalisèrent que sans un symbole pour représenter le zéro, ce mode de représentation pouvait mener à des ambiguïtés dans la lecture des nombres. Par exemple, deux clous verticaux qui se suivaient représentaient le nombre 61 ($1 \times 60 + 1$). Mais le nombre 3 601 était aussi représenté par deux clous verticaux, séparés par un espace plus grand que dans le cas de 61 pour signifier que le nombre de dizaines est nul ($60 \times 60 \times 1 + 60 \times 0 + 1 = 3\,601$). Juger de la grandeur de l'espace de séparation étant subjectif et pouvant prêter à confusion, les Babyloniens introduisirent un signe de séparation signifiant « zéro » dans l'écriture de ces nombres. Ce zéro était représenté par un double clou incliné. Dès lors, l'ambiguïté était levée : deux clous verticaux qui se suivaient représentaient 61, tandis que deux clous verticaux séparés par un double clou incliné représentaient 3 601.

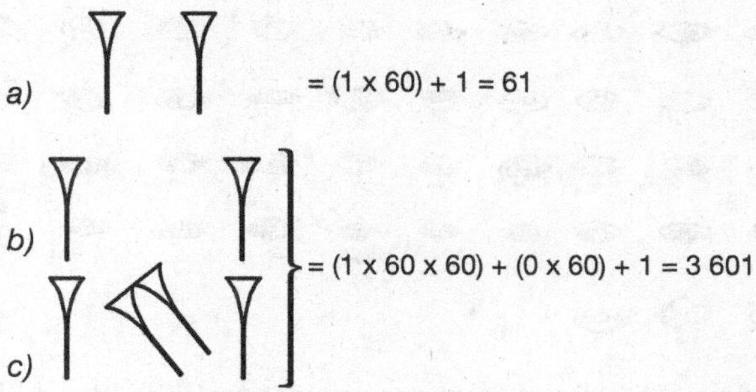

Zéro babylonien représenté par un double clou incliné.

Le deuxième zéro à entrer en scène fut celui des Mayas. Il fit son apparition pendant le premier millénaire de notre ère (500-925). Utilisant un système de numération en base 20, eux aussi firent appel à un signe graphique séparateur, cette fois sous la forme d'un coquillage, afin de dissiper toute ambiguïté dans l'écriture de leurs nombres. Mais les zéros babylonien et maya jouaient principalement le rôle de marqueurs de places vides dans l'écriture des nombres. Jamais ils ne furent considérés comme un nombre à part entière. En soi, ils n'avaient pas d'existence propre et étaient vides de sens. Ils ne tiraient leur signification que des symboles qui les précédaient ou les suivaient.

Ce sont les mathématiciens indiens qui vont reprendre le flambeau. Inspirés par le système de numération de position babylonien et son zéro dont ils ont appris l'existence lors de l'invasion de l'Inde par Alexandre le Grand et ses troupes au IVe siècle avant notre ère, ils vont doter ledit zéro de toutes les propriétés d'un nombre et le faire émerger dans

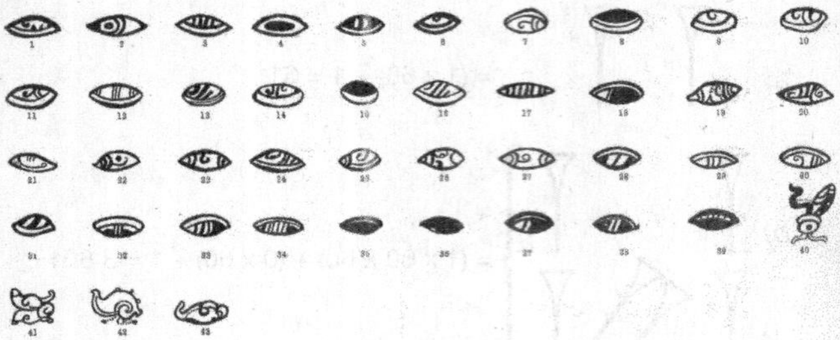

Zéro maya. Ses diverses formes sont représentées par des glyphes de coquillages.

toute sa gloire. C'est le zéro que nous utilisons encore aujourd'hui. Le mot *sunya* (vide) apparaît pour la première fois en l'an 458 dans un traité de cosmologie indien écrit en sanskrit, le *Lokavibhaga*, signifiant « Les Parties de l'univers ». Ce traité est aussi le document le plus ancien connu où apparaît un nombre écrit selon le principe de la numération de position. En l'occurrence, il s'agit du nombre 14 236 713 tel que nous l'écririons aujourd'hui (en fait, dans le texte, les chiffres sont écrits en toutes lettres, de droite à gauche : « trois, un, sept, six, trois, deux, quatre, un »)[1]. Les chiffres de 1 à 9 ont été inventés en Inde avant notre ère. Avec l'addition du zéro au Vᵉ siècle, et en utilisant la base décimale, la numération indienne de position franchit une nouvelle étape décisive. Désormais, les dix figures qui nous sont familières, autant que les doigts des deux mains, suffisent pour représenter tous les nombres du monde. La capacité de représentation

1. *Ibid.*

de ce système est illimitée. Le graphisme adopté pour représenter les dix figures est exempt de toute ambiguïté. En effet, ni le 2, ni le 3, ni le 4 ne sont des regroupements de 1 comme dans les trois autres systèmes de numération de position. Cette particularité graphique confère à chacun des signes une indépendance totale et fait qu'à chaque assemblage de chiffres correspond un nombre et un seul, et vice versa. Cette manière d'écrire les chiffres établit automatiquement un lien entre la taille d'un nombre et la longueur de son nom. Ce qui est conforme à notre intuition : plus la représentation du nombre est longue, plus il est grand. Par exemple, 1 005 est plus grand et plus long que 18. Ce qui n'est nullement le cas dans l'écriture romaine, par exemple, où 1 005 s'écrit MV (deux signes) alors que 18 s'écrit XVIII (cinq signes).

Le prodigieux système de la numération de position, munie du zéro proposé par le génie mathématique indien, abolit comme par magie la distance entre écriture et calcul. Plus besoin d'avoir recours aux abaques, bouliers et autres cordelettes à nœuds. L'écriture calculatoire qui naît de ce système permet d'attaquer les calculs les plus complexes avec juste une plume et une feuille de papyrus ! Ces extraordinaires qualités font que la numération indienne est devenue aujourd'hui universelle.

La peur du zéro et de l'infini

Une question se pose pourtant : pourquoi le zéro est-il né en Inde et non pas en Occident ? Pendant la période allant du VIe siècle av. J.-C. au Ve siècle de notre ère, les Grecs avaient pourtant accompli de grandes avancées dans le domaine des mathématiques. En particulier, ils avaient posé les premières bases de la théorie des nombres. Pourquoi n'étaient-ils pas allés jusqu'au zéro ? La réponse réside probablement dans une peur métaphysique de ce chiffre. Pour les mathématiciens grecs, l'idée même du zéro était anathème, car comment « rien » pouvait-il être « quelque chose » ? D'abord, le zéro évoquait chez eux l'idée du début de l'univers, c'est-à-dire du vide et du chaos primordial, ce qui provoquait l'effroi. Mais surtout les propriétés mathématiques du zéro leur apparaissaient des plus étranges puisqu'elles étaient différentes de celles de tout autre nombre. Additionnez un nombre (différent de zéro) à lui-même, il change. Par exemple, 2 + 2 = 4 et 3 + 3 = 6. Mais additionnez zéro à lui-même et vous obtiendrez toujours zéro. Cela va à l'encontre de l'axiome d'Archimède (vers 287-212 av. J.-C.) selon lequel si vous additionnez un nombre à lui-même maintes fois, celui-ci peut devenir aussi grand que voulu. De plus, le zéro refuse obstinément de modifier tout autre nombre, que ce soit pour l'agrandir ou l'amoindrir : additionnez ou soustrayez zéro à un nombre quelconque, vous obtiendrez le même nombre exactement.

Les propriétés décrites précédemment peuvent nous induire à penser que le zéro est impotent, qu'il est dépourvu de toute substance. Et pourtant, mettez-le à l'œuvre dans les opérations mathématiques les plus simples, telles la multiplication et la division, et il bouleverse toutes nos idées reçues. Ainsi, multipliez tout nombre par zéro, vous obtiendrez toujours zéro. Tous les nombres sont réduits à un seul et unique nombre : zéro. L'opération inverse, la division par zéro, est encore plus redoutable puisqu'elle fait entrer en scène… l'infini. À l'inverse, divisez tout nombre par l'infini, vous obtiendrez zéro. Où l'on voit déjà que, comme le couple Yin-Yang, le zéro et l'infini sont indissolublement liés.

La peur du zéro des Grecs est donc en partie liée à leur effroi de l'infini. Leur méfiance à cet égard était intense car celui-ci, comme le zéro, semble aussi bafouer allègrement toutes les règles habituelles de l'arithmétique : enlevez une quantité infinie d'une autre quantité infinie, le résultat n'est pas une quantité moindre mais toujours infinie. Prenez par exemple la suite infinie des nombres entiers 0, 1, 2, 3, 4, 5, 6… Enlevez tous les nombres pairs 0, 2, 4, 6… qui forment eux aussi une suite infinie, il vous restera l'ensemble des nombres impairs 1, 3, 5…, soit une autre suite infinie[1] !

Le Grec Zénon d'Élée (495-435 av. J.-C.) enfonça le clou encore plus avec ses paradoxes de l'infini.

---

1. Pour une description détaillée des propriétés mathématiques de l'infini, voir mon ouvrage *Désir d'infini*, *op. cit.*

Disciple du philosophe Parménide (vers 515-vers 440 av. J.-C.) qui rejetait toute notion de changement (le monde a été, est et sera toujours le même selon cette école de pensée), Zénon s'attacha à prouver cette proposition par une quarantaine de démonstrations, dont deux en particulier, appelées les « paradoxes de Zénon », ont traversé le temps. Elles reposent sur les mystères de l'infini. Dans son premier paradoxe, Zénon se propose de démontrer que le mouvement est impossible. Il imagine un coureur qui va d'un point à un autre et analyse les mouvements du coureur en détail : celui-ci doit d'abord parcourir la moitié de la distance qui sépare les deux points, puis la moitié de la distance qui reste, puis encore la moitié de la distance restante, et ainsi de suite ad infinitum. Parce que le coureur doit accomplir un nombre infini de pas, Zénon conclut que le coureur ne pourrait jamais arriver à destination et que le mouvement est impossible. À partir d'arguments si simples qu'ils semblent irréfutables, Zénon est arrivé à une conclusion qui ne tient pas debout. Nous savons bien que le coureur arrivera à destination en un temps fini. Le mystère de ce paradoxe ne sera résolu que beaucoup plus tard, avec l'étude des séries infinies. Si le temps mis par le coureur pour parcourir chaque distance supplémentaire devient de plus en plus court et tend vers zéro, comme c'est le cas ici, le temps mis pour parvenir à destination n'est pas infini mais fini. Les Grecs, n'ayant pas la notion de zéro, ne pouvaient trouver la solution.

Le deuxième paradoxe de Zénon met en scène une course entre Achille et une tortue. De prime abord, l'argumentation apparaît tout aussi persuasive. Zénon démontre que la tortue ne pourra jamais être rattrapée par Achille, car le poursuivant doit d'abord atteindre l'endroit que le poursuivi vient de quitter, de sorte que le plus lent possède toujours sur le plus rapide une avance déterminée. L'écrivain argentin Jorge Luis Borges décrit ce paradoxe ainsi : « Achille court dix fois plus vite que la tortue et il lui accorde une avance de dix mètres. Achille parcourt ces dix mètres, la tortue en parcourt un ; Achille parcourt ce mètre, la tortue un décimètre ; Achille parcourt ce décimètre, la tortue un centimètre ; Achille parcourt ce centimètre, la tortue un millimètre ; Achille aux pieds légers le millimètre, la tortue un dixième de millimètre, et ainsi de suite à l'infini sans qu'il puisse jamais l'atteindre… » De nouveau, des arguments qui semblent inattaquables mènent à une conclusion absurde : Achille n'arrivera jamais à dépasser la tortue ! Mais de nouveau, la solution vient du fait que les distances successives parcourues par Achille deviennent de plus en plus petites et tendent vers zéro, ce qui fait que la distance totale parcourue par Achille, qui est la somme d'un nombre infini de distances, n'est pas infinie mais finie. Ce qui fait qu'Achille peut rattraper et dépasser la tortue en un temps fini.

Ces paradoxes qui semblent bafouer le bon sens et qui n'ont pas été résolus par les Grecs ont installé dans leur esprit appréhension et méfiance vis-à-vis de l'infini et de son acolyte, le zéro. Pour Aristote (384-322 av. J.-C.), il fallait coûte que coûte les tenir à distance. Ces entités qui paraissaient défier la raison et la logique portaient le risque de semer une panique générale parmi la population et de causer des troubles sociaux. Le prestige de la pensée aristotélicienne était tel que le bannissement de l'infini et du zéro fut accepté sans réserve en Occident dans les vingt siècles qui suivirent. Le zéro n'avait aucune chance d'y faire son apparition.

Mais c'était loin d'être le cas en Orient. Alors que les notions de vide et de néant engendraient méfiance et effroi en Occident[1], elles étaient au contraire accueillies à bras ouverts par la civilisation indienne. Le vide joue en effet un rôle important dans la religion hindoue. Le dieu Shiva est à la fois le créateur et le destructeur du monde, tenant dans une de ses quatre mains un tambourin symbolisant la musique de la création, et dans une autre une langue de feu qui présage la mort à venir de l'univers (fig.). Mais Shiva représente aussi le vide suprême qui a engendré l'univers. Parce que la pensée indienne embrasse le vide, il était naturel que le zéro dans sa forme la plus glorieuse ait vu le jour en Inde.

---

1. La peur du zéro demeure de nos jours en Occident. Par exemple, l'an 0 n'existe pas dans nos calendriers. Dans les ascenseurs, l'étage zéro est souvent remplacé par le rez-de-chaussée. Lors du passage à l'an 2000 s'est manifestée une peur non justifiée du zéro : celui-ci était supposé dérégler tous nos systèmes informatiques et causer une catastrophe mondiale.

La danse du dieu Shiva. Shiva danse sur une forme prostrée représentant l'ignorance, entouré d'une auréole de flammes (intuition qui rejoint la théorie du big bang selon laquelle l'univers est parti d'un état extrêmement chaud) sortant d'un lotus, symbole de la connaissance.

Le zéro indien à la conquête du monde

Les deux siècles suivant l'invention par les Indiens de la numération de position munie d'un zéro virent le déclin et la chute de l'Empire romain, et simultanément la montée en puissance de l'Empire arabe. Dès l'an 751, celui-ci s'étendait déjà jusqu'en Espagne à l'ouest et en Inde à l'est. En l'an 773, une délégation indienne présenta au calife de Bagdad un précieux ouvrage indien traitant de calcul et de chiffres. La grande bibliothèque que le souverain fonda au

IXe siècle dans sa ville, la Maison de la sagesse, devint un grand centre de savoir en Orient. C'est là, pendant les premières décennies de ce siècle, que le mathématicien arabe Muhammad ibn Musa al-Khuwarizmi (vers 780-850) écrivit son fameux *Livre de l'addition et de la soustraction d'après le calcul des Indiens*, où il expliquait comment le système indien de numération avec son zéro fonctionnait et proposait des méthodes pour que le lecteur puisse rapidement faire des calculs (tels que des multiplications et des divisions). Ce livre contribua de façon exceptionnelle à faire connaître la numération indienne dans le monde de l'Islam. Les savants arabes n'étaient pas sans connaître les idées d'Aristote et son aversion pour l'infini et le zéro, mais ils n'eurent aucun problème à accepter la conception indienne du zéro comme une représentation du vide.

Mais l'Occident, sous l'emprise de la pensée aristotélicienne, traînait des pieds. Trois siècles passèrent avant la première traduction en latin de l'ouvrage d'Al-Khuwarizmi. Retraduit maintes fois par la suite, il joua aussi un rôle clé pour répandre la connaissance du calcul indien dans l'Occident chrétien. La numération indienne se propagea dès lors comme un feu de forêt à travers l'Espagne, l'Angleterre et le reste de l'Europe. Et cela malgré la résistance de l'Église, toujours sous la domination de la pensée d'Aristote. Mais les bastions aristotéliciens commençaient à se fissurer sérieusement sous l'assaut d'attaques répétées. En 1277, l'archevêque de Paris Étienne Tempier décida d'abolir certaines doctrines d'Aristote qui entraient en contradiction directe avec l'idée d'un Dieu omnipotent. En particulier, l'interdiction du vide fut révoquée : Dieu pouvait créer un vide si bon lui semblait, il n'avait que faire de l'interdiction aristotélicienne. La résistance de l'Église se prolongea pendant encore quelques siècles. Jusqu'en 1543, où la révolution copernicienne allait faire table rase de toute la pensée cosmologique d'Aristote. En tout cas, l'impact de l'ouvrage d'Al-Khuwarizmi en Occident fut tel que les méthodes de calcul décrites par le mathématicien arabe ont pris le nom d'« algorithmes », venant du mot *algorismus*, latinisation du nom du savant arabe. Plus généralement, le mot « algorithme » désigne aujourd'hui une suite finie d'instructions permettant de résoudre un problème.

Partis du Moyen-Orient, les chiffres indiens se sont ainsi répandus dans l'Empire arabe, puis dans la péninsule Ibérique. Les commerçants et les banquiers européens n'étaient que trop contents de découvrir ce système, enchantés par la facilité avec laquelle les chiffres se laissaient manier et leur permettaient d'effectuer leurs calculs, et ravis de pouvoir envoyer aux oubliettes abaques et autres instruments. Malgré la réticence au début des pouvoirs administratifs (par exemple la ville de Florence en Italie avait interdit l'utilisation des chiffres arabes en 1299 sous prétexte que 0 pouvait être trop facilement transformé en 6, par la simple addition d'un trait), les arguments sur les avantages commerciaux avancés par les marchands ont fini par l'emporter[1]. La numération indienne avec son zéro s'est imposée en

1. Charles Seife, *Zero. The Biography of a Dangerous Idea*, Viking, 2000.

Europe et aujourd'hui elle est adoptée sans exception par tous les pays de la planète.

Il faut savoir que la graphie des chiffres a évolué pendant leur long voyage à travers l'espace et le temps (environ huit siècles pour aller de l'Inde à l'Espagne). Ils ont acquis une forme différente de la forme hindi originale. La graphie des chiffres que nous utilisons aujourd'hui ne vient en fait ni de l'Inde ni du Moyen-Orient arabe, mais de l'Espagne maure. On les connaît sous le nom des « chiffres du *ghobar* » (fig.).

Avec le temps, l'origine indienne de ce système de numération doté d'un zéro s'est estompée dans la mémoire des hommes. Les figures indiennes sont peu à peu devenues des chiffres dits « arabes » et le zéro est conçu comme une innovation arabe. Il faut pourtant rendre aux Indiens ce qui leur est dû : un prodigieux système de numération de position basé sur dix chiffres seulement : 0, 1, 2, 3, 4, 5, 6, 7, 8, 9, capable de représenter tous les nombres du monde, et qui abolit la distance séparant l'écriture du calcul.

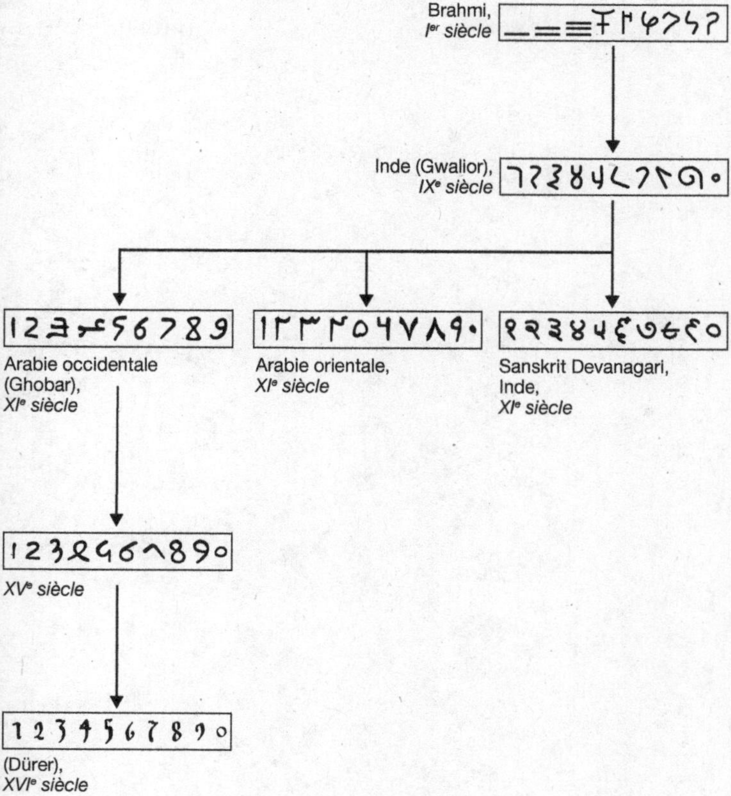

L'évolution de la graphie des chiffres indiens au cours du temps.

II.

L'horreur du vide

L'univers mythique et la substance primordiale

La notion de néant ou de vide surgit inévitablement dès que l'on s'interroge sur l'origine du monde. « D'où vient l'univers ? Par quoi tout a-t-il commencé ? Y avait-il quelque chose avant la naissance du cosmos ? Le néant est-il l'état qui précède la création de l'univers ? » Ces questions ont préoccupé toutes les cultures et civilisations à travers les âges, car comprendre l'origine du monde, c'est comprendre notre propre origine.

Il y a environ dix mille ans, l'homme vivait dans un univers mythique où tout phénomène naturel, y compris la création du monde, résultait de l'action des dieux, mus par leurs amours ou leurs haines. La nature était comme un théâtre de marionnettes contrôlé et manipulé par des divinités toutes-puissantes afin que l'ordre émerge du chaos primordial. Des mythes variés de la création ont été élaborés pour rendre compte de la naissance du monde. Dans la vaste majorité des récits mythiques qui ont surgi en Occident, le cosmos n'est pas passé de la non-existence à l'existence. En d'autres termes, il n'est pas issu du néant, mais d'un milieu préexistant. Ainsi, dans le mythe babylonien de la création tel que le raconte l'*Enuma Elish* (2000-3000 av. J.-C.), l'eau est le substrat primordial à l'origine de tout. C'est de l'union des êtres premiers Apsu, représentant les eaux douces, et Tiamat, représentant les eaux salées, qu'est né le dieu du ciel Anu – on voit que les mythes de création sont souvent inspirés par la géographie des lieux où ils ont été élaborés puisqu'il s'agit ici de la rencontre des eaux douces et salées dans le golfe Persique. L'eau est la substance primordiale car elle est génératrice de vie : les sédiments déposés par le Tigre et l'Euphrate à leurs embouchures dans le golfe, en fertilisant la terre, favorisent le développement de l'agriculture. Dans l'univers mythique égyptien qui prend son essor presque à la même époque, l'eau est aussi le substrat primaire et source de vie. C'est en effet l'eau du Nil et ses crues annuelles qui ont permis à l'agriculture et à la civilisation égyptiennes de prendre leur élan. La mythologie des pays d'Europe du Nord n'est pas en reste. Dans l'*Edda poétique* (vers 1220), l'univers n'est pas non plus né du néant. Deux substrats primordiaux sont invoqués : l'un constitué de froid et de glace, l'autre de feu et de flammes. La rencontre de ces deux éléments primaires génère des gouttes d'eau d'où jaillit la vie sous la forme du géant Ymir et de la vache Audhumla (fig.), ceux-ci générant à leur tour tous les autres êtres vivants.

La naissance de la pensée scientifique

La réflexion scientifique sur le néant et le vide prit son essor, comme tant d'autres sujets d'étude, avec les Grecs. En plein milieu de l'univers mythique, vers le VIe siècle av. J.-C., le long des côtes d'Asie Mineure, en Ionie, survint le « miracle grec » qui dura quelque huit siècles. Une poignée d'hommes hors du commun parvinrent à semer les germes d'un nouvel univers qui sonna le glas de l'univers mythique : l'univers scientifique qui est encore le nôtre aujourd'hui. Les Grecs eurent l'idée révolutionnaire que la nature était régie par des lois, que ces lois n'étaient pas l'apanage exclusif des dieux, mais qu'elles pouvaient être aussi appréhendées par la raison humaine. Rien n'échappa à leur œil inquisiteur. Ils se penchèrent en particulier sur la question de l'origine de l'univers, et en réfléchissant sur le cosmos, ils se trouvèrent confrontés à la notion de vide. Pour la grande majorité, l'idée que l'univers pouvait naître du néant, qu'il pouvait passer de la non-existence à l'existence n'était pas tenable. Comme dans les récits de création précédents, les Grecs pensaient qu'il devait exister un matériau primordial à partir duquel avait surgi l'univers. Cette substance primordiale était chaotique à l'origine, et le monde naturel n'était apparu que quand l'ordre avait triomphé, Chaos devenant Cosmos[1].

Pour le mathématicien et philosophe Thalès (vers 625-546 av. J.-C.), l'un des premiers penseurs présocratiques, la matière primordiale était, comme dans les récits mythiques, l'eau sous une de ses différentes manifestations physiques : liquide, solide ou gazeuse. La substance primordiale prit des formes diverses pour les penseurs qui suivirent : pour Anaximène (vers 585-528 av. J.-C.), c'était l'air ; pour Héraclite (vers 544-480 av. J.-C.), le feu. Empédocle[2] (vers 490-430 av. J.-C.) fut le premier à postuler que la substance primordiale était composée non pas d'un seul mais de plusieurs éléments : la terre, l'eau, le feu, l'air et une cinquième substance qui baignait l'univers tout entier, une « quinte essence » plus légère que toutes les substances connues. La présence de

1. En grec, *kosmos* veut dire « ordre », « parure » ; de *kosmos* dans ce dernier sens provient le mot « cosmétique ».

2. Empédocle fut un personnage haut en couleur. La légende dit que, fasciné par le feu, il mit fin à sa vie en se jetant dans la bouche de l'Etna, en Sicile.

cette quintessence (qu'Aristote renomma plus tard « éther ») était nécessaire afin d'éviter qu'un vide se manifeste aux endroits que la matière, faite des quatre autres éléments, ne pouvait pas combler. C'est la première mention d'une substance invisible censée être présente partout dans l'univers, un concept qui allait dominer toutes les discussions scientifiques sur la nature de l'espace au cours des vingt-cinq siècles à venir. Selon Empédocle, même la matière n'échappait pas à l'emprise de l'éther : étant poreuse, elle voyait ses pores inévitablement remplis de cette substance légère et mystérieuse. Les émanations provenant des pores faisaient que les corps soit s'attiraient par une interaction nommée Amour, soit se repoussaient par une interaction appelée Haine. Ce concept d'interaction était précurseur de l'idée de force attractive ou répulsive développée quelque deux mille ans plus tard par le physicien anglais Isaac Newton.

Des atomes en mouvement dans le vide de l'univers

Le vide fit son entrée dans la science avec le développement de la théorie de l'atomisme. Leucippe (vers 500 av. J.-C.) fut non seulement le premier à émettre l'idée que la matière était composée d'unités fondamentales indivisibles appelées « atomes » (du grec *atomos*, insécable)[1], mais aussi à prendre

1. Aujourd'hui, nous savons que ce ne sont pas les atomes qui sont indivisibles, mais les particules élémentaires qui les constituent.

au sérieux l'idée d'un espace vide au sein duquel les atomes pouvaient évoluer. Selon lui, ce vide était nécessaire pour permettre tout changement ou tout mouvement. « À moins qu'il y ait un vide qui existe en soi, indépendamment d'autres choses, ce qui est ne peut se mouvoir, et les choses ne pourraient être distinctes car il n'y aurait rien pour les séparer », disait-il. Le philosophe atomiste passa le flambeau à son élève Démocrite (vers 460-370 av. J.-C.) qui reprit et développa l'idée d'un univers de taille infinie et constitué d'espace vide, habité par des particules solides et indivisibles, de formes et de tailles différentes, toutes en mouvement. Plus tard, le poète latin Lucrèce (vers 98-55 av. J.-C.), grand chantre et vulgarisateur de l'atomisme, décrivit ainsi la nécessité du vide dans son magnifique poème cosmologique *De la nature des choses* : « Ainsi, il existe un lieu intangible, le vide et le vacant. S'il n'existait pas, les choses ne pourraient d'aucune façon se mouvoir ; car ce qui est la fonction du corps, s'opposer et faire obstacle, serait là pour affecter toutes choses en tout temps ; rien ne pourrait donc avancer, puisque rien ne commencerait à céder la place… Si le vide n'existait pas, les choses ne seraient pas simplement privées de leur mouvement incessant, elles ne seraient jamais venues à être d'aucune manière, puisque la matière, figée, serait partout en repos. De plus, si solides que l'on puisse croire les choses, on peut voir qu'elles ont un corps poreux, à partir des faits suivants. (…) La nourriture se répand dans tout le corps des animaux. Les arbres poussent, ils portent leurs fruits au temps de leur saison parce que leur nourriture se diffuse partout en eux, depuis l'extrémité de leurs racines, à travers leurs troncs et leurs branches. Les voix traversent les murs et volent à travers l'huis clos des demeures… S'il n'y avait des espaces vides, à travers lesquels tous les corps peuvent passer, tu ne pourrais d'aucune manière voir tout cela se produire[1]. »

Les atomistes ne furent pas les seuls à défendre l'idée d'un espace vide. Au IIIe siècle av. J.-C., le mouvement stoïcien[2] fit son apparition. Les stoïciens concevaient l'univers comme baigné tout entier dans une substance élastique appelée *pneuma*, composée d'air et de feu. À l'inverse des atomistes, ils pensaient qu'il n'existait pas de vide entre les différentes composantes du monde, mais la notion de vide n'était pas pour autant absente de leur philosophie : il existait bien un vide, seulement il se situait au-delà du monde matériel dont le contenu, retenu par le *pneuma*, ne pouvait pas aller se perdre dans le vide.

« *La nature a horreur du vide* »

La notion de vide avancée par les atomistes et les stoïciens, pourtant étonnamment proche de sa version moderne, ne s'imposa pas car leurs voix furent vite étouffées par celles, considérablement plus influentes,

---

1. Lucrèce, *De la nature des choses*, Flammarion, 1964.
2. Ainsi appelé parce que les philosophes de cette école se rassemblaient sous un portique (*stoa* en grec) de l'agora d'Athènes. De là vient que le stoïcisme est aussi qualifié d'école du Portique.

de Platon (vers 428-348 av. J.-C.) et surtout de son élève Aristote (384-322 av. J.- C.). Les deux philosophes s'élevèrent haut et fort contre la notion du vide des atomistes en reprenant l'idée d'Empédocle : l'espace de l'univers n'était pas vide, mais baigné d'une substance informe, l'éther, qui s'ajoutait aux quatre autres éléments constituant l'univers, la terre, l'eau, l'air et le feu. Pour Aristote, dont le but était de définir, d'analyser et d'ordonner toutes les composantes du monde en des catégories irréductibles, l'idée d'un vide qui ne pouvait être défini, catégorisé et perçu par les sens était inconcevable. Un vide devrait être uniforme et symétrique, raisonnait le philosophe, ce qui voudrait dire qu'il n'existerait pas de distinction entre l'avant et l'arrière, le haut et le bas, la droite et la gauche. Or cette absence de direction préférentielle rendrait le mouvement impossible car il n'y aurait aucune raison pour qu'un objet aille dans une direction plutôt que dans une autre. L'univers serait ainsi vide de mouvement et figé, conclusion manifestement absurde. Et même si le mouvement d'un objet dans le vide était possible, il n'existerait aucune résistance qui entraverait son mouvement. L'objet serait donc en mouvement perpétuel, ce qui était impensable. Nous savons aujourd'hui que cette conclusion est erronée. En fait, le mouvement d'un objet se déplaçant à vitesse constante et en ligne droite, quand il n'est soumis à aucune force (ou résistance), est perpétuel. C'est là l'énoncé de ce qui est connu aujourd'hui comme la première loi du mouvement dans la théorie de la gravitation universelle du physicien anglais Isaac Newton, publiée en 1687. Aristote opposait un autre argument : si l'objet pouvait s'arrêter, pourquoi s'arrêterait-il à un endroit plutôt qu'à un autre dans un vide parfaitement homogène ? De surcroît, si le vide était « quelque chose » et que l'on plaçait un objet dans un espace vide, il y aurait deux « quelque chose » exactement au même endroit, ce qui était également impossible.

L'univers d'Aristote était fini, centré sur la Terre immobile et limité par la sphère extérieure des étoiles. Pour le philosophe, un espace vide ne pouvait pas exister au-delà des limites de l'univers matériel, comme les stoïciens le préconisaient. Définissant l'espace vide comme « un endroit qui ne contient pas de corps, mais qui pourrait en contenir un », le philosophe arguait que si cet espace vide existait, il pourrait y avoir, selon cette définition, des objets hors des confins de l'univers, ce qui était insensé. Aristote érigea en principe sa conclusion que le vide ne pouvait exister : c'est le principe de l'*horror vacui* selon lequel « la nature a horreur du vide ».

Pour Aristote dès lors, certaines des questions – pourquoi le monde existe-t-il ? Pourquoi y a-t-il quelque chose plutôt que rien ? D'où vient cette substance informe qui, selon lui, baignait tout l'univers ? – ne se posaient guère. Dans la pensée aristotélicienne, l'univers n'avait pas été créé : il avait toujours été et serait là pour l'éternité. La question du passage de la non-existence à l'existence, du néant à l'être était inepte. L'idée aristotélicienne de l'*horror vacui* allait régner et dominer toute discussion scientifique à propos du vide pendant les deux millénaires à venir.

La religion chrétienne et le vide

Quinze siècles passèrent avec leur lot d'événements. Après l'annexion de la Grèce par l'Empire romain vers la fin du IIe siècle av. J.-C., la pensée grecque perdit de son lustre. Les Romains, peu enclins à la pensée abstraite, ne s'intéressèrent guère à la cosmologie, et en particulier à la notion de vide. Aux Ve et VIe siècles, le coup de grâce fut donné à l'Empire romain par les invasions répétées des hordes barbares, et le savoir grec disparut de l'Occident. Le flambeau des sciences fut repris par les califes de Bagdad qui, entre 750 et l'an mil, firent traduire en arabe les grandes œuvres grecques. Et dès l'aube du XIe siècle, l'Europe chrétienne redécouvrit la pensée grecque grâce à l'Espagne, devenue le grand centre intellectuel du monde islamique, qui entreprit la traduction des grandes œuvres grecques de l'arabe en latin.

Le savoir, dans le monde médiéval, était détenu par l'Église, car seuls les moines avaient accès aux manuscrits rassemblés dans les bibliothèques des monastères. Or la conception aristotélicienne du monde, et en particulier son rejet catégorique du vide, posait problème aux ecclésiastiques : comment concilier l'inexistence du vide avec les enseignements de la religion chrétienne ? Les théologiens chrétiens arguaient de la nécessité de Dieu créant le monde ex nihilo (« à partir du néant » en latin), faisant passer le monde de l'état d'inexistence à l'existence : « Au commencement, Dieu créa le Ciel et la Terre », dit la Genèse. Dès le Ve siècle, saint Augustin (354-430) avait rejeté la vision aristotélicienne d'une substance informe préexistante. Dans ses *Confessions*, il écrivait : « Je ne peux imaginer quelque chose qui existe mais qui est sans forme. » Selon lui, la création du monde était bien plus qu'une simple construction à partir d'un matériau primordial déjà présent, un événement autrement plus important que le simple déploiement, à un moment donné dans le passé, d'une réalité déjà existante. Saint Augustin pensait que le néant avait une existence bien réelle, celle d'une chose tangible qui représentait un état sans Dieu. Identifié au Diable, le néant constituait la forme la plus extrême du péché et du mal. Défini comme l'antithèse de Dieu, le néant était l'état auquel étaient réduits ceux qui sont opposés à Dieu. Mais conférer une dimension ontologique au néant soulevait une question délicate : que faisait Dieu avant qu'il ne crée le monde ? Saint Augustin contournait habilement le problème en déclarant que Dieu ayant créé le temps (et l'espace) simultanément avec le monde, la question de ce que faisait Dieu avant la création du monde n'avait pas de sens car la notion d'« avant » était dépourvue de signification avant la création du temps. Cette conception, nous le verrons, rejoint celle de la cosmologie moderne. Selon la théorie du big bang, le temps et l'espace ont été créés simultanément avec l'univers.

Mais malgré les arguments de saint Augustin, l'idée aristotélicienne voulant que la nature ait horreur du vide continuait à prévaloir et à rallier la majorité des philosophes au cours des XIIIe et XIVe siècles. Toutefois les opinions étaient plus diverses et davantage nuancées. Bien sûr, certains penseurs continuaient d'affirmer, suivant Aristote, que l'existence du vide était impossible, même pour le plus bref des instants. D'autres admettaient son existence tout en insistant sur son caractère éphémère : tout vide devait être très vite rempli d'air ou d'une autre substance, selon le fameux principe de l'*horror vacui*. D'autres encore étaient d'avis que l'univers matériel ne pouvait contenir de vide, mais adoptaient l'idée des stoïciens d'un vide au-delà de l'univers des choses, Dieu, omniprésent, se trouvant en tout point de ce vide. Mais ce vide était-il fini ou infini ? D'après le moine dominicain Thomas d'Aquin (1225-1274), qui fit au XIIIe siècle la synthèse des univers aristotélicien et chrétien, la Terre était toujours au centre de tout. La Lune, le Soleil, les planètes et les étoiles tournaient autour de la Terre, incrustés sur des sphères cristallines. Il existait une sphère supplémentaire au-delà de la sphère des étoiles, introduite par les Arabes : la sphère primaire, dotée par Dieu d'un mouvement de rotation constant. Au-delà de la sphère primaire était le domaine éthéré des feux éternels appelé « empyrée » où Dieu était présent en personne (fig.). Dans l'univers de saint Thomas d'Aquin, l'empyrée restait à une distance limitée, et le cosmos était fini. Cela posait problème car le Dieu de la religion chrétienne, infini et omniprésent, résidait en tout lieu. Le confiner dans un univers fini et en un seul endroit, l'empyrée, ne revenait-il pas à douter de ses pouvoirs illimités ? D'autre part, n'était-il pas présomptueux de la part de l'homme de penser qu'il occupait la place centrale ? Pourquoi Dieu, qui résidait partout, ne serait-il pas aussi au centre du monde ?

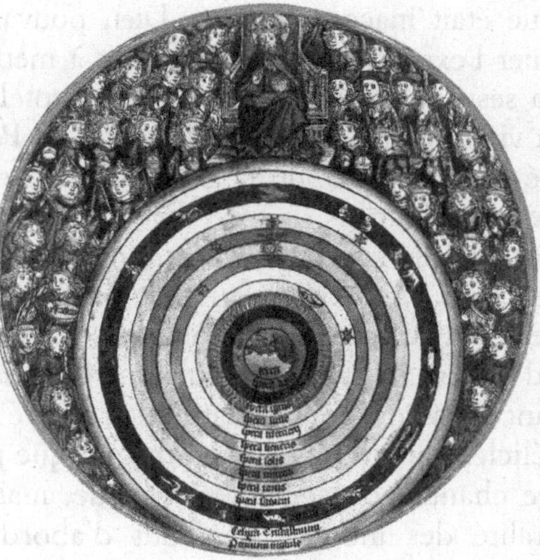

Une gravure du Moyen Âge montrant Dieu résidant en personne dans l'empyrée. Assisté d'une cohorte d'anges, il veille aux affaires du monde. Les anges, qui habitent les sphères planétaires et celle du Soleil, sont de véritables « mécaniciens du ciel ». Ils sont chargés de pousser les sphères planétaires afin de les faire tourner.

Pour Étienne Tempier, évêque de Paris au XIIIe siècle, c'en était trop : ces débats semaient le doute dans l'esprit des théologiens quant aux pouvoirs absolus de Dieu, son omnipotence et son omniprésence. Pour limiter l'influence trop grande des idées d'Aristote qu'il jugeait néfastes, l'évêque fit interdire en 1277 des centaines d'articles de théologie et de philosophie naturelle qui tentaient de concilier les idées aristotéliciennes avec le dogme chrétien. En particulier, un des articles condamnés défendait la thèse que le vide ne pouvait exister. Pour Tempier, cette vue était inacceptable car Dieu pouvant tout créer, nier l'existence du vide revenait à mettre une limite à ses pouvoirs. Mais la vision aristotélicienne avait la vie dure. Le décret de l'évêque de Paris fut révoqué en 1325 et l'*horror vacui* revint sur scène, plus vivace que jamais.

Au XVIe siècle, la redécouverte du poème cosmologique *De la nature des choses* de Lucrèce, grand chantre et vulgarisateur de l'atomisme, remit au jour l'idée d'un espace vide existant entre les atomes, relançant du même coup les attaques contre le rejet aristotélicien du vide. Dans son magnifique poème, Lucrèce chante non seulement le vide, mais aussi la pluralité des mondes : « Tout d'abord, nulle part, en aucun sens, à droite ni à gauche, en haut ni en bas, l'univers n'a de limite ; je te l'ai montré, l'évidence le crie, cela ressort clairement de la nature même du vide. Si donc de toutes parts s'étend un libre espace sans limites, si des germes innombrables multipliés à l'infini voltigent de mille façons et de toute éternité, est-il possible de croire que notre globe et notre firmament aient été seuls créés et qu'au-delà il n'y ait qu'oisiveté pour la multitude des atomes ?… Si la même force subsiste et la même nature existe pour les rassembler en tous lieux et dans le même ordre que les atomes de notre monde, il faut admettre que les autres régions de l'espace connaissent aussi leur globe, leurs races d'hommes et leurs espèces sauvages[1]. » La vision stoïcienne d'un univers fini entouré d'un

1. Lucrèce, *De la nature des choses*, *op. cit.*

vide infini, continu, immuable et indivisible refit aussi surface. Ce point de vue n'avait rien de très original. Mais ce qui était nouveau dans la vision du monde au XVIe siècle, et pendant les siècles qui suivirent, c'est le divorce progressif du concept de Dieu de la notion de vide. Dieu n'était plus inextricablement lié à la nature de l'espace infini, et les propriétés de l'espace vide ne dépendaient plus exclusivement des attributs divins.

À la fin du XVIIIe siècle, les arguments pour expliquer l'omniprésence de Dieu ne jouaient plus aucun rôle dans l'explication des propriétés de l'espace physique. On pouvait discuter de celui-ci sans jamais mentionner le Grand Architecte. En fait, les discussions théologiques sur Dieu, au lieu de porter sur son omniprésence comme auparavant, changèrent graduellement pour se porter plutôt sur sa transcendance. Dieu n'avait plus besoin d'être en un endroit particulier dans cet espace infini que les astronomes considéraient comme constituant la scène naturelle des événements du monde fini de la matière. Les physiciens pouvaient alors décrire cet espace par des lois physiques exprimées dans le langage mathématique sans jamais avoir recours à la théologie. Le vide était enfin devenu un sujet scientifique à part entière.

L'air n'est pas de l'espace vide

À la Renaissance, l'astronome et physicien italien Galilée (1564-1642) fut le premier scientifique à se pencher sérieusement sur le problème du vide. Il fut aussi le premier à appliquer la méthode expérimentale, fondée sur l'expérience et l'observation, pour percer les secrets de la nature. Pour lui, les raisonnements philosophiques ne suffisaient pas par eux-mêmes à mener à la vérité. La résolution des problèmes de la nature ne pouvait pas s'accomplir sur la seule base d'arguments d'autorité, comme cela avait été le cas avec Aristote sur la non-existence du vide. Seule la science, basée sur l'étude de propriétés mesurables et quantifiables des corps matériels (telles que leur volume, leur poids ou leur vitesse), était capable de le faire. Et parce que « le livre de la Nature est écrit en langage mathématique », seules les mathématiques étaient susceptibles de nous révéler la vérité ultime. Dans son grand *Dialogue sur les deux grands systèmes du monde*, publié en 1632, le physicien affirme : « L'intellect humain est capable de comprendre certaines propositions de manière parfaite et peut acquérir autant de certitude concernant celles-ci que la Nature elle-même. C'est le cas des propositions géométriques et arithmétiques[1]. » Pour Galilée, la physique doit commencer par l'expérience (observations et mesures), laquelle fournit la motivation pour une formulation mathématique, laquelle doit être à son tour confrontée aux faits et à l'expérimentation avant de pouvoir être validée. Ce va-et-vient constant entre observation et théo-

1. Galileo Galilei, *Dialogue sur les deux grands systèmes du monde*, Points sciences, 2000.

rie constitue ce qu'on appelle la « méthode scientifique » dont l'Italien est considéré à juste titre comme le fondateur.

Cessant d'être un sujet de débats philosophiques pour devenir une question scientifique, le vide allait donc être soumis à cette méthode expérimentale. Mais dans le domaine des expériences sur le vide de l'espace, le terrain n'était pas complètement vierge. Ainsi, au Ve siècle av. J.-C., le philosophe grec Empédocle – le même qui avait avancé l'idée d'un univers rempli d'une mystérieuse substance appelée « quinte essence » – avait fait une importante découverte lors de ses recherches sur la nature de l'air. En voulant savoir si l'air était une substance concrète ou au contraire de l'espace vide, le philosophe avait étudié le comportement de l'eau lorsqu'on y plonge une pipette perforée de petits trous en bas et munie d'une étroite ouverture en haut. Il remarquait pertinemment que si nous bouchons du doigt l'ouverture du haut pour empêcher l'air de sortir, l'eau ne rentre pas dans la pipette malgré la présence des perforations. C'est seulement en enlevant le doigt pour permettre la sortie de l'air que la pipette se remplit d'eau. Encore plus étonnant, si nous bouchons de nouveau l'ouverture et enlevons la pipette remplie d'eau de la cuvette, l'eau reste dans la pipette, malgré les perforations et la gravité. C'est seulement en enlevant le doigt pour permettre l'entrée de l'air que l'eau s'écoule et est remplacée par l'air « qui entre par le haut dans un flot turbulent », note Empédocle (fig.).

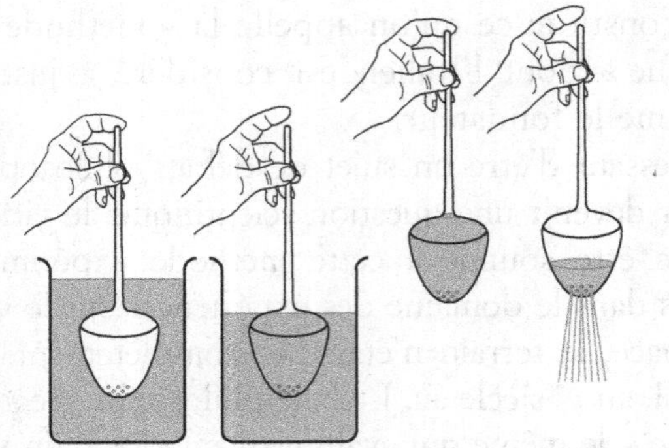

L'étrange comportement de la pipette d'eau perforée observé par Empédocle : l'eau ne rentre pas (dessin de gauche) ou ne tombe pas (dessin de droite) tant que l'ouverture de la pipette est bouchée.

De ces observations, il déduisit très justement que l'air, comme l'eau, est bien une substance et qu'il n'est pas que du vide. D'autre part, il conclut correctement que l'eau et l'air ne peuvent pas coexister dans le même volume d'espace : l'un chasse l'autre. Cela explique pourquoi l'eau ne peut pas entrer par les perforations tant que le récipient est bouché et que l'air ne peut être évacué pour laisser place à l'eau. Quant à comprendre pourquoi l'eau ne tombe pas du récipient quand l'ouverture est bouchée, il faudra encore attendre deux millénaires avant que l'Italien Evangelista Torricelli, élève de Galilée, n'en fournisse l'explication.

L'air a du poids

Mais même en admettant que l'air est une substance, est-il possible de créer un vrai vide en enlevant tout l'air d'un volume d'espace ? Aristote pensait que c'était impossible car, on l'a vu, « la nature a horreur du vide ». Cette explication simple a le mérite de rendre compte de la manière la plus naturelle, du moins en apparence, de maints phénomènes que nous observons dans la vie de tous les jours. Considérez par exemple la paille avec laquelle vous aspirez l'eau d'un verre. L'aspiration fait monter l'eau en dépit de la gravité. Une interprétation « naturelle » consisterait à dire que cette action évacue l'air de la paille et que l'eau monte pour combler le vide. D'autres exemples semblant aussi suggérer que la nature a horreur du vide sont connus, comme celui décrit dès le Iᵉʳ siècle av. J.-C. par Lucrèce dans *De la nature des choses*. Considérez, écrit-il, deux plaques lisses, en verre ou en métal, posées l'une sur l'autre. Vous pouvez facilement les faire glisser l'une sur l'autre, mais il est considérablement plus difficile de les détacher l'une de l'autre. Selon une interprétation possible de ce comportement, un vide est créé entre les deux plaques quand vous en soulevez une. Étant donné que la nature abhorre le vide, elle résiste et s'oppose à la séparation des deux plaques.

Galilée n'était pas si sûr de la véracité de l'affirmation d'Aristote concernant le vide. Il avait l'intuition qu'un vrai vide pouvait exister et commença à réfléchir à de possibles expériences afin de le démontrer. Dans son *Discours concernant deux sciences nouvelles* rédigé en 1638, après sa mise en résidence surveillée par l'Inquisition pour avoir clamé haut et fort son soutien au système héliocentrique de Copernic, Galilée fait décrire à Salviati, son personnage et porte-parole, les deux expériences suivantes sur l'air. La première repose sur le fait que l'air chaud monte et s'échappe d'un flacon chauffé. En mesurant la différence de poids entre un flacon froid, plus lourd, et le même flacon chauffé, plus léger à cause de la fuite de l'air chaud, le physicien démontre expérimentalement que l'air a du poids. Mais la densité de l'air, qui est le rapport de son poids à son volume, demeure inconnue car Galilée ne possède aucune information sur le volume d'air chauffé qui s'est échappé. D'où la deuxième expérience : en pesant le même récipient rempli d'air d'abord, d'eau ensuite, l'Italien a pu déterminer que l'air est environ quatre cents fois plus léger (ou moins dense) que l'eau, résultat remarquable étant donné qu'il diffère seulement d'un facteur 2 de la valeur moderne qui est de l'ordre de huit cents au niveau de l'océan. L'idée que l'air a du poids n'est pas nouvelle. En 1500, Léonard de Vinci (1452-1519) pensait déjà que l'air est une substance qui pèse et qu'on devrait pouvoir s'appuyer sur lui pour voler. L'artiste avait même dessiné les plans de la première machine volante (fig.). Mais Galilée est le premier à avoir démontré expérimentalement que l'air a du poids[1].

1. Pour plus de détails, voir Henning Genz, *Nothingness*, Perseus Books, 1999 ; John D. Barrow, *The Book of Nothing*,

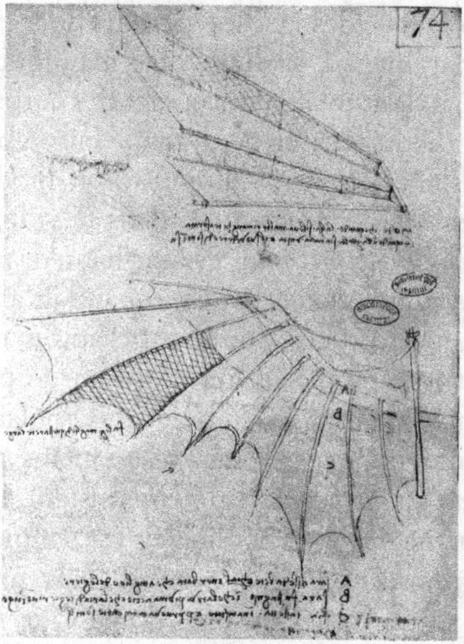

Plan d'une machine volante de Léonard de Vinci, s'appuyant sur l'idée que l'espace n'est pas vide mais rempli d'air.

Le vide et le mouvement des corps

Le vide intéresse également Galilée dans un autre contexte : il s'en sert pour étudier le mouvement des corps à travers l'espace. Alors qu'Aristote ne se préoccupait du mouvement dans le vide que pour argumenter qu'il ne pouvait exister, le physicien italien, lui, utilise le vide comme une arène afin de décrire

Pantheon, 2000 ; Frank Close, *Qu'est-ce que le vide ?*, EDP Sciences, 2010.

les mouvements des choses par des lois physiques et mathématiques. Dans l'ouvrage mentionné précédemment, il discute du mouvement des corps dans un vide hypothétique, afin de pouvoir faire abstraction de la résistance de l'air qui entrave et modifie ledit mouvement. Il démontre que, dans le vide, tous les corps lâchés à partir d'une certaine hauteur possèdent les mêmes vitesse et accélération quand ils arrivent au sol, quel que soit leur poids. En d'autres termes, si on lâchait une plume ou un morceau de plomb du haut d'une tour et si leur chute se déroulait dans le vide, ils tomberaient exactement au même rythme et arriveraient précisément au même instant au sol. Le raisonnement du physicien italien est simple et ingénieux. Supposons, dit-il, que deux objets, un lourd et un léger, soient lâchés du haut d'une tour. Ces deux objets ne sont pas libres, mais attachés l'un à l'autre par une ficelle. La question est alors la suivante : est-ce que l'objet léger lié à l'objet lourd retarde ou précipite la chute de ce dernier vers le sol ? Si l'objet léger tombait moins vite que l'objet lourd, le premier tirerait sur la ficelle et freinerait la chute du second. Mais nous pourrions tout aussi bien argumenter que les deux objets attachés ensemble forment un système plus lourd que le seul objet lourd, et donc que les deux objets ensemble doivent tomber plus vite que le seul objet lourd. Nous arriverions ainsi à la conclusion insensée que la présence de l'objet léger à la fois précipite et retarde la chute de l'objet lourd ! La seule solution pour éviter cette absurdité est de conclure que la présence de l'objet léger n'affecte en aucun cas la chute de l'objet lourd, c'est-à-dire que le premier tombe aussi vite que le second.

La légende dit que Galilée fit l'expérience du haut de la tour penchée de Pise, mais c'est probablement faux car la présence de l'air aurait irrémédiablement faussé les résultats. Plus vraisemblablement, Galilée accomplit ici ce qu'on appelle une « expérience de pensée », c'est-à-dire une expérience qui n'est pas menée dans la réalité physique mais dont les conclusions sont néanmoins irréfutables sur le plan conceptuel[1]. Parce qu'il ne pouvait disposer d'un vrai vide, le physicien imagina une telle situation afin d'obtenir ses résultats sur le mouvement des objets. En hommage à l'Italien, les astronautes de la mission Apollo 15 ont refait en 1971 l'expérience de pensée de Galilée sur la surface dépourvue d'atmosphère de la Lune : ils ont lâché de la même hauteur au-dessus du sol lunaire une plume de faucon et un marteau, les deux objets ont atteint le sol exactement au même instant, comme Galilée l'avait prévu plus de trois cents ans auparavant.

1. Les expériences de pensée ont souvent été utilisées par les plus grands physiciens, non seulement pour démontrer des principes physiques (comme Einstein se demandant comment le monde lui apparaîtrait s'il pouvait chevaucher une particule de lumière), mais aussi pour mettre en évidence des résultats paradoxaux dans l'interprétation de certaines situations physiques (comme le chat à la fois mort et vivant de Schrödinger).

Les pompes à eau et la pression atmosphérique

Mais de toutes les expériences, c'est une histoire de pompe qui fut à l'origine de la plus décisive pour établir que l'air a du poids et qu'il exerce une pression sur toute chose sur Terre. Galilée avait pu observer des pompes à eau à l'œuvre dans des fermes afin d'évacuer l'eau des fossés. Un fait le troublait : des fontainiers de Florence lui avaient confié que quelle que soit l'ingéniosité des ingénieurs, l'eau pompée ne pouvait jamais monter au-delà d'une hauteur de dix-huit brasses, soit dans nos unités modernes environ 10,4 mètres. Le physicien décrivit ainsi son étonnement dans son *Discours concernant deux sciences nouvelles* : « Quand je me suis rendu compte pour la première fois de ce phénomène, je pensais que c'était la machine qui fonctionnait mal ; mais la personne venue la réparer m'a dit que le problème ne venait pas de la pompe, mais du niveau de l'eau qui était tombé bien trop bas ; et il ajouta qu'il était impossible pour une pompe ou pour toute autre machine basée sur le principe de la succion de faire monter l'eau d'un cheveu plus haut que dix-huit brasses[1]. » Galilée apprit ainsi ce que tout agriculteur qui a essayé de siphonner de l'eau des fossés inondés sait par expérience : si la méthode de pompage par aspiration de l'eau est efficace pour de faibles profondeurs, elle ne fonctionne plus dès lors qu'il s'agit d'aspirer de l'eau située à plus de dix mètres en contrebas. Gali-

1. Galileo Galilei, *Discours concernant deux sciences nouvelles*, Presses universitaires de France, 1995.

lée y vit tout de suite un argument contre l'*horror vacui* d'Aristote : si la nature a horreur du vide et que l'eau monte afin de remplir le vide créé par la pompe, pourquoi cette horreur du vide n'opérerait-elle soudainement plus au-delà de 10,4 mètres de profondeur ? Cela n'a aucun sens.

L'honneur de résoudre ce problème de pompage de l'eau revint non pas à Galilée, mais à un de ses disciples, Evangelista Torricelli (1608-1647). Brillant physicien et mathématicien, celui-ci travailla comme secrétaire du maître pendant les années 1641-1642. Il lui succéda à son poste de mathématicien à la cour du grand-duc de Toscane Ferdinand II, avant de mourir prématurément à l'âge de trente-neuf ans. De cette histoire de pompes incapables de remonter l'eau d'une profondeur de plus de 10,4 mètres, Torricelli comprit lui aussi que cette limitation ne pouvait pas s'expliquer par la soi-disant horreur du vide de la nature, mais que cela avait probablement à voir avec l'atmosphère de la Terre. Celle-ci, à cause du poids de l'air, exercerait une force de pression à la surface terrestre, et c'est cette pression atmosphérique qui ferait que l'air remplit tout vide créé.

Pour vérifier cette intuition, des expériences étaient indispensables. Mais si on les accomplissait avec un liquide tel que l'eau, des récipients hauts de plus de dix mètres seraient requis, ce qui était non seulement coûteux mais pas très pratique. Torricelli eut l'ingénieuse idée de remplacer l'eau par du mercure. Pourquoi un tel choix ? Parce que de tous les liquides, le mercure est le plus dense, étant près de quatorze fois (13,6 fois exactement) plus dense que l'eau. Si la pression atmosphérique était responsable de la montée de l'eau comme le pensait Torricelli, cette pression devrait agir de même avec tout autre liquide, et en particulier avec le mercure. Mais étant donné que celui-ci est près de quatorze fois plus lourd que l'eau, la colonne de mercure ne devrait monter qu'à une hauteur maximale quatorze fois moindre que celle de la colonne d'eau, soit seulement à 0,76 mètre (10,4 mètres/13,6) ou soixante-seize centimètres. Ce qui nécessiterait des récipients beaucoup plus petits, moins chers et plus faciles à manier.

Torricelli réalisa donc en 1643 à Florence la célèbre expérience qui porte aujourd'hui son nom. Il remplit de mercure un tube de verre d'un mètre de long, boucha l'ouverture du doigt, puis le retourna, le plaçant à la verticale dans une jatte remplie elle aussi de mercure, avec l'ouverture du tube en dessous de la surface plane du mercure dans la jatte. En enlevant le doigt de l'ouverture du tube, Torricelli s'aperçut que le niveau du mercure dans le tube descendait pour se stabiliser invariablement à une hauteur de 0,76 mètre au-dessus du niveau du mercure dans la jatte, exactement comme il l'avait prévu. Cette hauteur est toujours la même, quels que soient la forme, la longueur ou le diamètre du tube[1] (fig.). L'explication est simple : avec une hauteur de 0,76 mètre, la colonne de mercure dans le tube possède un poids produisant

1. La hauteur de la colonne de mercure est de 0,76 mètre si l'expérience est faite au niveau de la mer. Elle est moindre à de plus hautes altitudes car, nous le verrons, la pression de l'air décroît avec l'altitude.

L'expérience de Torricelli. La hauteur de la colonne de mercure est toujours la même dans le tube vertical du baromètre, quelle que soit sa forme. Elle est déterminée par la pression exercée par l'atmosphère sur la surface du mercure dans la jatte, et est égale à 76 centimètres.

une pression exactement égale à la pression atmosphérique qui s'exerce sur la surface du mercure dans la jatte. Torricelli démontrait par là que c'est bien la pression atmosphérique qui détermine la hauteur de la colonne de mercure dans le tube. Le physicien devint ainsi l'inventeur du baromètre à mercure, instrument de mesure qui nous permet aujourd'hui de connaître la pression atmosphérique (et donc le temps qu'il fait, une haute pression correspondant à du beau temps et une basse pression à du mauvais temps) en examinant simplement la hauteur de la colonne de mercure[1].

Par son expérience, Torricelli fournit en même temps la clé du problème des pompes à eau qui avait tant préoccupé Galilée : pourquoi l'eau ne peut-elle pas être pompée au-delà de 10,4 mètres de profondeur ? Parce que la pression atmosphérique de la Terre n'est pas assez forte pour pousser l'eau plus haut dans le vide créé par la pompe. L'expérience de Torricelli nous donne aussi la clé du phénomène observé plus de deux mille ans auparavant par Empédocle : pourquoi l'eau ne tombe-t-elle pas du récipient perforé quand son ouverture est bouchée, alors qu'elle s'écoule dès que l'ouverture est libre ? Avec le doigt sur l'ouverture, la pression atmosphérique ne peut agir sur l'eau, mais dès qu'on enlève le doigt, l'air pèse sur l'eau et la pousse à tomber.

1. L'unité de pression utilisée dans les mesures du vide est le torr, d'après le nom du physicien italien.

Torricelli crée du vide

L'autre résultat remarquable de l'expérience de Torricelli, c'est qu'elle est la première à avoir réussi à créer un vide physique durable. En effet, l'air ne peut être présent dans le tube rempli de mercure, les deux ne pouvant coexister. Si bien que dans le tube retourné, l'espace créé quand le niveau du mercure descend dans le tube pour se stabiliser à une hauteur de 0,76 mètre est nécessairement vide. Torricelli était bien conscient que c'est grâce à la pression atmosphérique qu'il avait accompli cet exploit. Dans une lettre à un ami le 10 juin 1644, le physicien confiait : « Nombre de personnes sont d'avis qu'il est impossible de créer un vide ; d'autres pensent que c'est possible, mais très difficilement, car il faut surmonter une résistance naturelle (...) Pour ma part, j'estime que s'il existe une résistance à la création d'un vide, on ne doit certainement pas l'attribuer au vide lui-même. Cette résistance doit dépendre de circonstances extérieures (...) Nous vivons submergés dans un océan d'air, et nous savons par des expériences incontournables que cet air exerce un poids. En fait, l'air est environ quatre cents fois moins lourd que l'eau à la surface de la Terre[1] (...) »

Et Torricelli ajoutait : « Le poids de l'air déterminé par Galilée est correct aux altitudes où résident la majorité des hommes et des bêtes, mais

1. C'était la valeur déterminée par Galilée. La valeur moderne, nous l'avons vu, est deux fois plus élevée, soit environ huit cents fois.

ne l'est plus aux hautes cimes des montagnes : là, l'air est extrêmement pur et considérablement plus léger que le quatre-centième du poids de l'eau. » Le physicien avait aussi compris que la pression atmosphérique variait en fonction de l'altitude. À de hautes altitudes, en montagne par exemple, il y aurait moins d'atmosphère et la pression exercée devrait être moins élevée. En d'autres termes, si l'expérience de la colonne de mercure était répétée en hauteur, celui-ci devrait moins monter dans le tube. Mais l'Italien en resta là et n'entreprit pas les expériences requises pour tester ses prévisions. Cette tâche revint à un jeune prodige français du nom de Pascal.

Pascal, le vide et le vin

Né à Clermont-Ferrand, Blaise Pascal (1623-1662), mathématicien, physicien, philosophe et moraliste, n'a vécu que trente-neuf ans. Malgré tout, sa vie a été extraordinairement bien remplie. En dépit de constants soucis de santé ponctués de violentes migraines, Pascal a contribué de manière fondamentale et originale à une multitude de domaines : le calcul des probabilités, la géométrie et l'algèbre, et en ce qui nous concerne le plus ici, l'étude des fluides et des gaz sous pression.

Issu de la petite noblesse de robe (son père est magistrat), autodidacte (son père décide de l'éduquer lui-même), il montre très tôt des dispositions intellectuelles hors du commun. Son père, voulant qu'il se consacre au latin et au grec plutôt qu'à ses chères mathématiques, lui interdit l'accès à toute œuvre mathématique jusqu'à l'âge de quinze ans. Passant outre, le jeune prodige redécouvre à douze ans, par lui-même, certaines propriétés géométriques des triangles, énoncées par Euclide quelque deux millénaires auparavant. À seize ans, il publie ses premières découvertes en géométrie dans son *Traité sur les coniques*. À dix-neuf ans, il invente une des premières machines à calculer mécaniques, appelée « pascaline », afin d'aider son père dans son travail de collecte des impôts. En 1646, à l'âge de vingt-trois ans, dans la ville de Rouen où la famille s'est installée six ans plus tôt après avoir quitté Paris, suite à la nomination de son père comme commissaire pour la levée des impôts, Pascal entend parler de l'expérience de Torricelli par l'un de ses amis. Il décide tout de suite de la répéter. Par là il se comporte en vrai scientifique : une expérience doit être vérifiée indépendamment par d'autres chercheurs, utilisant des instruments et des méthodes différents, avant que les résultats ne puissent être acceptés. L'expérience italienne est donc répétée et confirmée. Comme Torricelli, Pascal conclut que la hauteur (de 0,76 mètre) du mercure dans le tube doit être telle que la pression exercée par la colonne de mercure est exactement compensée par celle exercée par l'atmosphère terrestre sur le mercure de la jatte. Comme le physicien italien, le Français pense que dans l'espace non occupé par le mercure, il ne peut exister que du vide.

Pourtant cette dernière conclusion ne fait pas l'unanimité. Certains avancent l'hypothèse que le volume d'espace au-dessus du mercure liquide n'est pas tant déterminé par la pression atmosphérique que par la quantité de mercure qui s'est évaporée. Cet espace n'est donc pas vide mais rempli de vapeur de mercure. Pour tester cette hypothèse, Pascal décide de refaire l'expérience de Torricelli avec une variante : le liquide utilisé ne sera plus du mercure, mais de l'eau et... du vin. L'utilisation de ces deux liquides, nous l'avons déjà vu pour l'eau, n'est pas des plus pratiques car tous deux sont environ treize fois moins denses (ou plus légers) que le mercure. Ce qui veut dire que les colonnes d'eau et de vin s'élèveront à environ treize fois la hauteur de la colonne de mercure, nécessitant la fabrication de gigantesques tubes en cristal de quelque treize mètres de hauteur, une entreprise pour le moins onéreuse. Mais Pascal décide de ne pas lésiner sur la dépense : les résultats seront ainsi plus précis, ce qui lui permettra de mesurer les différences les plus infimes entre le comportement des deux liquides. Selon le raisonnement du jeune physicien, si l'espace au-dessus du liquide est rempli par des vapeurs, le vin étant plus volatil que l'eau (c'est cette grande volatilité qui nous permet de humer son arôme avant de le déguster), la plus grande quantité de vapeur de vin dégagée devrait occuper un plus grand volume dans le tube que la vapeur d'eau. En d'autres termes, le niveau du vin dans le tube devrait être inférieur à celui de l'eau. Par contre, si c'est la pression atmosphérique qui est responsable de l'espace au-dessus du liquide, on devrait obtenir le résultat opposé : le vin étant moins dense que l'eau (0,994 au lieu de un gramme par centimètre cube), la colonne de vin dans le tube devrait s'établir à un niveau plus élevé que celle de l'eau afin que toutes deux puissent avoir le même poids, et donc la même pression pour contrebalancer la pression atmosphérique.

Les premières expériences ont lieu au début de 1647 à Rouen. Le jour J, Pascal, montrant un sens certain de la communication, fait dresser, devant une foule de quelque cinq cents personnes, deux grands tubes de cristal attachés à des mâts de navire (ill. 1). Le résultat de l'expérience est sans équivoque. Le vin monte plus haut que l'eau dans les tubes. Le vide créé est donc bien le résultat de la pression atmosphérique et non pas des vapeurs de liquide. Pascal sort de cette expérience convaincu que tous les phénomènes attribués à l'horreur du vide de la nature peuvent s'expliquer naturellement par la pression de l'atmosphère. Il est aussi persuadé que l'espace non rempli par le liquide dans le tube (que ce soit du mercure, de l'eau ou du vin) est vraiment vide. Il y a bien des relents de vapeurs de liquide dans le vide, mais la pression qu'elles exercent est tellement faible par rapport à celle de l'atmosphère que leur présence peut être ignorée.

Le vide dans le vide

Mais le jeune physicien ne s'en tient pas là. Pour démontrer de façon définitive que c'est bien la pression atmosphérique qui est responsable de l'espace au-dessus de la colonne de liquide, il multiplie les expériences. En bon pratiquant de la méthode scientifique, il est bien conscient qu'il ne s'agit pas d'affirmer, mais d'apporter des preuves. Il décrit ainsi sa résolution : « Tous, conspirant à bannir le vide, exercèrent à l'envi cette puissance de l'esprit qu'on nomme subtilité dans les écoles, et qui, pour solution des difficultés véritables, ne donne que des vaines paroles sans fondement. Je me résolus donc de faire des expériences si convaincantes qu'elles fussent à l'épreuve de toutes les objections qu'on y pourrait faire[1]. »

Une des ingénieuses expériences de Pascal pourrait s'intituler « Le vide dans le vide ». Le scientifique crée d'abord un premier vide dans un grand tube en verre dressé à l'envers dans une jatte remplie de mercure. Le mercure monte, nous l'avons vu, jusqu'à une hauteur de 0,76 mètre dans le tube, laissant un espace vide au-dessus. Dans ce premier vide est introduit un deuxième tube en verre de moindre taille, dressé aussi à l'envers dans une deuxième jatte de mercure plus petite. Le physicien constate que dans le vide, sans pression atmosphérique, le mercure du deuxième tube ne monte pas, mais reste au même niveau que celui du mercure dans

1. Blaise Pascal, *Œuvres complètes*, Seuil, 1963.

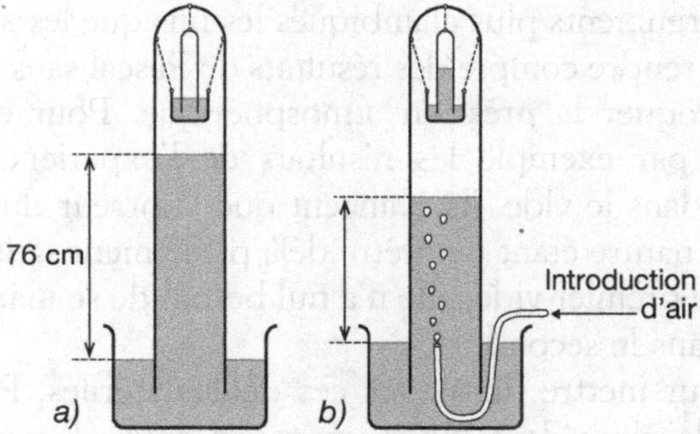

Expérience de Pascal sur « le vide dans le vide ». a) Le niveau du mercure dans le petit tube ne monte pas dans le vide, sans pression atmosphérique ; b) dès qu'on crée une pression atmosphérique en introduisant de l'air, le niveau du mercure dans le petit tube monte. La montée du mercure est donc bien due à la pression atmosphérique et non à l'horreur du vide.

la petite jatte. C'est seulement quand on introduit de l'air dans le premier vide que le niveau du mercure dans le petit tube monte (alors que le mercure dans le grand tube descend à cause de la pression exercée par l'air qui entre) (fig.). C'est donc bien la pression atmosphérique qui est responsable de la montée du mercure dans le deuxième tube, et non l'horreur du vide de la nature proclamée par Aristote.

L'horreur du vide est reléguée aux oubliettes

Mais les partisans de l'*horror vacui* ne s'avouent pas vaincus pour autant. Ils ne cessent de trouver des arguments plus alambiqués les uns que les autres pour rendre compte des résultats de Pascal sans avoir à invoquer la pression atmosphérique. Pour expliquer par exemple les résultats de l'expérience du vide dans le vide, ils avancent que l'horreur du vide de la nature étant peut-être déjà pleinement satisfaite par le premier vide, elle n'a nul besoin de se manifester dans le second.

Pour mettre fin à tous ces débats stériles, Pascal décide alors de frapper un grand coup. Il connaît l'hypothèse de Torricelli selon laquelle l'air devenant moins dense et la pression atmosphérique étant moindre en altitude, la hauteur du mercure dans le tube ne devrait pas rester constante mais diminuer à de grandes élévations. Le physicien décide de répéter l'expérience à des altitudes différentes, « dans un même tuyau, avec le même vif-argent[1], tantôt en bas et tantôt au sommet d'une montagne élevée (...) pour éprouver si la hauteur du vif-argent suspendu dans le tuyau se trouvera pareille ou différente dans ces deux situations (...) S'il arrive que la hauteur du vif-argent soit moindre au haut qu'au bas de la montagne, il s'ensuivra nécessairement que la pesanteur et pression de l'air est la seule cause de cette suspension du vif-argent, et non pas l'horreur du vide, puisqu'il est bien certain qu'il y a beaucoup plus d'air qui pèse sur le pied de la montagne que sur son sommet[2] ». Pascal, trop malade pour procéder lui-même à l'expérience, fait appel à son beau-frère,

1. C'est ainsi qu'on appelle le mercure à l'époque.
2. Blaise Pascal, *Œuvres complètes*, *op. cit.*

Florin Périer, qui habite aussi à Clermont-Ferrand. La ville n'est pas très éloignée du puy de Dôme, volcan en sommeil dans le Massif central en Auvergne. Le puy de Dôme s'élève à mille quatre cent soixante-cinq mètres au-dessus du niveau de la mer, ce qui devrait faire l'affaire. En septembre 1648 donc, conformément aux instructions détaillées envoyées par son beau-frère, Périer remplit de mercure deux tubes identiques et les place à l'envers dans une jatte de mercure. Il mesure la hauteur du liquide dans le premier tube, situé en bas du puy de Dôme, qui fait fonction de tube témoin (fig.). Puis, accompagné d'un médecin et de deux magistrats, il entreprend l'ascension de la montagne jusqu'au sommet, faisant en cours de route une série de mesures de la hauteur du mercure dans l'autre tube, à diverses altitudes. D'autres relevés sont aussi effectués à d'autres altitudes lors de la descente. De retour en bas, Périer vérifie que les hauteurs de mercure dans les deux tubes sont identiques.

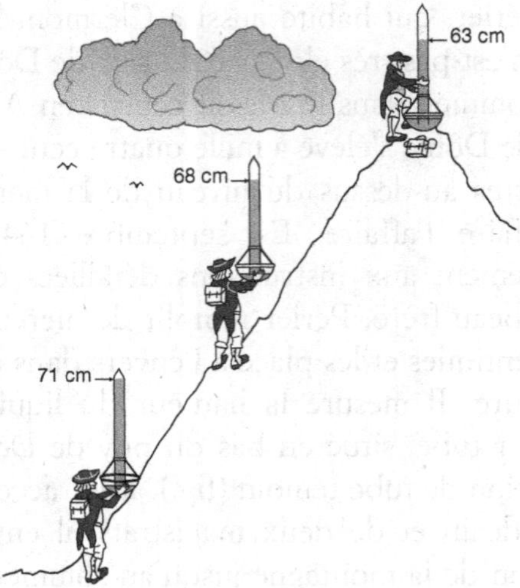

Expérience de Pascal (réalisée par son beau-frère Florin Périer) au puy de Dôme. Le niveau du mercure diminue au fur et à mesure que l'expérimentateur gravit la montagne. En haut du puy de Dôme, le niveau est d'environ huit centimètres inférieur au niveau en bas de la montagne, du fait qu'il y a moins d'air, et donc moins de pression atmosphérique.

Les résultats de l'expérience sont sans appel : plus l'altitude est élevée, moins le mercure monte dans le deuxième tube (fig.). Pour un dénivelé de neuf cents mètres, Périer mesure une diminution de la hauteur du mercure de 8,3 centimètres. Fort de son succès et à la demande de son beau-frère, Périer refait l'expérience au pied et au sommet de la cathédrale de Notre-Dame de Clermont qui se dresse à trente-neuf mètres de hauteur. Le résultat est le même : la hauteur du mercure est moindre en haut de la cathédrale qu'en bas. La différence est certes moins importante

(4,5 millimètres), mais elle reste mesurable. Plus tard, Pascal répétera lui-même l'expérience dans divers bâtiments de Paris, en particulier la tour Saint-Jacques, de cinquante-deux mètres de hauteur. Les résultats sont sans équivoque et invariablement en conformité avec ses calculs.

La nouvelle se répand comme une traînée de poudre dans toute l'Europe scientifique : le coup de grâce a été donné au principe aristotélicien de l'*horror vacui*. Par des expériences réalisées « avec beaucoup de frais, de peine et de temps », Pascal a démontré que cette idée est inepte car « on ne saurait dire que la nature abhorre le vide au pied de la montagne plus que sur son sommet[1] ». Pourquoi aurait-elle moins horreur du vide en haut du clocher d'une église que dans la cour d'une maison ? Pourquoi abhorrerait-elle moins le vide quand le temps est pluvieux, quand la pression atmosphérique est basse, que quand il fait beau, quand la pression atmosphérique est haute ? De fait, le physicien s'est aussi rendu compte que la pression atmosphérique dépend non seulement de l'altitude mais aussi des conditions météorologiques, telles que l'humidité, la force des vents ou la température de l'air, elles-mêmes à l'origine de variations de densité de l'atmosphère. Ce qui veut dire que nous pouvons savoir le temps qu'il fait juste en mesurant la pression atmosphérique : c'est le principe du baromètre (du grec *baros*, signifiant « poids ») que nous avons déjà évoqué, et qui ne sera commercialisé que bien plus tard, au milieu du XIXe siècle.

---

1. *Ibid.*

Les expériences de Pascal sur le vide assoient la réputation du jeune Français à travers l'Europe. La postérité rendra hommage à ses travaux sur la pression atmosphérique en donnant son nom à l'unité internationale de pression.

Descartes et le vide

Non seulement Pascal s'oppose à la vision aristotélicienne de l'horreur de la nature pour le vide, mais il va aussi à l'encontre des idées d'un autre grand scientifique français de l'époque, René Descartes (1596-1650). Pour Pascal, on l'a vu, l'espace non occupé par le mercure dans le tube est dénué de toute matière. Descartes rejette cette vision car, pour lui, l'espace ne peut exister sans la présence de matière. Il l'explique ainsi dans ses *Principes de la philosophie* (1644) : « Mais d'autant qu'il ne saurait y avoir d'espace vide en aucun endroit de l'univers, et que les parties de la matière, étant rondes, ne sauraient se joindre si étroitement ensemble, qu'elles ne laissent plusieurs petits intervalles au recoin entre elles : il faut que ces recoins soient remplis de quelques autres parties de cette matière. » L'espace requiert la matière tout comme la matière a besoin de l'espace. Il n'est pas possible que ce qui n'est rien possède une extension. Pour le scientifique et philosophe, si un vase est vide d'eau, il est plein d'air, et s'il était vide de toute substance, ses parois se toucheraient. Le père du *Cogito ergo sum* est donc amené à rejeter, de manière erronée, les théories de Galilée sur la chute des corps dans le vide : « Tout ce qu'il dit de la vitesse des corps qui descendent dans le vide est bâti sans fondement ; car il aurait dû auparavant déterminer ce que c'est que la pesanteur ; et s'il en savait la vérité, il saurait qu'elle est nulle dans le vide. » Descartes ne pouvait pas être plus loin de la vérité sur ce sujet : la pesanteur existe bel et bien dans le vide.

La seule rencontre connue des deux géants scientifiques français du Grand Siècle a lieu en septembre 1647, un an avant les expériences du puy de Dôme. Mais le courant ne passe pas. Lors de cet entretien, l'auteur du *Discours de la méthode* explique à Pascal que, dans l'expérience de Torricelli, le vide n'existe pas, mais qu'« il est rempli d'une matière subtile qui se trouve dans l'air ambiant et s'insinue dans le tube à la place du mercure, par des mouvements circulaires ». Le jeune Pascal ne dit rien mais n'en pense pas moins que « les idées de Descartes sont un roman de la nature[1] ».

Le pari de Pascal

À partir de 1654, tout en poursuivant ses travaux scientifiques, Pascal se consacre davantage à la réflexion philosophique et religieuse. C'est pendant cette période qu'il rédige les *Provinciales*, lettres écrites entre 1656 et 1657 dans lesquelles il s'érige

1. Jacques Attali, *Blaise Pascal ou le génie français*, Fayard, 2000.

en défenseur du jansénisme, et surtout les *Pensées*, considérées comme son œuvre théologique la plus accomplie, et comme un monument de la littérature française. Dans ce dernier ouvrage, qu'il ne peut achever avant de mourir, et publié de manière posthume en 1669, Pascal examine la foi chrétienne dans l'esprit de vérité scientifique, de manière logique et cohérente, en introduisant la notion d'ordre. Il y discute des paradoxes philosophiques – la foi et la raison, le néant et l'infini, l'esprit et la matière, la vie et la mort – en faisant appel à la grâce et l'humilité. S'il parle de vide, il ne s'agit plus du vide de l'espace qu'il a tant étudié dans sa jeunesse, mais du vide et du néant à l'intérieur de tout homme, ce « roseau pensant » égaré par l'amour de soi et les puissances trompeuses de son imagination, voué à la vanité (en latin *vanitas* veut dire « vide », « futilité ») qui lui donne un sentiment pénible de vacuité, l'« ennui », provoqué par l'absence de passion et le désœuvrement. Le philosophe y introduit son fameux pari, utilisant ses chères probabilités pour convaincre les athées de parier sur l'existence de Dieu. Deux cas de figure se présentent, raisonne-t-il : soit Dieu existe, soit il n'existe pas. Puisque la raison est incapable de nous aider à trancher, il nous faut parier. S'offrent alors deux choix possibles : soit nous croyons en l'existence de Dieu, soit nous n'y croyons pas. Pour Pascal, le meilleur pari à faire est assurément de croire en Dieu, car s'il existe, le gain sera infini, alors que s'il n'existe pas, la perte de notre illusion ne sera que finie. La pire décision serait de parier sur l'athéisme, car si Dieu existe la perte serait infinie, alors que s'il n'existe pas, le gain représenté par le fait d'avoir eu raison ne sera que fini.

Chateaubriand, dans un fameux passage de son *Génie du christianisme*, célèbre ainsi le génie de Pascal : « Il y avait un homme qui, à douze ans, avec des barres et des ronds, avait créé les mathématiques ; qui, à seize, avait fait le plus savant traité des coniques qu'on eût vu depuis l'Antiquité ; qui, à dix-neuf, réduisit en machine une science qui existe tout entière dans l'entendement ; qui, à vingt-trois, démontra les phénomènes de la pesanteur de l'air, et détruisit une des grandes erreurs de l'ancienne physique ; qui, à cet âge où les autres commencent à peine à naître, ayant achevé de parcourir le cercle des sciences humaines, s'aperçut de leur néant et tourna ses pensées vers la religion ; qui, depuis ce moment jusqu'à sa mort, arrivée dans sa trente-neuvième année, toujours infirme et souffrant, fixa la langue que parlèrent Bossuet et Racine, donna le modèle de la plus parfaite plaisanterie comme du raisonnement le plus fort ; enfin qui, dans les courts intervalles de ses maux, résolut, par abstraction, un des plus hauts problèmes de la géométrie, et jeta sur le papier des pensées qui tiennent autant du Dieu que de l'homme. Cet effrayant génie se nommait Blaise Pascal[1]. »

---

1. François René de Chateaubriand, *Génie du christianisme*, 2 vol., Flammarion, 1990-1991.

Le poids de l'air et les hémisphères de Magdebourg

Pascal ne fut pas le seul scientifique à être inspiré par les expériences de Torricelli sur le vide et sa démonstration de l'existence de la pression atmosphérique. D'autres se sont aussi employés à vérifier la présence de cette substance invisible qui enveloppe notre planète. Presque en même temps que Pascal, un ingénieur allemand du nom d'Otto von Guericke (1602-1686) s'est aussi livré à des expériences spectaculaires visant à démontrer le poids de l'air. Bien que les deux hommes ne se soient pas connus, ils partageaient tous les deux un sens aigu de la communication, montrant un flair certain pour des expériences qui frappaient l'imagination du public.

Au niveau de la mer, l'air pèse environ dix tonnes par mètre carré. Nous ne percevons pas ce poids car la pression atmosphérique est compensée par la pression interne de notre corps. Pour démontrer le poids formidable que l'air exerce sur toute chose terrestre, von Guericke met en scène une démonstration restée célèbre, connue sous le nom d'expérience des « hémisphères de Magdebourg », ville où l'Allemand occupe alors la fonction de bourgmestre. L'ingénieur fait construire deux hémisphères creux en bronze d'environ un mètre de diamètre qui, assemblés, forment une sphère hermétique. Le jour de l'expérience, en 1654, von Guericke demande d'abord à des membres de l'assistance de venir vérifier que rien ne retient les deux hémisphères ensemble : il est aussi facile de les séparer que de les assembler.

Ensuite, il fait évacuer à l'aide d'une pompe l'air contenu dans la sphère constituée des deux hémisphères. Après que la sphère s'est vidée de son air, il invite de nouveau des spectateurs à venir séparer les deux hémisphères. La tâche s'avère impossible : ils sont comme soudés l'un à l'autre. Pour impressionner encore plus les esprits – et c'est là le clou de son expérience-spectacle –, von Guericke appelle à la rescousse deux attelages de huit chevaux chacun. Le premier est attaché à un hémisphère et le tire dans une direction tandis que l'autre est attaché au deuxième hémisphère et le tire dans la direction opposée (ill. 2). Peine perdue : les deux hémisphères ne se séparent pas d'un pouce ! Même la force conjuguée de huit chevaux de chaque côté n'y peut rien ! C'est comme si, au lieu d'avoir horreur du vide et de vouloir s'en débarrasser le plus vite possible en séparant les deux hémisphères, la nature voulait à tout prix le préserver… C'est alors que von Guericke ouvre la valve pour laisser entrer l'air à l'intérieur de la sphère. Et, de nouveau, séparer les deux hémisphères l'un de l'autre est un jeu d'enfant.

L'explication de l'expérience des hémisphères de Magdebourg est toute simple. Quand l'air a été évacué de la sphère, il n'existe plus aucune force à l'intérieur pour compenser la force énorme de dix tonnes par mètre carré que l'air exerce à l'extérieur[1]. Mais dès que l'air est réintroduit, celui-ci exerce de nouveau sa pression à l'intérieur de la sphère, contre-

1. Le bronze est assez solide pour résister, sans se déformer, à la pression considérable de l'atmosphère.

balançant exactement la pression de l'air à l'extérieur, si bien que la force nette exercée par l'air sur les deux hémisphères est nulle : il n'y a plus aucun problème pour les séparer.

Le cocon d'air qui protège notre planète

Les expériences de Torricelli, Pascal et von Guericke sur le vide, en démontrant l'existence de la pression atmosphérique, ont semé les germes d'un profond changement dans la conscience de l'homme en ce qui concerne l'atmosphère de sa planète. Il sait désormais que la Terre n'est pas en contact direct avec le vide de l'espace interstellaire mais dotée d'une remarquable couche d'air qui l'enveloppe et la protège comme un cocon. Sans elle, la vie n'aurait pas pu émerger. La couche atmosphérique est juste assez épaisse pour protéger les êtres vivants des rayons ultraviolets nocifs du Soleil et des dangereux rayons cosmiques[1] de l'espace, et permettre leur éclosion et leur développement ; elle est juste assez mince pour laisser passer l'énergie lumineuse de notre astre, nécessaire à l'entretien de la vie.

L'atmosphère est le fluide vital que nous inhalons dans nos poumons. L'air que nous respirons est composé en grande partie d'azote (78 % par volume) et

1. Les rayons cosmiques sont des flots de particules, surtout des protons et des électrons, dotées d'une très grande énergie et lancées dans l'espace à des vitesses proches de celle de la lumière par des supernovae (morts explosives d'étoiles massives).

d'oxygène (21 %), avec une pincée d'argon (0,9 %) et de gaz carbonique (0,03 %). Selon les lieux et les conditions climatiques, il contient aussi une quantité variable de vapeur d'eau (de 0,1 % dans les déserts à 3 % dans les endroits les plus humides). L'air est compressible, comme quiconque a pompé de l'air dans un ballon en est conscient. Le poids des couches d'air supérieures comprimant les couches inférieures, l'atmosphère est le plus dense au sol, se raréfiant très vite en altitude. Ainsi, alors que l'atmosphère s'étend jusqu'à quelque cinq cents kilomètres au-dessus de la surface terrestre (fig.), 99 % de sa masse est située à moins de trente kilomètres d'altitude, soit seulement 0,5 % du rayon de six mille trois cent soixante-dix-huit kilomètres de la Terre. La moitié de sa masse se trouve en dessous de cinq kilomètres, soit moins d'un millième du rayon de la Terre. Si nous ramenions notre planète à la taille d'une orange, son atmosphère serait moins épaisse que la peau de ce fruit. Ceux qui font de la montagne connaissent bien cet effet de raréfaction de l'air, entraînant la diminution de l'oxygène en altitude. Et c'est précisément pour cela que les grands observatoires d'astronomie sont toujours haut perchés : ainsi la lumière cosmique recueillie par les télescopes est perturbée le moins possible par l'atmosphère terrestre. Pour ma part, je vais souvent à l'observatoire de Mauna Kea, l'un des meilleurs sites au monde pour étudier le ciel. Situé au sommet d'un volcan éteint sur l'île d'Hawaii, cet observatoire se trouve à plus de quatre mille mètres d'altitude. J'y sens très fortement le manque d'oxygène, ce qui occasionne des migraines intenses. Pour contrecarrer

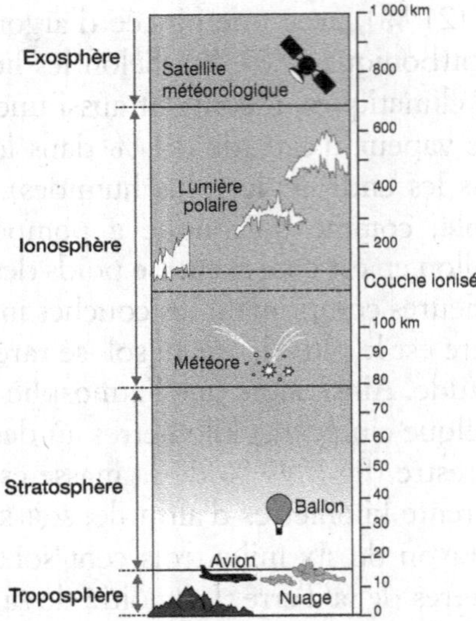

Les différentes couches de l'atmosphère terrestre et des exemples d'objets qui peuvent s'y trouver. L'atmosphère se raréfie très rapidement en altitude. Si vous voyagez de la Terre jusqu'aux confins de l'univers observable, vous rencontrerez plus de matière pendant les dix premiers kilomètres de votre périple (dans la troposphère) que pendant tout le reste du voyage.

ces désagréments, je prends toujours la précaution de venir à l'observatoire au moins un jour à l'avance afin d'acclimater mon corps et adoucir autant que possible ce « mal des montagnes ». Pour la même raison, les alpinistes doivent porter des masques à oxygène pour accéder aux plus hautes cimes.

Quelques exemples peuvent donner une idée de ces différences de pression. Sir Edmund Hillary, en conquérant l'Everest à huit mille huit cent quarante-huit mètres, ressentit trois fois moins de pression atmosphérique qu'un marin sur son navire. Autrement dit, au sommet de la plus haute cime sur Terre, le mercure ne monterait qu'à une hauteur de 0,25 mètre au lieu de 0,76 au niveau de la mer. À une altitude de cent kilomètres, la pression de l'air est moins d'un milliardième de ce qu'elle est au sol. Montez jusqu'à quatre cents kilomètres, et elle tombe à un millionième de millionième de la pression ici-bas. La diminution de la pression atmosphérique avec l'altitude explique pourquoi les cabines des avions, qui volent à environ dix kilomètres d'altitude, doivent être pressurisées[1]. Autrement dit, en vol, une force de plusieurs tonnes par mètre carré s'exerce sur la porte de l'appareil de l'intérieur, la maintenant fermement en place.

Que faire si vous allez dans l'espace où règne un quasi-vide ? Pour leurs sorties dans l'espace, les astronautes sont revêtus d'une combinaison spatiale qui les protège des rayons cosmiques et des micrométéorites, leur permet de respirer et de maintenir leur corps à une température agréable dans le froid glacial du vide, tout en leur autorisant une certaine mobilité. La pression dans la combinaison est d'environ un tiers de celle qui s'exerce sur Terre, équivalente à celle qui prévaut sur les cimes de l'Everest. Il est exclu de maintenir une pression atmosphérique identique à celle de la surface de la Terre car, dans le vide, une combinaison sous cette pression devien-

1. La réglementation internationale de l'aviation civile impose de maintenir dans la cabine du transporteur une pression correspondant à une altitude d'environ 2,5 kilomètres.

drait totalement rigide[1], ce qui interdirait tout mouvement. Une situation à éviter si le but de votre sortie est de réparer une pièce défectueuse de la station orbitale qui vous héberge !

Le bleu du ciel et le noir de la nuit

En plus de nous protéger et de nourrir la vie, la couche atmosphérique de la Terre nous offre le magnifique spectacle de la vaste étendue du ciel bleu le jour. Le spectacle de notre planète et du ciel par un jour clair à travers le hublot d'un avion fendant l'air à quelque dix kilomètres au-dessus du sol est toujours d'une rare splendeur. Le firmament, les montagnes et les fleuves semblent se dissoudre dans une ample symphonie bleutée. Pourquoi le ciel est-il bleu, et non pas blanc comme la lumière solaire ? Parce que les molécules d'air dans l'atmosphère filtrent le rouge et le jaune pour diffuser préférentiellement la lumière bleue. Vous avez dû observer que, vu d'avion, le ciel apparaît plus foncé que depuis le sol. L'explication en est simple : la lumière du ciel est déterminée par la quantité de molécules d'air qui se trouvent sur notre axe de vision – plus il y a de ces molécules d'air, plus le ciel est brillant et moins il est foncé. Parce que l'air est moins dense en altitude, il y a moins de molécules d'air sur notre ligne de visée

1. Cette rigidité serait due à la pression à l'intérieur de la combinaison spatiale qui s'exercerait sur ses parois, sans aucune résistance d'une pression extérieure.

quand nous regardons par le hublot de l'avion, l'air est donc moins lumineux, et le ciel paraît d'un bleu plus foncé. En poussant l'expérience à l'extrême et supprimant toutes les molécules d'air, plus aucune lumière bleue diffusée n'éclairerait le ciel et celui-ci deviendrait noir. C'est ce qui explique pourquoi le ciel vu par les astronautes, de l'espace ou de la surface totalement dépourvue d'air de la Lune, est toujours d'un noir d'encre.

Contrairement à ce que nous pensons, l'air n'est donc pas invisible. Nous le percevons constamment par le bleu du ciel et des montagnes lointaines. Si le bleu nous touche profondément, c'est que nous ressentons intuitivement que c'est la couleur du fluide vital, celle de la substance que nous inhalons dans nos poumons et qui nous maintient en vie. « Le bleu est la couleur désignée par Dieu pour être une source de délices ! » s'exclame le poète anglais John Ruskin. Quand nous levons les yeux vers le firmament, notre regard ne se perd pas dans l'infini. Au contraire, il rencontre une mince couche d'atmosphère d'un bleu lumineux, projetée contre le fond noir de l'espace, sorte de liquide amniotique qui nous protège de la froideur et des rayons nocifs de l'espace interstellaire (photo 3). La nouvelle perspective planétaire et cosmique que nous ouvre l'expérience de Torricelli souligne aussi la vulnérabilité de notre planète dans le vide de l'espace et notre isolement parmi les étoiles.

Le quasi-vide de l'espace

Nous avons vu que l'air n'est pas vide à cause de l'atmosphère terrestre. Mais une question se pose : quelle est la nature de l'espace au-delà de notre planète ? Est-il totalement vide ou héberge-t-il de la matière ? En fait, la Terre est entourée d'un quasi-vide. Au cours de leur voyage de quelque trois cent quatre-vingt-quatre mille kilomètres vers la Lune, les astronautes des missions Apollo traversent plus de matière pendant les dix premiers kilomètres de la couche atmosphérique au-dessus de la Terre que pendant tout le reste de leur voyage. Mais l'univers n'est pas vide. Nous savons aujourd'hui que la matière lumineuse de l'univers observable est répartie en une centaine de milliards de galaxies, chacune contenant environ une centaine de milliards de soleils autour desquels gravitent des planètes. La densité moyenne d'une étoile comme le Soleil ou d'une planète comme la Terre est de l'ordre de un gramme par centimètre cube, soit environ un million de milliards de milliards (10^{24}) d'atomes par centimètre cube, incomparablement plus que la densité moyenne de matière dans l'univers. En effet, si nous répartissons uniformément toute la matière lumineuse des cent milliards de galaxies dans le volume total de l'univers observable, nous n'obtiendrons que 0,025 atome d'hydrogène par mètre cube, soit un espace plus vide que les vides les plus extrêmes que nous pouvons créer sur Terre (de l'ordre de cent millions d'atomes par mètre cube). Mais la matière lumineuse ne constitue que 0,5 % du contenu en masse et énergie de l'univers. En effet, il existe environ dix fois plus de matière (4,5 %) qui ne brille aucunement, qu'on appelle « matière noire ordinaire ». On la qualifie d'« ordinaire » car elle est constituée des mêmes éléments (protons, neutrons et électrons) que la matière qui compose les objets de la vie quotidienne, tels un livre ou un pot de fleurs. Mais cet inventaire est loin d'être complet. On sait également qu'il existe 27 % de matière noire dite « exotique », nommée ainsi parce qu'elle n'est pas constituée de la même matière ordinaire qui constitue nos corps et les coquelicots des champs. Bien que cette matière exotique ne brille pas et soit totalement invisible, les astronomes ont déduit sa présence de la gravité qu'elle exerce sur la matière lumineuse. Sa nature reste enveloppée de mystère : privés de lumière, les physiciens sont littéralement dans le noir.

Nous avons fait jusqu'ici l'inventaire de 32 % du contenu de l'univers (0,5 % de matière lumineuse, 4,5 % de matière noire ordinaire et 27 % de matière noire exotique). Qu'en est-il des 68 % restants ? Ils ne sont pas constitués de matière, mais d'une énergie noire engendrant une force antigravité qui est responsable de l'accélération de l'expansion de l'univers. Sa nature est tout aussi mystérieuse[1], ce qui veut dire que, malgré toutes nos connaissances, 95 % du contenu de l'univers nous demeure inconnu ! Une belle leçon de modestie qu'il nous donne. Qu'en est-il alors du vide de l'espace si

1. Pour une description détaillée du contenu en masse et énergie de l'univers, voir mon ouvrage *Désir d'infini*, *op. cit.*

nous prenons en compte la présence de la matière noire ordinaire et exotique et de l'énergie noire ? La densité moyenne de l'univers est alors de cinq atomes par mètre cube (on parle de « densité critique »), soit un espace encore des dizaines de millions de fois plus vide que tous les vides que nous pouvons produire sur Terre !

Nous avons passé en revue ce que l'univers contient de matière. Mais qu'en est-il de son contenu en termes de rayonnement ? L'espace interstellaire et intergalactique est aussi empli de lumière qui baigne l'univers tout entier et qui forme ce qu'on appelle un « fond diffus » de rayonnement. La majeure partie (environ 90 %) du contenu énergétique de ce fond diffus provient du rayonnement fossile, la lumière primordiale qui nous arrive de la nuit des temps, d'une période datant de trois cent quatre-vingt mille ans après le big bang. Au rayonnement fossile viennent s'ajouter d'autres sortes de lumière diffuse issue des galaxies et des étoiles. Cela va de la lumière gamma, produite par les violentes agonies explosives d'étoiles massives, à la lumière X engendrée par le gaz chaud des disques d'accrétion autour des trous noirs supermassifs qui peuplent le cœur des quasars et des galaxies à noyaux actifs, à la lumière infrarouge émise par les grains de poussière chauffés par le rayonnement énergétique des étoiles jeunes et massives, à la lumière radio produite par des électrons libres virevoltant à une vitesse proche de celle de la lumière autour des lignes de champ magnétique ancrées dans les galaxies, sans oublier la lumière visible et ultraviolette émise par l'ensemble des étoiles et des galaxies. Mais toutes ces sources lumineuses supplémentaires n'ajoutent qu'une toute petite contribution au fond diffus (environ un dixième de celle du rayonnement fossile). Au total, l'apport de toutes les sources de lumière au contenu énergétique de l'univers ne représente qu'un dix millième de celui de la matière. Il est par conséquent tout à fait négligeable. Nous vivons dans un univers dont le comportement est essentiellement dicté par la quantité de matière qu'il contient. La densité de la lumière était supérieure à celle de la matière pendant les quelque cinquante mille premières années de l'univers et c'était le rayonnement qui menait le bal pendant cette période. Mais après, c'est la matière qui a pris le dessus et la lumière n'a plus eu son mot à dire quant au contrôle de l'expansion de l'univers.

L'univers est donc en moyenne extraordinairement vide. Il en est ainsi car il est inimaginablement grand[1] ! Et l'on pourrait dire que c'est son immensité qui a permis notre existence. En effet, nous sommes faits de poussières d'étoiles, et l'univers a besoin de temps pour que les étoiles naissent, fassent leur alchimie nucléaire, et meurent dans de gigantesques explosions appelées « supernovae ». Ces agonies explosives d'étoiles massives expulsent dans le milieu interstellaire des galaxies des débris d'étoiles enrichis en éléments chimiques lourds

1. Le rayon de l'univers observable est de 47 milliards d'années-lumière.

résultant de la fusion nucléaire au cœur des étoiles. Du temps est aussi nécessaire pour que ces poussières d'étoiles s'assemblent sous l'effet de la gravité pour donner naissance aux planètes qui hébergeront un jour la vie et la conscience. Tous ces processus physiques nécessitent au moins plusieurs milliards d'années. Il y a quelque 13,8 milliards d'années, le big bang a lancé l'univers dans une fulgurante expansion à partir d'un état extrêmement petit, chaud et dense. Depuis, le cosmos n'a cessé de s'agrandir et de se diluer. C'est pourquoi il est tellement vide aujourd'hui. Nous ne serions pas là pour en parler s'il était moins vide. Le vide est donc lié à la vie.

Mais la question subsiste : aux endroits où la matière n'est pas présente, l'espace est-il totalement vide ? Une notion vieille de plus de vingt siècles a longtemps hanté les esprits : celle de l'éther, introduite par Empédocle au Ve siècle av. J.-C. et reprise plus tard par Aristote. Cette « quinte essence » serait plus légère que toutes les substances connues (l'air, l'eau, la terre et le feu) et baignerait l'univers tout entier. Elle remplirait l'espace, indépendamment de la présence de la matière. L'espace au-delà de notre planète serait-il rempli de cette substance invisible ? Des voix influentes, dont celle de Descartes, se sont élevées, nous l'avons vu, contre cette hypothèse. Pour l'auteur du *Cogito*, un espace qui ne contient pas de matière ne peut exister. La publication de la théorie de la gravitation universelle de l'Anglais Isaac Newton dans la deuxième moitié du XVIIe siècle et les travaux de son compatriote

James Maxwell sur les ondes électromagnétiques au XIXe siècle vont relancer le débat à propos de l'éther.

III.

Du vide et de l'éther

Kepler et les mouvements planétaires

Après la mise en résidence surveillée de Galilée par l'Église pour avoir osé soutenir le système héliocentrique de Copernic et clamé haut et fort que la Terre n'est pas au centre du monde, l'activité scientifique se déplace vers le nord de l'Europe. Le prochain acteur à entrer en scène dans l'épopée des bâtisseurs d'univers est l'Allemand Johannes Kepler (1571-1630). Se basant sur les observations des planètes d'une précision inégalée de l'astronome danois Tycho Brahe (1546-1601), Kepler découvre le secret des mouvements planétaires et leur donne pour la première fois la forme mathématique qu'on leur connaît aujourd'hui, asseyant ainsi la théorie copernicienne sur une base solide.

Avant Kepler, l'astronomie était purement descriptive : il suffisait d'établir une carte du ciel, de suivre les mouvements du Soleil, de la Lune et des planètes en fonction du temps, de mettre en évidence dans ces mouvements des cycles et des régularités, et de prédire les dates des éclipses, des équinoxes et autres solstices. S'interroger sur la cause physique des mouvements célestes ne faisait pas partie des préoccupations d'un astronome. Cette façon de procéder change radicalement avec Kepler. Qu'est-ce qui fait que plus une planète est éloignée du Soleil, plus elle se déplace lentement, et inversement, plus une planète s'approche de notre astre, plus son mouvement s'accélère ? se demande l'Allemand. L'orbite de Saturne est environ deux fois plus grande que celle de Jupiter (la distance Saturne-Soleil équivaut à 9,5 fois la distance Terre-Soleil et la distance Jupiter-Soleil à 5,2 fois), et pourtant Saturne prend considérablement plus du double du temps mis par Jupiter pour accomplir son périple autour du Soleil (29,5 ans au lieu de 11,9). Pourquoi ? Dans la première édition de son premier ouvrage, *Le Mystère cosmique*, publié en 1596, Kepler invoque la notion mystique d'esprits pour expliquer les mouvements des planètes : « Nous devons choisir entre deux hypothèses : soit les esprits qui font bouger les planètes sont moins actifs quand la planète est plus éloignée du Soleil, soit il existe un seul esprit au centre de toutes les orbites qui est le Soleil, qui pousse la planète vigoureusement quand elle est proche, mais est faible quand la planète est distante, car la force diminue en fonction de la distance. » L'astronome reprend là l'idée de la cosmologie médiévale selon laquelle le mouvement perpétuel des planètes est animé par un Grand Intellect.

Mais dans la seconde édition de son livre, en 1621, Kepler rectifie le tir : « Ces esprits n'existent pas… Si nous substituons au mot "esprit" le mot "force", nous obtenons alors le principe qui gouverne ma physique du ciel... J'ai cru dans le passé que la force motrice d'une planète est un esprit... Mais quand je constate que la cause du mouvement diminue en proportion avec la distance du Soleil, tout comme l'intensité de la lumière du Soleil diminue en fonction de la distance, j'arrive à la conclusion que cette force doit être quelque chose de "substantiel" – "substantiel" non pas dans un sens littéral, mais (...) de la même manière que nous disons que la lumière est substantielle, signifiant que cette entité non substantielle émane d'un corps substantiel. » Nous voyons ici les balbutiements du concept moderne de force. Dans l'esprit de Kepler se forment peu à peu, à partir des conceptions médiévales, les premiers concepts de la physique moderne. Avec lui, nous sommes témoins d'une lente et graduelle transformation d'un modèle animiste en un modèle mécanique de l'univers.

Newton et l'espace absolu

D'autres questions concernant les mouvements des planètes décrits par les lois mathématiques précises formulées par Kepler restaient sans réponse : pourquoi les planètes suivent-elles non pas des orbites circulaires comme on le pensait auparavant, mais elliptiques ? Qu'est-ce qui les retient dans leurs orbites ? Quelle est la cause de leurs mouvements ? Pourquoi ne tombent-elles pas dans le Soleil ? Au Moyen Âge, on pensait que les planètes ne chutaient pas vers le Soleil parce qu'elles étaient incrustées sur des sphères cristallines transparentes. Une armée d'anges sous la commande de Dieu faisaient tourner ces sphères, ce qui expliquait les mouvements des planètes. C'est l'Anglais Isaac Newton (1642-1727) qui, grâce à son génie, va apporter les vraies réponses.

En 1665, le jeune Newton vient d'obtenir son diplôme de l'université de Cambridge. Pour échapper à l'épidémie de peste qui sévit, il se réfugie dans la maison de sa mère dans la campagne du Lincolnshire, au sud de l'Angleterre. C'est là que pendant deux années, le jeune physicien va changer le visage du monde par sa seule puissance intellectuelle. Il invente le calcul infinitésimal, fait des découvertes fondamentales sur la nature de la lumière, mais surtout élabore sa théorie de la gravitation universelle. La légende raconte que c'est en voyant une pomme tomber à ses pieds dans le verger maternel que le physicien en a eu l'intuition fulgurante : c'est la même et seule force de gravité qui est responsable de la chute de la pomme comme des mouvements des planètes autour du Soleil ou de celui de la Lune autour de la Terre. D'un coup de baguette magique, il unifie le ciel et la Terre, enterrant une fois pour toutes le concept aristotélicien selon lequel les deux domaines sont régis par des lois différentes, mouvements circulaires dans le ciel, mais rectilinéaires sur Terre.

« Tout objet attire un autre objet avec une force qui est proportionnelle au produit de leurs masses et inversement proportionnelle au carré de la distance qui les sépare. » Avec cet énoncé magistral de la loi de la gravitation universelle, Newton explique dans son œuvre maîtresse, *Principes mathématiques de la philosophie naturelle*, publiée en 1687, non seulement les caractéristiques des mouvements planétaires découvertes par Kepler, mais aussi la manière dont la Lune est responsable des marées des océans terrestres, des orbites elliptiques des comètes et de bien d'autres phénomènes naturels encore. Son livre demeure l'un des ouvrages les plus influents jamais écrits en physique.

L'univers newtonien est mécanique, comparable à une horloge à ressort qu'on remonte une fois pour toutes. Les mouvements, une fois déclenchés, n'ont plus besoin d'intervention, divine ou autre. Une fois mis en route, l'univers fonctionne de lui-même en respectant les lois de la gravitation universelle. Dans cet univers, Dieu dispose de beaucoup plus de temps libre que dans l'univers médiéval, lui-même inspiré de l'univers aristotélicien. Au lieu de devoir être constamment vigilant pour surveiller l'armée des anges chargée d'assurer la bonne marche des planètes et des autres objets célestes, Dieu n'a eu qu'à donner un petit coup de pouce à l'univers à son début pour qu'il fonctionne automatiquement par la suite.

Parce que l'univers de Newton est comme une horloge bien huilée, obéissant aveuglément à des lois déterministes, plus aucune place n'est laissée à la créativité de la nature. Dieu, après avoir mis la mécanique du cosmos en marche, s'est retiré au loin, et n'intervient plus dans les affaires du monde. Si bien que, quand le physicien français Pierre Simon de Laplace (1749-1827) présente à Napoléon Bonaparte son *Traité de mécanique céleste*, et que l'empereur lui demande pourquoi il n'y fait pas mention du Grand Horloger, Laplace lui répond fièrement : « Sire, je n'ai pas besoin de cette hypothèse ! » Newton devient le symbole de la nouvelle idéologie séculière où la science a détrôné la religion.

« Le mouvement est comme rien »

Newton explique les mouvements des corps en énonçant des lois en apparence très simples : « Tout corps persévère dans l'état de repos ou de mouvement uniforme en ligne droite dans lequel il se trouve, à moins que quelque force n'agisse sur lui, et ne le contraigne à changer d'état. » En d'autres termes, la nature est « paresseuse » et adhère au principe du moindre travail : si la somme des forces agissant sur un objet est nulle, ce dernier se contente de rester immobile s'il est initialement au repos ; s'il est en mouvement, il continue à se déplacer dans la même direction avec la même vitesse. Seule l'action d'une force peut changer sa direction ou sa vitesse, c'est-à-dire accélérer ou décélérer son mouvement. Newton précise que cette accélération ou décélération est d'autant plus importante que la force est plus grande et que la masse de l'objet est moins élevée. Ainsi, nous sommes tous conscients qu'en poussant avec la même force, il est considérablement plus facile de déplacer un ballon qu'un éléphant.

Mais le mouvement est relatif et ne peut se définir qu'à partir de quelque chose qui ne bouge pas. Galilée est le premier scientifique à avoir énoncé clairement le principe de la relativité du mouvement. Il écrit de façon poétique en 1632 : « Enfermez-vous avec un ami dans la cabine principale à l'intérieur d'un grand bateau et prenez avec vous des mouches, des papillons, et d'autres petits animaux volants. Prenez une grande cuve d'eau avec un poisson dedans; suspendez une bouteille qui se vide goutte à goutte dans un grand récipient en dessous d'elle. Avec le bateau à l'arrêt, observez soigneusement comment les petits animaux volent à des vitesses égales vers tous les côtés de la cabine. Le poisson nage indifféremment dans toutes les directions, les gouttes tombent dans le récipient en dessous, et si vous lancez quelque chose à votre ami, vous n'avez pas besoin de le lancer plus fort dans une direction que dans une autre, les distances étant égales, et si vous sautez à pieds joints, vous franchissez des distances égales dans toutes les directions. » Galilée se réfère ici au fait que l'espace possède les mêmes propriétés dans toutes les directions, ce qu'un physicien appelle l'« isotropie de l'espace ». L'Italien continue : « Lorsque vous aurez observé toutes ces choses soigneusement (bien qu'il n'y ait aucun doute que lorsque le bateau est à l'arrêt, les choses doivent se passer ainsi), faites avancer le bateau à l'allure qui vous plaira, pour autant que la vitesse soit uniforme (c'est-à-dire constante) et ne fluctue pas de part et d'autre. Vous ne verrez pas le moindre changement dans aucun des effets mentionnés et même aucun d'eux ne vous permettra de dire si le bateau est en mouvement ou à l'arrêt... » En d'autres termes, les lois du mouvement sont les mêmes dans un navire immobile ou en mouvement à vitesse uniforme.

Aucune expérience ou observation à l'intérieur d'une cabine intérieure, sans vue sur l'océan, ne permettra de dire si le navire est en mouvement ou non. C'est seulement en montant sur le pont et en voyant le navire fendre l'eau que nous pouvons nous dire avec certitude que le bateau est en mouvement par rapport à l'océan immobile (fig.). Et de conclure : « Le mouvement est mouvement et opère comme mouvement tant qu'il est en relation avec des choses qui en sont privées ; mais pour ce qui concerne les choses qui y participent toutes également, il n'agit nullement et est comme s'il n'était pas. Le mouvement est comme rien[1] ! »

Le repos et le mouvement uniforme. L'objet lâché par la personne tombe verticalement en ligne droite, que le navire soit immobile ou en mouvement uniforme. En d'autres termes, ce genre d'expérience ne peut pas distinguer le non-mouvement d'un mouvement uniforme. Nous pouvons seulement définir le mouvement du navire par rapport à quelque chose qui ne bouge pas, comme par exemple le paysage immobile qui défile.

1. Galileo Galilei, *Dialogue sur les deux grands systèmes du monde*, *op. cit.*

On ne peut donc définir le mouvement que par rapport à quelque chose qui ne bouge pas. Newton introduit alors le concept d'espace absolu pour définir un système de repère fixe grâce auquel il pourra définir de manière précise les mouvements (et positions) des objets dans cet espace. Pour Newton, quand nous prenons un virage trop vite avec notre voiture, nous accélérons par rapport à l'espace absolu. Quand un avion accélère sur la piste pour décoller et qu'une force nous pousse contre notre siège, ce mouvement d'accélération se fait aussi par rapport à l'espace absolu. Cet espace est défini par trois dimensions – haut et bas, droite et gauche, avant et arrière – et constitue une sorte de scène de théâtre statique où se déroule le grand drame cosmique réunissant les galaxies, les étoiles, les planètes et les hommes.

La lumière est-elle corpuscule ou onde ?

Dans l'esprit du physicien anglais et contrairement à ce que pensait Descartes, cet espace absolu peut en principe exister indépendamment de toute matière, c'est-à-dire qu'il peut être totalement vide. Comment expliquer alors la propagation de la lumière à travers un espace vide ? En effet, au cours de leurs expériences, Torricelli et Pascal s'étaient bien aperçus que la lumière n'a aucun problème à franchir les vides créés à l'intérieur des tubes de mercure : la flamme d'une bougie peut être facilement vue à travers un vide. Au contraire du son, la lumière ne semble avoir aucun besoin d'air pour se propager. Il en va de même de la chaleur. Newton est un fervent partisan de la théorie corpusculaire de la lumière. Pour lui, les rayons lumineux sont composés d'innombrables particules de lumière qui se propagent en ligne droite à travers l'espace vide en se suivant, telles des voitures à la queue leu leu sur une autoroute. Grâce à son modèle corpusculaire, et en introduisant des concepts qui s'inspirent de sa théorie de la gravitation universelle, Newton parvient à expliquer les lois fondamentales de l'optique, telles celles de la réflexion et de la réfraction.

Malgré ce succès, des faits troublants restent inexpliqués. Une expérience en particulier, accomplie par Newton lui-même, donne à réfléchir. Lorsque le physicien pose une lentille sur une plaque de verre et éclaire le tout avec de la lumière monochromatique (d'une seule couleur), il découvre un phénomène optique des plus surprenants : de nombreux anneaux concentriques (appelés aujourd'hui « anneaux de Newton ») apparaissent, alternativement sombres et lumineux (fig.). Tout naturellement, Newton explique les zones sombres comme étant celles où la lumière a été bloquée et réfléchie par la lentille, et les zones lumineuses comme étant celles où elle a pu passer. Mais comment diable expliquer qu'un grain de lumière arrivant à la surface de la lentille soit tantôt réfléchi, tantôt laissé libre de poursuivre son mouvement ?

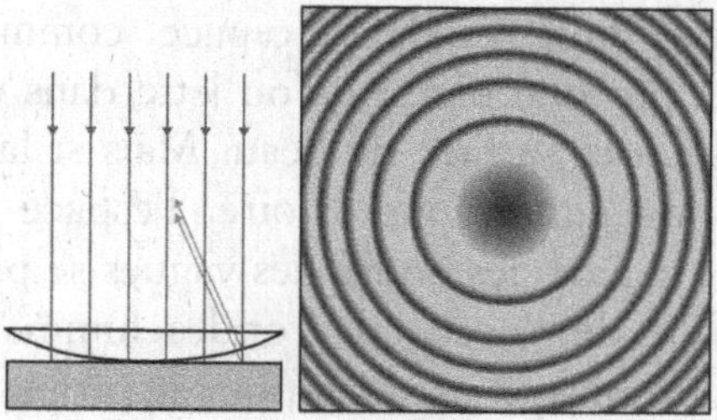

Anneaux de Newton. Lorsque le physicien éclaire une lentille posée sur une plaque de verre avec une source de lumière monochromatique (à gauche), il découvre que la lumière forme une série d'anneaux concentriques alternativement sombres et lumineux (à droite). Ce comportement ne peut pas s'expliquer si la lumière est sous forme de corpuscules comme Newton le pensait.

Cette propriété étrange de la lumière peut pourtant se comprendre si la lumière n'est pas corpuscule, mais onde. C'est à un contemporain de Newton, le physicien hollandais Christian Huygens (1629-1695), que revient l'honneur de formuler la première théorie ondulatoire de la lumière. La science doit à cet esprit universel, à la fois expérimentateur et théoricien, des apports considérables dans les domaines les plus divers. En 1666, il est invité par Louis XIV et Colbert à Paris pour y fonder l'Académie des sciences, dont il sera le premier secrétaire. De religion protestante, il quittera la capitale pour retourner en Hollande en 1685, suite à la révocation de l'édit de Nantes.

Pour Huygens, la lumière ne peut être corpuscule. Si un rayon de lumière était un faisceau de particules matérielles, il devrait entrer en collision avec un autre quand les deux viennent à se croiser. Or ce n'est pas le cas. Pour le Hollandais, la lumière est plutôt une onde qui se propage dans l'espace, comme l'onde engendrée par une pierre qu'on jette dans un étang se propage à la surface de l'eau. Mais si la lumière possède une nature ondulatoire, l'espace ne peut être vide : comme les ondes des vagues se propagent à la surface de l'océan, les ondes lumineuses ont besoin d'un substrat matériel pour se propager. Pour Huygens, ce substrat est une substance subtile, mystérieuse et impalpable qui remplit l'espace, un fluide hypothétique, impondérable et élastique qu'Aristote désignait sous le nom d'« éther ». Selon le physicien hollandais, cet éther n'a rien à voir avec l'air. Si vous mettez une cloche dans un bocal et que vous évacuez avec une pompe à vide tout l'air qui y est contenu, vous ne pourrez plus entendre le son de la cloche, car le son a besoin d'air pour se propager. En revanche, vous verrez toujours la cloche car la lumière est une onde qui voyage dans ce qui est supposé être l'éther, lequel n'est pas affecté par l'opération de pompage.

Comment naît alors une onde lumineuse ? D'après Huygens, une source lumineuse est composée d'innombrables particules qui bougent et vibrent. Celles-ci communiquent leurs vibrations aux particules d'éther adjacentes sous la forme d'ondes sphériques centrées sur chacune de ces particules vibrantes. Ces multiples ondes sphériques se propagent, et leur rayon d'action augmente au fur et à mesure que le temps passe. Elles se superposent les unes aux autres et l'aspect chaotique de leur somme près de la source lumineuse diminue au fur et à mesure que les ondes s'éloignent de celle-ci. Plus on s'éloigne de la source lumineuse, plus l'ondulation résultante devient lisse et régulière.

Le physicien hollandais essaie tant bien que mal de promouvoir sa théorie ondulatoire de la lumière. Il trouve un allié en la personne de l'Anglais Robert Hooke (1635-1703), savant chevronné et renommé de la Royal Society dont la fonction consiste à préparer des expériences pour alimenter les débats des augustes membres de la société scientifique anglaise. Au cours d'études détaillées des couleurs produites par des couches de matière très minces, telles les parois d'une bulle de savon ou deux fines plaques de verre pressées l'une contre l'autre, Hooke s'aperçoit qu'en faisant varier l'épaisseur de la couche d'air entre les deux plaques de verre, des anneaux de couleur apparaissent dans le même ordre que les couleurs de l'arc-en-ciel, ce qu'il peut expliquer en invoquant une théorie ondulatoire de la lumière. Mais ces idées font long feu, balayées et submergées par le raz-de-marée d'enthousiasme universel pour les idées corpusculaires de Newton.

L'éther peut-il transmettre la gravité ?

La théorie ondulatoire de la lumière a en tout cas remis au jour le concept d'éther. Et même si on préfère à cette théorie la théorie corpusculaire de Newton, la question de l'éther se pose avec insistance dans un autre contexte, celui de la transmission des forces de gravité d'un corps à un autre dans la conception de la gravitation universelle du même Newton. Cette dernière, en invoquant une force attractive qui lie les objets gravitationnellement, rend compte avec une grande précision des mouvements de la Lune autour de la Terre et de ceux des planètes autour du Soleil. Elle décrit si bien le comportement de la nature que l'Anglais John Adams (1819-1892) et le Français Urbain Le Verrier (1811-1877) pourront l'utiliser en 1846 pour découvrir par des calculs une nouvelle planète, Neptune, dans le système solaire. Mais Newton reste dans le vague quant au mécanisme de transmission de cette force de gravité. Il est pourtant bien conscient qu'un agent de transmission est nécessaire. En effet, si la gravité est transmise à distance dans le vide, sans l'aide d'aucun intermédiaire, cela veut dire que sa transmission est instantanée et sa vitesse de propagation à travers le vide infinie, ce qui est inacceptable aux yeux du physicien anglais. Selon lui, « il est inconcevable qu'un objet brut, inanimé puisse, sans la médiation de quelque autre chose, agir sur et affecter un autre objet sans aucun contact mutuel… La gravité doit être causée par un agent qui agit en permanence selon certaines lois ». Mais le physicien ne se prononce pas sur la nature de cet agent et « laisse à (ses) lecteurs le soin de décider si cet agent est matériel ou immatériel[1] ».

L'éther pourrait-il jouer ce rôle d'agent de transmission de la gravité ? Newton tente de concilier son modèle corpusculaire de la lumière avec l'existence

1. Lettre adressée au révérend Richard Bentley avec qui Newton entretenait une correspondance amicale pour discuter de questions théologiques.

d'un tel milieu. Il imagine des particules de lumière qu'une source lumineuse lancerait dans l'éther. La gravité accélérerait ces particules jusqu'au moment où la force d'accélération serait exactement contrebalancée par la force de résistance exercée par l'éther, les particules de lumière se déplaceraient ensuite à une vitesse constante. Mais ce modèle n'est pas très convaincant car il faudrait une force considérable pour accélérer les particules d'une vitesse nulle à celle de la lumière (trois cent mille kilomètres par seconde). Et en admettant que l'éther existe bel et bien, quelles sont ses propriétés ? Newton pense qu'il doit être « plus raréfié et plus subtil que l'air » pour ne pas perturber les mouvements des corps célestes. Ses idées sur l'éther ne cessent d'évoluer. Alors qu'il n'en fait aucune mention dans la première édition des *Principia* en 1687, il écrit à la fin de la deuxième édition datée de 1713 : « Et maintenant, nous devons ajouter une certaine substance des plus subtiles qui est partout et cachée dans tous les grands corps. Par la force et l'action de cette substance, les particules de ces corps peuvent s'attirer les unes les autres à de petites distances, et s'assembler si elles se touchent ; les corps électriques peuvent agir à de plus grandes distances, et repousser ou attirer les particules voisines ; et la lumière peut être émise, réfléchie, réfractée, diffractée, et chauffer les corps. » Pour le physicien, l'éther permet de comprendre comment la gravité, la chaleur, la lumière et le son se transmettent. Il revient de nouveau sur la question en 1717, dans la seconde édition de son *Opticks*, où il suggère que l'éther doit être composé de particules assez petites pour être invisibles. D'autre part, il rend compte de la gravité en postulant que l'éther est plus raréfié dans les gros corps – tels le Soleil et les planètes – que dans les petits. La gravité existe parce que les corps ont tendance à se déplacer des lieux où l'éther est plus dense vers ceux où il l'est moins. Mais malgré tous ses efforts, Newton ne parviendra jamais à élaborer une théorie de l'éther qui le satisfasse pleinement.

Young et l'étrange équation « lumière + lumière = obscurité »

Après la publication d'*Opticks* en 1704, et pendant tout le reste du XVIIIe siècle, il n'est plus possible de discuter de la lumière sans prendre position par rapport aux idées de Newton. Deux camps se forment, les newtoniens d'un côté, les anti-newtoniens de l'autre. Mais il faut dire que la majorité des anti-newtoniens sont moins opposés aux vues du physicien anglais sur les phénomènes optiques qu'à sa philosophie mécaniste du monde, un monde où Dieu n'a plus aucun rôle à jouer, sauf celui de donner l'élan initial.

Pendant tout le XVIIIe siècle, la théorie corpusculaire de Newton règne de façon quasi absolue. Mais la notion de lumière en tant qu'onde a la vie dure. Alors qu'on la croit moribonde, elle ne cesse de resurgir, tel un phénix qui renaît de ses cendres. Un nouveau personnage va entrer en scène, qui va apporter encore plus d'eau au moulin de cette théorie. Il s'agit du physicien anglais Thomas Young (1773-1829). Young est un génie qui s'intéresse à tout : aux sciences comme à la peinture, à la musique aussi bien qu'à l'égyptologie (il apportera une contribution importante au décryptage des hiéroglyphes sur la pierre de Rosette, indépendamment du travail de l'égyptologue français Jean-François Champollion). Mais la postérité retiendra le nom de Young surtout grâce une expérience fondamentale sur la lumière qu'il accomplit à la Royal Society en 1801, expérience dite des « franges d'interférence ».

Young est le premier Anglais à avoir le culot de défier ouvertement l'immense prestige posthume de son illustre prédécesseur, le premier à avoir l'audace de s'attaquer à ce monument national qu'est Newton. Il fixe son attention en particulier sur ce qu'il estime être le talon d'Achille de la théorie corpusculaire de la lumière, le phénomène dit « de diffraction » découvert par le père jésuite italien Francesco Maria Grimaldi (1618-1663). Ce dernier avait constaté que si l'on perce une petite fente dans la paroi d'une chambre obscure, le faisceau lumineux qui y entre, une fois passé la fente, se diffracte, c'est-à-dire qu'il s'élargit et éclaire d'un halo d'intensité plus faible une zone plus étendue que celle qui résulterait de corpuscules de lumière se déplaçant exclusivement en ligne droite. En d'autres termes, la trajectoire de la lumière doit être déviée à la suite du passage de la fente. Supposons maintenant, se dit Young, que nous percions non plus une seule fente mais deux, très proches l'une de l'autre. Chacune va être à l'origine d'une zone de lumière étendue. Que se passe-t-il dans la région où les deux halos de lumière se superposent ? Young place un écran derrière les deux fentes pour examiner la région commune. Ce qu'il voit le stupéfie !

On pourrait penser a priori qu'ajouter de la lumière à la lumière génère invariablement une zone éclairée plus brillante. Or ce n'est nullement le cas. Young constate un phénomène des plus surprenants : la zone où les deux faisceaux de lumière se superposent contient certes des bandes plus brillantes, mais aussi, contrairement à toute attente, des bandes sombres dépourvues de toute luminosité, alternant avec les bandes brillantes (fig.). Autrement dit, en certains endroits de l'écran, ajouter de la lumière à la lumière induit de l'obscurité ! C'est un peu comme si vous alliez acheter deux lampes pour bien éclairer votre chambre et que vous les allumiez en même temps. Imaginez votre étonnement si vous constatiez des stries noires à certains endroits de votre pièce !

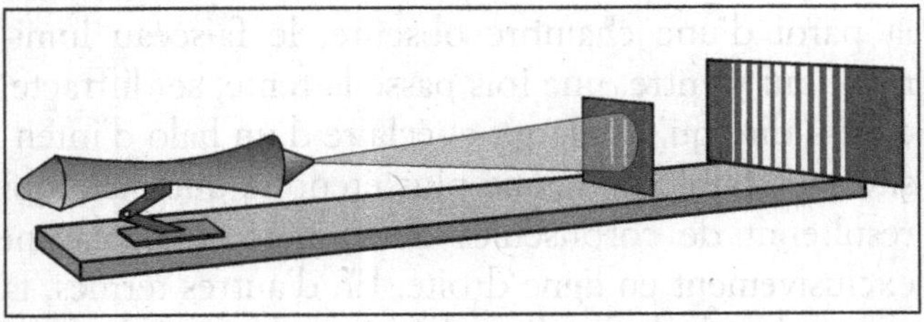

Expérience des deux fentes de Young. La lumière d'un faisceau passe à travers deux fentes parallèles et vient frapper un écran situé derrière, produisant une série de bandes verticales parallèles, alternativement sombres et brillantes, appelées « franges d'interférence ». Celles-ci ne peuvent se comprendre que si la lumière possède une nature ondulatoire.

Comment expliquer ce phénomène bizarre ? Young se rend compte qu'une description purement corpusculaire de la lumière ne pourra jamais en fournir une explication. Car selon cette théorie, de l'ajout de particules de lumière à d'autres particules de lumière, il ne peut logiquement que résulter un plus grand nombre de ces particules, et donc une zone plus éclairée. En revanche, l'étrange équation « lumière + lumière = obscurité » peut être comprise dès lors que la lumière est une onde avec des creux et des crêtes comme ceux d'une vague à la surface de l'océan. Pour comprendre cela, examinons le parcours de deux ondes lumineuses de même fréquence, c'est-à-dire caractérisées par le même nombre de crêtes ou de creux, passant en un point de l'espace par seconde, arrivant en même temps en un point donné de l'écran. Deux cas de figure se présentent : soit les deux ondes sont en phase, leurs crêtes arrivent en même temps, leurs amplitudes s'ajoutent et l'écran est deux fois plus lumineux en ce point ; soit elles sont déphasées, les crêtes d'une onde arrivent en même temps que les creux de l'autre, leurs amplitudes s'annulent et l'écran est obscur en ce point (fig.). Cette superposition d'ondes lumineuses de fréquences égales est appelée « interférence », et les bandes alternativement brillantes et sombres résultant de cette interférence portent le nom de « franges d'interférence »[1].

1. Pour produire des franges d'interférence, le mélange de deux faisceaux de lumière possédant la même fréquence est

Young défend haut et fort la nature ondulatoire de la lumière. Ce faisant, il se fait aussi le champion de l'éther, indispensable pour expliquer la transmission des ondes lumineuses. Mais rien ne peut entamer l'immense prestige posthume du grand Newton. Le jeune scientifique est sévèrement (et injustement) critiqué dans certains milieux et ses travaux sont rejetés. « Il est difficile de prendre au sérieux un auteur dont l'esprit n'est concerné que par un milieu dont la nature vibratoire est si changeante, (...) un auteur qui ne montre aucun signe de savoir, de perspicacité ou d'ingénuité qui peut compenser son manque évident de capacité à penser solidement. » Les opinions sur la nature corpusculaire de la lumière n'évoluent pas d'un pouce après l'expérience des franges d'interférence de Young – que personne ne se donne même la peine de répéter –, ni en Angleterre ni en France.

---

nécessaire. En pratique, on divise la lumière provenant d'une même source lumineuse en deux faisceaux différents. Dans le cas de deux lampes éclairant une chambre, les deux faisceaux lumineux ne possèdent pas la même fréquence car ils ne proviennent pas d'une même source lumineuse. Voilà pourquoi vous ne risquez pas de voir des stries noires dans votre chambre en allumant deux lampes différentes !

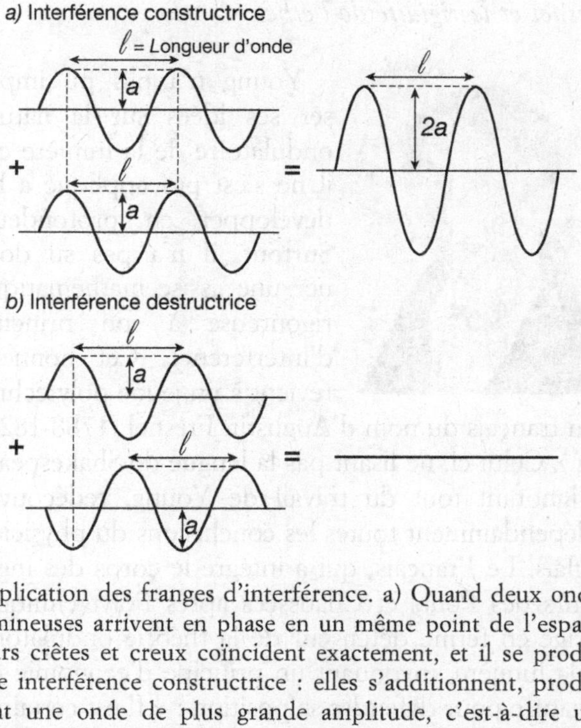

Explication des franges d'interférence. a) Quand deux ondes lumineuses arrivent en phase en un même point de l'espace, leurs crêtes et creux coïncident exactement, et il se produit une interférence constructrice : elles s'additionnent, produisant une onde de plus grande amplitude, c'est-à-dire une lumière plus intense. b) En revanche, quand les deux ondes sont déphasées d'une demi-longueur d'onde, de telle sorte que les crêtes (et creux) d'une onde s'alignent avec les creux (et crêtes) de l'autre onde, il se produit une interférence destructrice : elles s'annulent et de l'obscurité en résulte.

Fresnel et la rigidité de l'éther

Young n'a pas pu imposer ses idées sur la nature ondulatoire de la lumière car il ne s'est pas appliqué à les développer en profondeur. Surtout, il n'a pas su donner une assise mathématique rigoureuse à son principe d'interférence. Cet honneur revient à un jeune polytechnicien français du nom d'Augustin Fresnel (1788-1827) (fig.). Celui-ci, ne lisant pas la langue de Shakespeare et ignorant tout du travail de Young, redécouvre indépendamment toutes les conclusions du physicien anglais. Le Français, qui a intégré le corps des ingénieurs des Ponts et Chaussées après Polytechnique, s'érige en ferme défenseur de la théorie ondulatoire de la lumière, invoquant un principe d'économie de la nature pour défendre sa position : « Il est certainement difficile de découvrir la raison de cette économie si admirable… Mais même si ce principe général de la philosophie des sciences ne mène pas directement à la Vérité, il peut guider les efforts de l'esprit en l'éloignant des schémas qui relient les phénomènes à un nombre trop grand de causes différentes, tout en le guidant vers ceux qui, basés sur un minimum d'hypothèses, sont les plus fertiles en conséquences[1]. »

1. Augustin Fresnel, « Mémoire sur la diffraction de la lumière », *Mémoires de l'Académie des sciences*, 5, 1821. Le prin-

Selon le polytechnicien, la théorie corpusculaire de la lumière ne peut être bonne car elle n'est pas conforme au principe d'économie de la nature. En effet, pour expliquer le phénomène de diffraction découvert par le père Grimaldi, la théorie corpusculaire dut introduire une nouvelle hypothèse supplémentaire : Newton fut contraint de postuler une force qui déviait les particules de lumière dès qu'elles franchissaient la fente, tout en supposant qu'il n'existait aucune force agissant entre elles.

Fresnel réussit là où Young a échoué car, au lieu du langage intuitif et physique de l'Anglais, le physicien français, grâce à la formation mathématique rigoureuse qu'il a reçue à l'École polytechnique, parvient à décrire la théorie ondulatoire de la lumière et le principe d'interférence dans un langage mathématique précis, leur conférant une base considérablement plus solide. Ses démonstrations se révèlent si persuasives qu'il arrivera à faire battre en retraite la théorie corpusculaire de Newton et de ses successeurs au profit de la théorie ondulatoire. Entre-temps, prenant connaissance des travaux de Young, Fresnel n'hésite pas à lui écrire pour reconnaître : « J'ai avoué d'assez bonne grâce devant le public, en plusieurs occasions, l'antériorité de vos recherches. » Young n'est pas en reste, admettant bien volontiers que les décou-

cipe d'économie décrit par Fresnel rappelle le rasoir d'Occam du théologien et philosophe du XIVe siècle Guillaume d'Occam, qui considère qu'une explication simple d'un fait a plus de chances d'être vraie qu'une explication compliquée.

vertes du Français ne doivent rien à ses travaux, mais qu'elles sont indépendantes et originales : « J'ai eu pour la première fois le plaisir d'entendre un travail optique lu par M. Fresnel qui semble avoir redécouvert par ses propres efforts les lois d'interférences. » Un échange de bons procédés entre deux scientifiques exceptionnels qui est tout à leur honneur.

Le formalisme mathématique développé par Fresnel lui permet non seulement de généraliser les résultats de Young, mais aussi d'apporter une réponse à l'objection majeure de Newton à la théorie ondulatoire de la lumière : pourquoi peut-on entendre une personne au tournant d'une rue, mais non la voir ? En d'autres termes, pourquoi le son contourne-t-il les coins de rue, contrairement à la lumière ? Si la lumière était une onde comme le son, les deux devraient avoir un comportement similaire, et l'on devrait voir aussi bien qu'entendre tout ce qui se passe au-delà d'un tournant. Le jeune ingénieur démontre que la lumière passe bel et bien le coin de la rue, mais que les ondes lumineuses interfèrent les unes avec les autres et s'annulent presque entièrement. La quantité de son ou de lumière qui passe les coins de rue dépend de la longueur d'onde, la distance entre deux crêtes (ou deux creux) successives de l'onde sonore ou lumineuse. Plus la longueur d'onde est petite, plus la quantité de son ou de lumière déviée (les physiciens disent « diffractée ») est insignifiante. Or la longueur des ondes lumineuses est un million de fois plus faible que celle des ondes sonores produites par votre voix. Ce qui fait que nous pouvons entendre une personne au tournant d'une rue, mais pas la voir.

Encore plus important, Fresnel découvre une autre différence fondamentale entre le son et la lumière : s'ils possèdent bien tous deux une nature ondulatoire, ils diffèrent par la façon dont ils transportent l'énergie dans l'espace. Adressez la parole à quelqu'un, il se produit une onde de compression et de raréfaction qui traverse l'air depuis votre bouche jusqu'à l'oreille de votre interlocuteur. Au cours du passage de l'onde sonore à un endroit donné, les molécules d'air à cet endroit bougent et le transfert d'énergie se fait dans la direction de propagation de l'onde. On dit alors que cette onde est « longitudinale ». En revanche, Fresnel démontre que lors du passage d'une onde lumineuse dans l'éther hypothétique, le transfert d'énergie se produit non pas dans la direction de propagation de l'onde, mais dans un plan qui lui est perpendiculaire – c'est alors une onde dite « transversale ».

La démonstration par Fresnel que la lumière est une onde transversale – et non pas longitudinale comme le son – pose problème pour ce qui concerne la nature de l'éther, ce fluide censé baigner tout l'univers. Young énonce clairement et de manière succincte la difficulté conceptuelle qui en découle quand il écrit en 1823 : « L'hypothèse de M. Fresnel est pour le moins très ingénieuse et permet de faire des calculs satisfaisants. Mais elle nous mène à une conclusion consternante : l'éther qui occupe tout l'espace est non seulement totalement élastique, mais il est aussi entièrement solide ! » En effet, les ondes transversales ne peuvent se propager que dans un solide. Elles peuvent aussi se propager par l'intermédiaire d'un liquide, mais seulement en surface (comme les vagues à la surface d'un océan), jamais à l'intérieur. L'éther devrait donc être aussi ferme qu'une gelée. Mais si tel était le cas, comment expliquer le mouvement des planètes ? Comment pourraient-elles se déplacer dans une sorte de gelée sans être ralenties ? Se peut-il que l'éther n'existe pas et soit simplement une fiction inventée par l'imagination débridée des hommes, au même titre que les licornes de l'Antiquité ou les sphères cristallines sur lesquelles les gens du Moyen Âge s'obstinaient à fixer les planètes ?

Faraday et le mariage de l'électricité et du magnétisme

La prochaine étape dans la saga de l'éther se fait par un détour dans le domaine de l'électricité et du magnétisme. Le premier acteur à entrer en scène dans ce nouvel épisode est le physicien anglais Michael Faraday (1791-1867), considéré comme le plus grand expérimentateur de son temps (fig.).

Profondément religieux, Faraday croit passionnément en l'unité de la nature, puisque celle-ci est la manifestation de Dieu et que Dieu est un : « J'ai été longtemps de l'opinion, celle-ci devenant presque une conviction, que les diverses formes sous lesquelles les forces de la matière se manifestent ont une origine commune. » En particulier, le physicien désire savoir si les phénomènes électriques et magnétiques sont liés ou totalement distincts. Faraday est au courant des travaux du physicien danois Hans Christian Œrsted (1777-1851). Celui-ci a démontré en 1820 la connexion intime entre l'électricité et le magnétisme en observant qu'un courant électrique fait dévier l'aiguille d'une boussole. Puisque celle-ci ne réagit qu'à un phénomène magnétique, cela veut dire que l'électricité génère du magnétisme. Faraday arrive à prouver en 1831 que l'inverse est tout aussi vrai : un aimant qui bouge produit un courant électrique. La situation est donc parfaitement symétrique : des charges électriques en mouvement génèrent un effet magnétique et un champ magnétique qui change engendre un effet électrique. Électricité et magnétisme sont donc bel et bien les deux facettes d'un seul et même phénomène physique. Le mot « électromagnétisme » est inventé pour les relier linguistiquement.

Mais comment les forces électriques et magnétiques peuvent-elles agir à distance ? Comment un courant électrique peut-il faire dévier l'aiguille d'une boussole sans avoir aucun contact avec elle ? Pour rendre compte de cette action à distance, Faraday

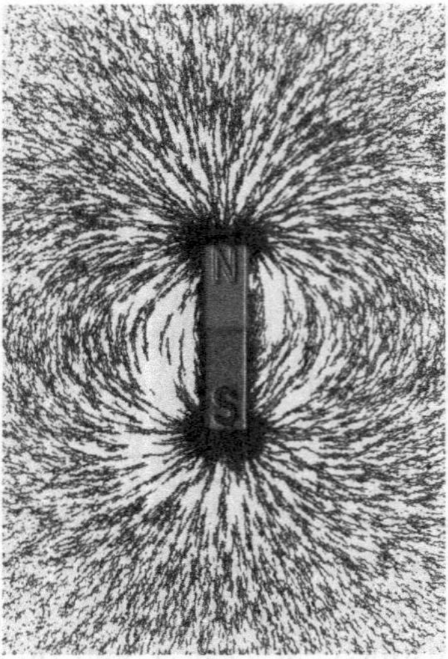

Lignes de champ magnétique reliant les pôles nord (N) et sud (S) d'un aimant, tracées par de la limaille de fer.

imagine des lignes de force qui partent d'une charge électrique ou d'un des pôles d'un aimant pour se déployer dans l'espace, y formant un vaste champ électrique ou magnétique (fig.). Ce concept de champ est révolutionnaire et va exercer une influence considérable sur le développement de la physique dans les siècles à venir.

La physique nous dit ainsi que nous vivons immergés dans un immense océan de champs électromagnétiques. Ce sont ces champs qui véhiculent à travers l'espace notre programme de télévision favori ou notre morceau de musique préféré de la station émettrice jusqu'à notre téléviseur ou notre poste de radio. Ce sont eux aussi qui nous permettent de relier notre ordinateur portable au réseau Internet, d'être connecté au réseau GPS pour nous localiser et de communiquer avec nos amis via notre téléphone portable sans aucune connexion par des fils électriques.

Maxwell et l'unification de l'électromagnétisme et de l'optique

Le deuxième personnage à entrer en scène dans l'histoire de l'électromagnétisme est le physicien écossais James Clerk Maxwell (1831-1879) (fig.). C'est lui qui va donner une base mathématique solide aux idées de Faraday, tout comme Fresnel l'avait fait pour Young. En effet, étant autodidacte, Faraday ne possédait pas le bagage technique nécessaire pour démontrer mathématiquement l'intime connexion entre l'électricité et le magnétisme. Maxwell est d'autant plus déterminé à accomplir cette tâche qu'il est persuadé de la véracité des idées de Faraday : « Faraday vit dans son esprit des lignes de force qui traversent tout l'espace, alors que les mathématiciens ne virent que des centres de force attirant à distance. » En 1864, grâce à ses prodigieux talents de mathématicien, l'Écossais réussit à faire la synthèse – sous la forme d'un ensemble de quatre équations – des connaissances disparates de l'époque sur l'électricité et le magnétisme. Chacune de ses

Les équations de Maxwell sur un T-shirt. Ces équations célèbrent la grande synthèse de l'électricité, du magnétisme et de l'optique.

équations est exprimée dans un langage mathématique condensé qui n'est pas sans rappeler la beauté formelle des hiéroglyphes égyptiens ou des symboles magiques de l'alchimie. Ces équations sont si ramassées qu'on pourrait les faire figurer toutes sur un T-shirt, ce que certains marchands, attirés par l'appât du gain, n'ont d'ailleurs pas manqué de faire… (fig.). Connues aujourd'hui sous le nom d'« équations de Maxwell », elles marquent une étape décisive dans l'histoire de la physique. Le prix Nobel de physique américain Richard Feynman (1918-1988) a ainsi commenté l'extraordinaire accomplissement du physicien écossais : « Il ne fait aucun doute que, dans dix mille ans, la postérité jugera la découverte des lois de l'électrodynamique par Maxwell comme l'événement le plus important du XIXe siècle. La guerre de Sécession américaine n'apparaîtra par comparaison que comme un simple épisode provincial[1]. »

Encore plus impressionnant – et pour en revenir à nos réflexions sur la lumière –, non seulement Maxwell unifie l'électricité et le magnétisme, mais il fait aussi la synthèse de l'électromagnétisme avec l'optique. En effet, ses équations lui racontent le scénario suivant : un champ électrique qui varie dans le temps produit un champ magnétique ; du fait même de son passage de la non-existence à l'existence, le champ magnétique varie et engendre donc à son tour un champ électrique variable, lequel donne naissance à un champ magnétique qui est à son tour responsable d'un champ électrique, et ainsi de suite. Les champs électrique et magnétique sont ainsi inextricablement liés, formant les deux composantes d'une onde électromagnétique qui se propage dans l'espace, à l'instar d'une onde se propageant le long d'une corde dont on secoue l'une des extrémités en tenant l'autre fixe. L'onde est transversale, c'est-à-dire que le transfert d'énergie se fait dans un plan perpendiculaire à la direction de propagation de l'onde. En 1873, Maxwell parvient à calculer très précisément la vitesse de propagation de cette onde électromagnétique dans l'espace. Le résultat est extraordinaire : elle se déplace très exactement à la vitesse de la lumière[2]. En d'autres termes, une onde électromagnétique n'est rien d'autre que de la lumière !

---

1. Richard Feynman, *Le Cours de physique de Feynman. Électromagnétisme*, Dunod, 2015.

2. La valeur moderne de la vitesse de la lumière dans le vide est de 299 792,458 kilomètres par seconde.

Maxwell se pose ainsi comme le deuxième grand unificateur de la physique, après Newton. Alors que celui-ci a unifié le ciel et la Terre, le physicien écossais, d'un coup de baguette magique, fait la synthèse de l'électricité, du magnétisme et de l'optique !

Pourquoi l'éther ne freine-t-il pas le mouvement de la Terre ?

Une question demeure : quel est le support matériel qui permet à ces ondes électromagnétiques de se propager ? Si ces ondes voyagent dans l'espace à la façon des vagues à la surface d'un océan, quelle est la nature de l'« océan » des ondes électromagnétiques ? Bien que ses équations ne requièrent en aucun cas la présence d'une substance qui baigne l'univers entier, Maxwell fait appel à l'éther. Il ne semble pas douter de son existence, comme il l'écrit dans un article publié dans l'*Encyclopedia britannica* de 1878 : « Quelles que soient les difficultés que nous pouvons éprouver à nous former une idée cohérente de la constitution de l'éther, il ne fait aucun doute que les espaces interplanétaires et interstellaires sont occupés par une substance matérielle ou un corps… »

Pour Maxwell, l'éther joue un rôle indispensable non seulement pour la transmission des ondes lumineuses, mais aussi pour définir un système de référence absolu. En effet, à l'instar de Newton, l'Écossais se retrouve confronté au problème d'un « espace absolu » pour décrire le mouvement des objets. Si ses équations lui disent que les ondes électromagnétiques se propagent dans l'espace à la vitesse de trois cent mille kilomètres par seconde, elles sont muettes quand il s'agit de répondre à la question : par rapport à quel système de référence cette vitesse est-elle mesurée ? C'est comme si l'on vous disait que le lieu d'un rendez-vous est à deux kilomètres, sans vous préciser par rapport à quelle origine. Marchant sur les traces de Newton, Maxwell pense tout naturellement que la lumière se propage à trois cent mille kilomètres par seconde par rapport à un éther stationnaire qui baigne tout l'univers.

Mais de quoi est constitué cet éther ? Quelle est son origine ? Quelles sont ses propriétés ? Sa nature doit être compatible avec certaines observations du ciel. D'abord, cela va sans dire, il doit être transparent puisque nous pouvons contempler les planètes, les étoiles et autres objets célestes dans tout leur éclat. Ensuite, il faut comprendre pourquoi nous ne percevons aucun vent d'éther, alors même que le vaisseau Terre accomplit son périple annuel autour du Soleil en fendant l'espace à quelque trente kilomètres par seconde. En fait la Terre s'est frayé et se fraie un chemin à travers l'éther depuis des siècles, à cette vitesse considérable, sans qu'on ait jamais détecté aucun ralentissement. Ce qui ne peut se comprendre que si l'éther n'exerce aucune force sur les planètes. Par ses calculs des mouvements planétaires, Newton a montré que si une telle force existait, celles-ci auraient ralenti et seraient tombées en spirale dans le Soleil depuis belle lurette. D'autres questions se posent. Comme on l'a vu, la découverte par Augustin Fresnel que la lumière est une onde transversale (le transfert d'énergie se fait dans un plan perpendiculaire à la direction de propagation de l'onde) implique que l'éther doit être entièrement solide car les ondes transversales ne peuvent pas traverser un liquide. Mais comment la Terre et les autres planètes peuvent-elles se frayer une voie dans un milieu consistant sans ralentir et choir sur le Soleil ? L'éther peut-il posséder à la fois les propriétés d'un solide élastique et celles d'un fluide ténu ?

Ces interrogations demeurent sans réponse et le problème de l'éther reste l'une des préoccupations majeures des physiciens de la fin du XIXe siècle. Le physicien allemand Heinrich Hertz (1857-1894) le résume ainsi lors d'un congrès scientifique en 1889 : « Le grand problème de la Nature concerne les propriétés de l'éther qui remplit l'espace : quelle est sa structure, est-il immobile ou en mouvement, son étendue est-elle finie ou infinie ? De plus en plus, nous pensons que c'est le problème le plus important, et que sa résolution nous révélera non seulement la nature de ce que nous appelions les "impondérables", mais aussi la nature de la matière elle-même et ses propriétés essentielles – son poids et son inertie... Ce sont là les problèmes ultimes des sciences physiques, les sommets glacés de ses pics les plus élevés. »

Michelson et Morley et l'absence du vent d'éther

En 1887, les physiciens américains Albert Michelson (1852-1931) (fig.) et Edward Morley (1838-1923) (fig.) décident de monter une ingénieuse expérience pour tester l'existence de l'éther, en particulier pour mettre en évidence ce qu'on appelle alors un « vent d'éther ». Comme il en va de toutes les grandes expériences, l'idée de départ est très simple.

La Terre n'est pas immobile mais dotée de deux mouvements : un mouvement de rotation sur elle-même, responsable de l'alternance du jour et de la nuit, et un mouvement de révolution autour de notre astre, responsable du passage des saisons. Cela veut dire que si notre planète est immergée dans un éther immobile, elle doit être en mouvement par rapport à ce substrat. Les Terriens devraient dès lors ressentir ce mouvement sous la forme d'un vent d'éther comme le vent qu'un cycliste sent sur ses joues quand il pédale à travers l'air immobile. Comment mesurer la vitesse de la Terre par rapport à l'éther ? Reprenant une idée émise par Maxwell en 1878, Michelson et Morley décident de mesurer la vitesse de la lumière dans des directions différentes, et à des périodes distinctes. L'idée est la suivante : au cours de son périple annuel sur une orbite elliptique autour du Soleil, la Terre change constamment de vitesse et de direction, ce qui devrait induire de petites variations de la vitesse apparente de la lumière en fonction du temps. Ainsi, si dans une certaine direction la Terre venait à la rencontre d'une onde lumineuse, celle-ci aurait une vitesse apparente supérieure à trois cent mille kilomètres par seconde, égale à la somme des vitesses de la lumière et de la Terre. Par contre, si nous mesurions cette vitesse dans la direction opposée, la lumière devrait rattraper la Terre et sa vitesse apparente serait inférieure à sa valeur réelle, égale à la différence des vitesses de la lumière et de la Terre. Mais dans le cas où notre planète se déplacerait dans une direction perpendiculaire à celle de la lumière, on ne devrait mesurer aucun effet, c'est-à-dire que la vitesse mesurée serait exactement égale à trois cent mille kilomètres par seconde. En mesurant ces variations de vitesse de la lumière, il serait possible de déduire la vitesse du vent d'éther supposé. Notre planète se déplaçant autour du Soleil à une vitesse d'environ trente kilomètres par seconde, Michelson et Morley devraient mesurer des variations de vitesse de cet ordre, dans l'hypothèse où l'éther existe bel et bien.

Mesurer de si petites variations de vitesse, de l'ordre d'un dix millième de la vitesse de la lumière, n'est pas une mince affaire. Michelson et Morley doivent faire appel à un instrument appelé « interféromètre », basé sur le principe d'interférence découvert par Thomas Young.

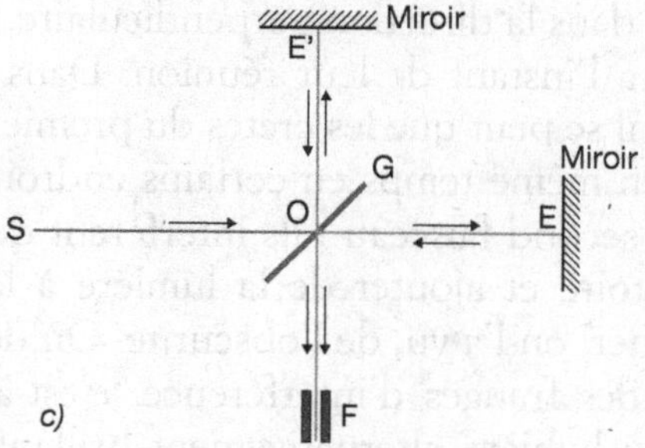

L'interféromètre de Michelson et Morley est conçu pour mesurer de très petites variations de la vitesse de la lumière dans différentes directions spatiales. Un faisceau lumineux SO arrive sur un miroir semi-transparent G qui le divise en deux sous-faisceaux, l'un se propageant dans la direction du mouvement de la Terre, et l'autre dans la direction perpendiculaire. Ces deux sous-faisceaux sont réfléchis par des miroirs (E et E'), et sont envoyés vers le détecteur F (en bas) qui devrait enregistrer des petits changements dans la position des franges d'interférence si la vitesse de la lumière varie dans différentes directions spatiales. Or Michelson et Morley, à leur grande surprise, ne détectent aucun changement en fonction du temps, démontrant ainsi la constance de la vitesse de la lumière quel que soit le mouvement de l'observateur.

La lumière qui entre dans cet interféromètre est divisée en deux faisceaux. Ceux-ci parcourent deux allers-retours de même longueur, l'un dans la direction du mouvement de la Terre, l'autre dans la direction perpendiculaire, avant d'être à nouveau réunis. Au départ, les deux faisceaux sont en phase, c'est-à-dire que leurs crêtes et leurs creux coïncident rigoureusement. Mais parce que ces faisceaux ont des vitesses différentes du fait que le parcours de l'un est dans la direction du mouvement de la Terre et celui de l'autre dans la direction perpendiculaire, ils seront déphasés à l'instant de leur réunion. Dans une telle situation, il se peut que les crêtes du premier faisceau arrivent en même temps en certains endroits que les creux du second faisceau : ils interfèrent de manière contradictoire et ajouter de la lumière à la lumière peut donner, on l'a vu, de l'obscurité. On devra alors observer des franges d'interférence, c'est-à-dire des bandes de lumière alternativement brillantes (là où les faisceaux s'ajoutent) et sombres (là où les faisceaux s'annulent).

En perfectionnant leur interféromètre, Michelson et Morley peuvent en principe mesurer de faibles différences de vitesse, de l'ordre de 1,5 kilomètre par seconde, soit un vingtième de la vitesse de la Terre à travers l'hypothétique éther. De sorte que le moindre vent d'éther serait facilement détectable. À leur grande déception et à leur vif étonnement – car les deux physiciens étaient persuadés de l'existence de l'éther – et malgré des efforts répétés, les franges d'interférence restent désespérément absentes. Le verdict est donc sans appel : la lumière ne montre pas la moindre variation de vitesse quelle que soit la direction dans laquelle on la mesure. Conclusion : la vitesse de la lumière est constante quelle que soit sa direction de propagation.

Cette constance de la vitesse de la lumière, impliquant l'absence de tout vent d'éther, sème le doute sur l'existence même d'une substance qui remplirait tout l'univers. Existerait-elle seulement dans l'imagination des hommes ? Pourtant ses partisans ne s'avouent pas vaincus. Plusieurs propositions sont avancées pour sauver l'éther, certaines plus invraisemblables que d'autres. Certains émettent l'hypothèse que si la Terre ne semble pas bouger par rapport à l'éther, c'est parce que notre planète l'entraîne avec elle. Hypothèse des plus absurdes, car pourquoi l'éther supposé baigner l'univers tout entier suivrait-il le mouvement de notre planète, insignifiant grain de sable perdu dans le vaste océan cosmique ? Les physiciens irlandais George FitzGerald (1851-1901) et hollandais Hendrik Lorentz (1853-1928) proposent alors une idée nouvelle et étrange : l'absence de franges d'interférence pourrait se comprendre si la longueur d'un objet diminue en fonction de sa vitesse[1]. Cette contraction de la taille serait minime pour la vitesse de trente kilomètres par seconde de la Terre – un objet se déplaçant à cette vitesse rétrécirait d'un centième de millionième de sa longueur initiale –, mais suffisante pour expliquer l'absence de franges d'interférence dans l'expérience de Michelson et Morley. En effet, le trajet de la lumière dans l'interféromètre, dans la direction du mouvement de la Terre, serait juste assez raccourci par rapport au trajet perpendiculaire pour compenser la différence de temps résultant de la différence de vitesse due au mouvement de la Terre à travers l'éther. Cette compensation ferait que les rayons lumineux dans les deux directions restent en phase après leur trajet aller-retour et interfèrent de façon constructive à leur arrivée. En d'autres termes, l'uni-

1. La longueur diminuerait d'un facteur égal à $\sqrt{1 - (v/c)^2}$, où v est la vitesse de l'objet et c celle de la lumière.

vers pourrait être rempli d'éther, mais les lois de la physique conspireraient à ce qu'il soit impossible de le détecter !

Cette idée de rétrécissement de la longueur des choses dans la direction de leur mouvement est accueillie avec scepticisme par le monde scientifique : on la considère comme un artifice mathématique sans aucun rapport avec la réalité physique. Les choses en resteront là jusqu'à ce qu'un obscur employé, « expert technique de troisième classe » du Bureau fédéral des brevets à Berne, en Suisse, du nom d'Albert Einstein (1879-1955), sorte de l'anonymat pour sonner le glas de l'éther et enchanter la physique moderne (fig.).

Einstein et la mort de l'éther

L'été 1900, le jeune Einstein termine ses études universitaires de physique à la célèbre École polytechnique de Zurich, en Suisse, mais n'arrive pas à obtenir un poste d'assistant dans son ancienne université où son non-conformisme n'est guère apprécié par ses collègues et professeurs. Il gagne sa vie tant bien que mal grâce à des postes temporaires de répétiteur dans de modestes écoles suisses. « Au seuil de la vie, je me sentais comme un paria tenu à l'écart, mal aimé, abandonné de tous », écrira-t-il plus tard. En 1902, grâce à l'intervention du père d'un ami, il décroche enfin un poste au Bureau suisse des brevets.

C'est là, loin du monde académique, à mille lieues de toute pression à se soumettre aux idées et théories en vogue afin de faire carrière dans les milieux universitaires, qu'Einstein le visionnaire, le rebelle, laisse manifester son génie. En 1905, il change la conception du monde par le biais de quatre articles fondamentaux dont chacun aurait suffi à le propulser au panthéon de la physique et au faîte de la gloire. Dans un de ces articles, le physicien de génie propose une nouvelle théorie du temps et de l'espace, la théorie de la relativité dite « restreinte » car elle s'applique seulement à des mouvements uniformes, sans accélération ni décélération. Le jeune physicien y détruit le dogme newtonien d'un temps et d'un espace universels et absolus, et y décrète la mort de l'éther[1].

Une question n'a cessé de hanter Einstein au cours de son adolescence : si nous pouvions courir aussi vite que la lumière, comment une onde lumineuse nous apparaîtrait-elle ? La lumière devrait être stationnaire par rapport à nous. Nous n'aurions qu'à tendre la main pour recueillir une poignée de lumière comme nous cueillons un fruit d'un arbre. Mais cela pose

1. Outre l'article sur la relativité restreinte, les trois autres concernent le mouvement brownien par lequel Einstein établit la réalité des atomes, l'effet photoélectrique par lequel il démontre la nature quantique de la lumière, et l'équivalence masse-énergie qui se traduit par la formule peut-être la plus célèbre de toute l'histoire de la physique : $E = mc^2$ (l'énergie d'un objet est égale au produit de sa masse par le carré de la vitesse de la lumière).

problème. Les équations de Maxwell nous disent que la lumière ne peut être immobile ou stationnaire car elle doit toujours se déplacer à trois cent mille kilomètres par seconde. Personne n'a en effet jamais pu tenir une poignée de lumière entre ses mains ! Einstein apporte la solution à ce paradoxe à l'âge de vingt-six ans, dans son article de 1905 sur la théorie de la relativité restreinte. Bien qu'il ne le mentionne pas explicitement dans son article, le physicien est probablement au courant des résultats de l'expérience de Michelson et Morley et d'autres similaires qui n'ont pu détecter aucune variation de la vitesse de la lumière quelle que soit la direction par rapport au mouvement de la Terre dans laquelle on la mesure. Au lieu d'explications alambiquées comme celle d'un éther se déplaçant avec la Terre, Einstein, guidé par une intuition hors du commun sur le fonctionnement de la nature, et avec la ferme conviction qu'une explication simple a plus de chances d'être vraie qu'une explication compliquée, décide que si les expériences ne révèlent pas l'existence d'un éther, c'est que tout bonnement celui-ci n'existe pas ! D'ailleurs, l'existence d'un milieu propagateur pour les ondes lumineuses n'est en aucun cas requise par les équations de Maxwell. Pour le jeune physicien germano-suisse, la conclusion que les ondes lumineuses, au contraire des ondes sonores, n'ont nul besoin d'un milieu qui les porte ne peut être contournée. L'expérience et la théorie impliquent toutes deux que la lumière peut parfaitement se propager dans le vide. L'éther n'est donc pas nécessaire. Ce n'est qu'une invention des hommes.

Mais si l'éther est envoyé aux oubliettes, qu'est-ce qui va jouer le rôle de repère fixe, ce que Newton appelait l'« espace absolu » ? Les équations de Maxwell nous disent que la lumière voyage à trois cent mille kilomètres par seconde, mais trois cent mille kilomètres par seconde par rapport à quel repère ? De nouveau, Einstein le révolutionnaire, guidé par la conviction métaphysique que les lois de la nature doivent être simples, ne va pas par quatre chemins. Il déclare que si la théorie de Maxwell ne requiert pas de repère fixe privilégié, c'est qu'il n'en existe pas. La vitesse de la lumière doit être égale à trois cent mille kilomètres par seconde quel que soit le repère par rapport auquel on la mesure. Le physicien pose ainsi le postulat basique de la théorie de la relativité : les lois fondamentales de la physique, y compris les lois de l'électromagnétisme de Maxwell, doivent être rigoureusement les mêmes pour tous les observateurs se déplaçant les uns relativement aux autres. Autrement dit, il ne peut exister de repère privilégié ou absolu dans l'univers.

La relativité du temps et de l'espace

Postuler que la vitesse de la lumière est une constante universelle, indépendante du mouvement d'un observateur, va complètement bouleverser les notions habituelles de temps et d'espace.

En effet, une vitesse n'est autre que le rapport d'une distance dans l'espace à un temps. Pour que la vitesse de la lumière demeure constante quel que soit le mouvement d'un observateur, Einstein est contraint de faire perdre aux distances et aux intervalles de temps, mesurés par des observateurs dotés de mouvements différents, leur « rigidité ». C'est une vision radicalement différente de celle de Newton. Le physicien anglais considérait l'espace et le temps comme absolus, existant « sans aucune référence à quelque chose d'externe ». Ils seraient les mêmes pour toute personne, quel que soit son mouvement, et évolueraient indépendamment l'un de l'autre. Dans l'univers d'Einstein, cette vision est balayée. Chacun de nous possède sa propre horloge et sa propre mesure de distance. Chaque horloge, chaque aune sont aussi précises que celles de qui que ce soit, mais elles mesurent des intervalles de temps et des distances différents dès lors que nous sommes en mouvement.

Le temps et l'espace peuvent se dilater, se contracter, s'étirer, se rétrécir avec la vitesse. Ils forment un couple indissolublement soudé dont les variations en fonction du mouvement sont toujours complémentaires. La mort de l'éther et le fait que la vitesse de la lumière est devenue une constante universelle, indépendante du mouvement de l'observateur, ont désormais doté l'univers de quatre dimensions. Aux trois dimensions de l'espace s'ajoute invariablement la dimension du temps.

Prenons un exemple. Quelqu'un voyageant dans une fusée à 87 % de la vitesse de la lumière verra son temps s'allonger d'un facteur 2 par rapport au temps d'un observateur immobile[1]. Ce ralentissement du temps, loin d'être un jeu de l'esprit, est bien réel : le voyageur aura moins de rides et de cheveux blancs, son cœur aura moins battu et il aura mangé moins de repas que l'observateur immobile. La vitesse agit donc comme une fontaine de jouvence – une fontaine qui ne rajeunit pas, mais ralentit le passage inexorable du temps. En d'autres termes, il suffit d'aller vite pour ralentir le temps. Ce ralentissement s'accompagne inévitablement d'une contraction de l'espace de même facteur. De sorte que l'observateur immobile verra la fusée du voyageur se raccourcir aussi d'un facteur 2 : la longueur de la fusée sera seulement la moitié de ce qu'elle était sur Terre. Les déformations concertées de l'espace et du temps peuvent être considérées comme une transmutation du temps en espace et vice versa.

Bien sûr, ces déformations ne sont importantes que lorsque les vitesses sont proches de celle de la lumière. Dans la vie de tous les jours, les vitesses que nous atteignons en avion, train ou automobile sont infimes (la vitesse d'un avion commercial est de l'ordre de neuf cents kilomètres à l'heure, soit seulement un millionième de celle de la lumière, celle d'un TGV est d'environ trois cents kilomètres à l'heure, soit un tiers

1. La dilatation du temps dépend de la vitesse du voyageur relative à l'observateur. Plus le voyageur va vite, plus son temps s'allonge. Le temps du voyageur s'allonge par rapport à celui de l'observateur immobile d'un facteur $1/\sqrt{1-(v/c)^2}$ où v est la vitesse du voyageur et c celle de la lumière. Cette formule est la même que celle proposée par les physiciens FitzGerald et Lorentz pour expliquer l'absence de franges d'interférence dans l'expérience de Michelson et Morley.

de millionième de celle de la lumière), si bien que le ralentissement du temps du voyageur est infinitésimal. Une seconde pour une personne voyageant dans un avion commercial correspondant à 1,000000000005 seconde pour une personne immobile restée sur Terre, même si on passait toute sa vie (une centaine d'années) à voyager en jet, on ne gagnerait qu'une milliseconde par rapport aux « sédentaires ». Parce que les différences sont minimes, nous vivons tous sur Terre pratiquement dans le même temps. Heureusement pour notre santé mentale : quel chaos si l'élasticité du temps se manifestait dans notre vie quotidienne !

Plus étrange encore, l'élasticité et malléabilité du temps en fonction du mouvement de chacun met à mal nos concepts de passé, présent et futur. Ainsi mon présent peut-il être votre futur et le passé d'une tierce personne, si elle et vous êtes en mouvement par rapport à moi. Ce constat a une conséquence extraordinaire : si pour quelqu'un le futur existe déjà et le passé est encore présent, il n'existe plus de moment privilégié, tous les instants se valent ; le passé n'est pas révolu et le futur n'est plus à venir. Pour Einstein, le passage du temps n'est pas réel, le temps ne s'écoule plus : il est simplement là, immobile, comme une ligne droite s'étendant à l'infini dans les deux directions. « Pour nous autres physiciens convaincus, affirme-t-il, la distinction entre passé, présent et futur n'est qu'une illusion, même si elle est tenace[1]. »

1. Lettre écrite en 1955 après le décès de son ami d'enfance Michele Besso à la famille de ce dernier (et juste quelques mois avant la propre mort d'Einstein).

Mais la relativité restreinte est incomplète. Elle ne peut décrire que des mouvements uniformes avec une direction et une vitesse constantes. Elle est dépassée dès qu'il s'agit d'un mouvement accéléré (ou décéléré), quand un objet change de vitesse et de direction, comme quand on appuie sur l'accélérateur de sa voiture ou qu'on prend un virage. D'autre part, elle n'inclut pas la gravitation universelle, si chère à Newton, et est donc incapable de décrire l'évolution de l'univers où la force de gravité joue le rôle dominant. Einstein travaille d'arrache-pied pour corriger ces déficiences. Après dix années d'intense labeur, il publie en 1915 son chef-d'œuvre, un article sur la théorie de la relativité générale. Le physicien y présente une vision du monde radicalement différente de celle de Newton. L'univers newtonien était un monde de forces transmises à une vitesse infinie[1] par un mystérieux éther remplissant un espace plat, passif et figé. Dans l'univers einsteinien, l'éther et les forces quittent la scène, et l'espace est libéré de sa passivité et de sa rigidité. Devenu actif, il peut s'étirer, se rétrécir, se courber et se déformer au gré de la gravité exercée par la matière. Ainsi, selon Newton, la Lune suivait sagement son orbite elliptique autour de la Terre à cause de la force de gravité qui liait les deux objets célestes. Pour Einstein, l'orbite

1. Dans sa théorie de la gravitation universelle, Newton avait besoin d'invoquer une action à distance de la force de gravité, c'est-à-dire qui se propagerait à une vitesse infinie, en contradiction directe avec la relativité restreinte d'Einstein qui dit que rien ne peut aller plus vite que la lumière.

de notre satellite est dictée non pas par des forces, mais par la géométrie de l'espace. L'orbite lunaire est elliptique parce que l'ellipse est le trajet le plus court dans l'espace courbé par la gravité de la Terre. Le physicien américain John Wheeler (1911-2008) résume cette nouvelle vision du monde de manière succincte : « La matière dicte la courbure de l'espace, et l'espace dicte le mouvement de la matière. »

Comme dans la relativité restreinte, le temps et l'espace forment un couple indissolublement soudé dans la relativité générale. Les déformations de l'un sont invariablement accompagnées de transformations de l'autre. Ainsi, quand la matière exerce un champ gravitationnel intense et courbe l'espace, le temps est aussi ralenti par ce champ gravitationnel. Prenons l'exemple d'un trou noir. Celui-ci, résultant de la mort d'une étoile massive, d'une dizaine de masses solaires ou plus, possède une gravité tellement grande et un espace tellement recourbé sur lui-même que la lumière ne peut plus sortir. C'est une vraie prison de lumière. Si vous vous trouviez à bord d'une fusée s'approchant du trou noir, votre temps mesuré par quelqu'un resté sur Terre s'allongerait de plus en plus jusqu'à se figer complètement au moment où votre fusée franchirait le rayon de non-retour du trou noir (la limite à partir de laquelle vous seriez inexorablement attiré et englouti par lui)[1]. Ainsi, pour ralentir la marche inexorable du temps, nous devrions non

1. Pour plus de détails, voir l'entrée « Trous noirs » dans Trinh Xuan Thuan, *Petit dictionnaire amoureux du ciel et des étoiles*, Pocket, 2014.

seulement aller vite, comme le préconise la relativité restreinte, mais aussi nous rendre aux alentours d'un champ gravitationnel intense, comme le dit la relativité générale.

« Au début sont les principes »

Einstein, en se débarrassant de l'éther, modifie donc de fond en comble les concepts usuels de l'espace et du temps. C'est que, pour bâtir ses théories, il ne prend rien pour argent comptant et n'hésite pas à revoir les fondements mêmes de la physique. Il veut repartir de principes premiers. « Au début sont les principes », professe-t-il. Ce sont eux qui confèrent au monde sa cohérence et son harmonie. Ce sont donc eux qui doivent nous mener à la vérité. Au lieu de rester au ras du sol et de ne voir que des faits isolés çà et là – comme c'est le cas pour la plupart des chercheurs –, Einstein prend de la hauteur pour contempler l'ensemble du paysage de la physique afin de composer sa propre symphonie.

Comment reconnaître les bons principes ? Einstein a la ferme conviction philosophique, voire spirituelle, que le premier critère de la vérité d'un principe doit être d'ordre esthétique : une théorie est vraie quand elle est belle ; parce que la nature est belle, les théories qui la décrivent doivent l'être aussi. Pour le physicien, ce qui caractérise la beauté d'une théorie, c'est sa cohérence, son harmonie et sa « perfection interne ». Ce sont ces qualités qui lui confèrent sa « magie ». Ainsi en est-il de la relativité générale, comme il l'écrit lui-même à la fin de son premier article sur ce sujet : « Toute personne qui comprendra cette théorie ne pourra échapper à sa magie. » Parce que les principes constituent les matériaux de base, on ne saurait prendre comme point de départ des faits expérimentaux pour bâtir une théorie. Non qu'Einstein fasse fi des résultats expérimentaux et de l'observation, mais il ne veut pas commencer par là. Il privilégie la théorie à l'expérience, les idées aux faits. La confrontation de la théorie à l'expérience est nécessaire, mais elle intervient dans un second temps, une fois la théorie construite à partir de principes issus de la pensée. La nature n'est donc pas observée, mais *pensée* par Einstein.

Einstein l'enchanteur a donc, comme d'un coup de baguette magique, « vidé » l'espace de l'univers, le domaine de l'infiniment grand, de son hypothétique éther. Mais qu'en est-il du monde de l'infiniment petit, celui des atomes et des particules subatomiques ?

IV.

Le vide quantique

Des atomes et des hommes

La théorie de la relativité d'Einstein et la mort de l'éther ne constituent qu'une partie de l'histoire de la physique au XXe siècle. Le développement de la mécanique quantique, la physique de l'infiniment petit, en constitue l'autre partie. Alors que la relativité est le produit du travail d'un génie solitaire, travaillant loin du monde académique, la mécanique quantique est le résultat de l'intuition et du labeur collectifs d'une poignée d'hommes remarquables, parmi lesquels le Danois Niels Bohr (1885-1962), les Allemands Max Planck (1858-1947) et Werner Heisenberg (1901-1976), l'Anglais Paul Dirac (1902-1984), le Suisse Wolfgang Pauli (1900-1958) et l'Autrichien Erwin Schrödinger (1887-1961), travaillant de concert dans divers centres universitaires en Europe. Einstein va lui-même jouer un rôle déterminant dans la révolution quantique, laquelle va aussi révolutionner notre conception du vide.

Au Ve siècle av. J.-C., les philosophes grecs Leucippe et Démocrite ont été les premiers, nous l'avons vu, à développer l'idée que la matière est constituée d'entités fondamentales insécables, appelées « atomes », en mouvement perpétuel dans un univers vide et infini. Faute de preuve expérimentale, les choses en sont restées là pendant les vingt et un siècles qui ont suivi. L'idée d'atome s'est éclipsée pour laisser place à la quaternité élémentaire d'Aristote : l'eau, l'air, la terre et le feu.

C'est seulement à la Renaissance, dans les années 1600, que l'idée d'atome refait surface et est de nouveau considérée sérieusement. Inspiré par le magnifique poème cosmologique *De la nature des choses* du poète latin Lucrèce, une admirable célébration de la philosophie atomiste, le philosophe français Pierre Gassendi (1592-1655) affirme la nécessité de faire des expériences pour tester l'existence des atomes. Des voix s'élèvent, qui apportent un soutien à l'hypothèse atomique. Le physicien et chimiste irlandais Robert Boyle (1627-1691) annonce en 1662 que la loi de compressibilité des gaz peut se comprendre si ceux-ci sont composés d'atomes. Le Français Antoine de Lavoisier (1743-1794), considéré comme le père de la chimie moderne, franchit un nouveau pas important vers la démonstration de l'existence des atomes en montrant que l'air et l'eau sont composés d'éléments chimiques invariablement combinés dans un rapport constant. Brillants travaux qui, malheureusement, ne le sauvent pas de la guillotine lors de la Terreur en 1794, car pour financer ses travaux scientifiques, il occupe aussi la fonction de fermier général, dont la tâche est de percevoir les impôts. L'Anglais John Dalton (1766-1844) démontre en 1808 que le comportement des éléments chimiques peut être expliqué si chacun est constitué d'un type d'atome différent, caractérisé par un poids atomique qui lui est propre.

Mendeleïev et la table périodique des éléments

Mais c'est le chimiste russe Dmitri Mendeleïev (1834-1907) qui accomplit le pas décisif dans la démonstration de l'existence des atomes (fig.). C'est lui qui parvient à mettre de l'ordre dans la faune des éléments chimiques qui semblent se multiplier à volonté. Mendeleïev a l'idée géniale de les ordonner selon leur poids atomique. Comme par magie, les éléments dotés des mêmes propriétés chimiques s'arrangent de façon régulière (ou périodique), s'alignant les uns au-dessus des autres dans les mêmes colonnes. L'ensemble de ces colonnes forme ce qu'on appelle aujourd'hui la « table périodique des éléments chimiques », qui orne désormais les murs des salles de classe dans les lycées du monde entier. Quand Mendeleïev établit sa liste en 1869, seuls soixante-trois éléments chimiques sont connus sur les cent dix-huit répertoriés actuellement[1].

1. De ces cent dix-huit éléments répertoriés (jusqu'en octobre 2014), on en trouve quatre-vingt-dix-huit sur Terre, les autres étant synthétisés en laboratoire. Quatre-vingts de ces éléments sont stables, les éléments restants sont radioactifs, c'est-à-dire qu'ils se désintègrent spontanément après un certain temps.

La table contient donc des cases vides. Mais Mendeleïev a confiance en sa découverte : si les cases ne sont pas toutes occupées, ce n'est pas parce que la nature n'a pas d'affinité pour certains éléments chimiques, mais parce qu'ils n'ont pas encore été localisés. La suite lui donnera raison. Ce qui rendra Mendeleïev célèbre dans le monde entier, sauf dans son propre pays où ses vues politiques trop libérales dérangent le tsar…

Le fait que les éléments chimiques s'ordonnent selon leur poids atomique dans la table périodique de Mendeleïev suggère que les atomes ne peuvent être tous semblables, mais possèdent divers degrés de complexité, les atomes les plus lourds étant les plus complexes. L'atome ne peut donc être l'unité de base indivisible de la matière comme le pressentaient Démocrite et Leucippe. Au contraire, il doit avoir une structure interne et être constitué de particules encore plus élémentaires. Mais jusque-là, personne n'a vu d'atome, et encore moins sa structure interne.

Le vide des atomes

C'est le physicien anglais Joseph J. Thomson (1856-1940) qui apporte les premières preuves expérimentales d'une structure interne de l'atome. En étudiant des décharges électriques dans des gaz, il découvre en 1897 une particule subatomique de charge électrique négative près de deux mille fois plus légère que l'atome d'hydrogène. Cette nouvelle particule élémentaire est appelée « électron », signifiant « ambre » en grec – les Grecs avaient en effet remarqué que l'ambre possède un mystérieux pouvoir d'attraction « électrique » dès qu'on le frotte avec de la laine. La prochaine étape est franchie par le physicien anglais Ernest Rutherford (1871-1937) (fig.). Pour percer le secret de la structure de la matière, celui-ci a l'idée de la bombarder de projectiles fonçant à toute vitesse ; le comportement de ces projectiles lors de leur interaction avec la matière devrait nous renseigner sur sa constitution interne. En 1909, le physicien entreprend de projeter sur de minces feuilles d'or des noyaux d'hélium (des atomes d'hélium dépourvus de leurs électrons) à de très grandes vitesses. Ce qu'il découvre le remplit de stupéfaction : si la grande majorité des particules traversent la feuille d'or comme si de rien n'était, une très petite fraction (une sur huit mille) sont réfléchies et rebroussent chemin. Rutherford commentera plus tard ainsi les résultats de son expérience : « C'est presque aussi surprenant que si vous tiriez un obus de canon sur un mouchoir en papier et qu'il était renvoyé vers vous ! »

Ces résultats mettent à mal le modèle de l'atome en vigueur jusque-là. Les physiciens pensaient que les atomes, constitués de nuages d'électrons, étaient disposés dans un objet solide comme des pommes dans un cageot : en occupant presque entièrement l'espace, tout en ne laissant entre eux que de tout petits interstices. Mais dans ce cas, aucune des particules lancées à toute vitesse n'aurait dû revenir en arrière. Elles auraient dû toutes traverser la cible aussi facilement qu'une balle de fusil traverse une feuille de papier. Rutherford jette l'ancien modèle de l'atome aux oubliettes et en propose un nouveau : chaque atome de la feuille d'or n'est pas seulement constitué d'un nuage d'électrons, il doit aussi posséder un noyau si dense et si dur qu'il réfléchit toute particule qui entre directement en contact avec lui. Mais parce que seule une particule sur huit mille est réfléchie, le noyau doit occuper un volume extrêmement restreint par rapport au volume total de l'atome, car la grande majorité des particules le ratent et traversent sans encombre la feuille d'or.

Nous savons aujourd'hui qu'un noyau atomique n'occupe qu'un millionième de milliardième (10^{-15}) du volume de l'atome. En d'autres termes, la taille du noyau (10^{-13} centimètre) est environ cent mille fois inférieure au diamètre de l'atome (10^{-8} centimètre). Un noyau dans un atome est comparable à une bille d'un centimètre dans un stade d'un kilomètre de longueur. Tout le reste de l'atome n'est que de l'espace vide occupé çà et là par des nuées d'électrons sans cesse en mouvement. Parce que 99,9999999999999 % du volume de l'atome est vide, nous pouvons dire que la matière est du « presque vide ». Nous savons aujourd'hui que les noyaux atomiques sont composés de protons, mille huit cent trente-six fois plus massifs que l'électron et de charge opposée, et de neutrons, de masse très légèrement (1 %) supérieure à celle du proton, et sans charge électrique, tous liés ensemble par la force nucléaire forte (on reviendra plus précisément sur cette notion). Chaque proton et neutron est à son tour composé de trois particules élémentaires appelées « quarks », aussi liées par la force forte.

Ainsi les objets solides qui nous entourent et qui font la beauté et la complexité du monde, nos meubles, les pétales d'une rose, les *Nymphéas* de Monet ou les statues de Rodin, tout cela n'est que du presque vide. Alors comment se fait-il qu'ils sont solides ? Si la matière est presque entièrement composée d'espace vide, habitée seulement par des nuées d'électrons virevoltant dans la vaste salle de bal de l'atome, comment se fait-il que nous ne pouvons pas passer notre main à travers la table, ou jouer les passe-muraille en traversant les murs comme le personnage de la nouvelle éponyme de Marcel Aymé ? À cause de l'action conjointe des forces électromagnétiques sur les particules dotées de charges électriques dans les atomes, et des lois étranges de la mécanique quantique qui gouvernent le comportement des électrons autour des noyaux d'atomes.

Le flou quantique

La matière est donc du presque vide. Mais que se passerait-il si nous enlevions toute la matière de l'espace ? Obtiendrions-nous un vrai vide ? Pour la physique classique, la réponse serait un oui catégorique. Ainsi James Maxwell, l'unificateur de l'électricité, du magnétisme et de l'optique, définit le vide comme « ce qui reste après que nous avons éliminé tout ce qui peut être enlevé d'un contenant[1] ». En revanche, pour Bergson, nous l'avons vu, la réponse est non, car même en supprimant par l'imagination la totalité de l'univers matériel, le néant reste inaccessible puisque, à la fin, le philosophe se heurte à un obstacle fondamental, celui de sa conscience : comment s'éliminer soi-même ? Nous allons voir ici que la physique quantique répond également par la négative, non pas du fait que la conscience ne peut être supprimée, mais parce que la suppression de « tout » s'avère impossible dans le monde atomique et subatomique. Cette impossibilité est une conséquence de ce qu'on appelle le « flou quantique », lié au principe dit « d'incertitude » qui régit le monde de l'infiniment petit.

Ce principe, formulé en 1926 par le physicien allemand Werner Heisenberg (fig.), régit le monde quantique. Il nous dit que l'information que nous pourrons recueillir d'une particule élémentaire ne pourra jamais être complète : soit nous mesurons la position d'un électron avec une grande précision, auquel cas nous renonçons à connaître précisément son mouvement (défini comme le produit de sa masse par sa vitesse), soit nous observons son mouvement avec précision et acceptons que sa posi-

1. James Maxwell, *Treatise on Electricity and Magnetism*, Dover, New York, 1965.

tion reste imprécise, mais nous ne pouvons jamais connaître avec exactitude à la fois son mouvement et sa position[1]. Autrement dit, nous ne pourrons jamais définir la trajectoire d'une particule avec autant de précision que nous le voudrions. Cette indétermination ne vient pas du fait que nous manquons d'imagination dans nos calculs, ou de ce que nos appareils de mesure ne soient pas assez sophistiqués. C'est une propriété fondamentale de la nature. Et parce que l'information que nous pourrons obtenir d'une particule sera toujours incomplète, nous sommes dans l'incapacité de prédire son avenir exact. Le principe d'incertitude proclame essentiellement que le savoir absolu est impossible et qu'il existera toujours une limite fondamentale à notre connaissance du monde physique atomique et subatomique. Voilà qui sonne le glas de l'univers déterministe de Newton. Et qui fait voler en éclats le rêve du physicien français Pierre Simon de Laplace, chantre de ce déterminisme triomphant, d'« embrasser dans la même formule les mouvements des plus grands corps de l'univers et ceux du plus léger atome[2] » comme de connaître précisément leurs passé, présent et futur. Il existera toujours de l'incertitude dans le destin des atomes.

---

1. De manière quantitative, le principe d'incertitude de Heisenberg dit que le produit de l'incertitude quant à la position d'une particule par l'incertitude quant à son mouvement doit être supérieur à un très petit nombre appelé « constante de Planck », égal à $6{,}626070 \times 10^{-34}$ m^2 kg/s, divisé par 4 π.

2. Pierre Simon de Laplace, *Essai philosophique sur les probabilités*, Courcier, 1814.

C'est le principe d'incertitude de Heisenberg qui fait que, bien que la matière soit du presque vide, les objets sont solides, et que nous ne pouvons pas passer nos mains à travers les murs ou tomber à travers les planchers. On pourrait se demander ce qui empêche les électrons d'un atome de tomber dans son noyau, détruisant ainsi la solidité des choses. Avec la force électromagnétique par laquelle les charges électriques de signe opposé s'attirent, les protons de charge positive qui composent le noyau atomique devraient attirer vers celui-ci les électrons de charge négative. Mais le principe d'incertitude empêche les électrons de tomber dans le noyau : s'ils le faisaient, nous saurions alors exactement leurs positions (le centre de l'atome) et leurs vitesses (nulle), ce qui violerait le principe d'incertitude. Pour assurer la solidité et l'impénétrabilité des choses, un autre principe qui règle aussi le monde des atomes vient prêter main-forte au principe de Heisenberg. C'est le principe d'exclusion du physicien Wolfgang Pauli. Ce principe stipule que deux électrons aux propriétés identiques ne peuvent pas être exactement au même endroit. Il existe donc une certaine résistance des électrons à être les uns sur les autres dans le noyau des atomes. L'action conjuguée des principes d'incertitude et d'exclusion fait que la matière ne s'effondre pas, malgré son grand vide.

D'où vient la limite à notre connaissance imposée par le principe d'incertitude ? Elle a pour origine l'acte d'observation lui-même. La lumière est en effet le moyen de prédilection pour cerner les propriétés d'une particule élémentaire, par exemple un électron. Pour l'observer, je dois l'illuminer avec des particules de lumière, ou photons. Chaque photon possède une certaine quantité d'énergie qui est inversement proportionnelle à sa longueur d'onde. On l'a vu, la lumière a un double visage : elle peut être aussi bien particule qu'onde, et la longueur d'onde est, par définition, la distance entre deux crêtes (ou deux creux) successives de cette onde. Le degré de précision avec laquelle la lumière peut localiser l'électron dépend de sa longueur d'onde. Plus la longueur d'onde est grande, plus l'énergie est faible, plus les détails sont flous et plus la réalité est indistincte. En revanche, plus la longueur d'onde diminue, plus l'énergie augmente, plus les détails se précisent, et plus la réalité est définie. Ainsi, si j'éclaire l'électron avec de la lumière très peu énergétique, la lumière radio par exemple, je pourrai seulement dire qu'il est situé quelque part dans une vaste zone de la dimension de la longueur d'onde de la lumière radio, c'est-à-dire de quelques centimètres à plusieurs dizaines de mètres. Si j'illumine l'électron avec de la lumière plus énergétique, par exemple la lumière visible de ma lampe de poche, je pourrai le localiser avec une précision de quelques centièmes de millième de centimètre. Par contre, si j'utilise de la lumière gamma, la plus énergétique de toutes, je pourrai définir la position de l'électron avec la précision extrême d'un milliardième de millimètre.

Vous vous dites donc qu'il n'y a aucun problème pour mesurer la position de l'électron avec autant de précision qu'on le désire : il suffit de l'éclairer avec de la lumière très énergétique, en l'occurrence la lumière gamma. Le grand hic, c'est que sa position par elle-même est loin d'être suffisante pour cerner la réalité de l'électron. Connaître son mouvement (en particulier sa vitesse) est aussi indispensable. Or en éclairant l'électron afin de cerner sa position, nous ne pouvons éviter de le perturber, puisque les photons qui lui sont envoyés lui transmettent leur énergie, ce qui change irrémédiablement son mouvement. Et ce changement est d'autant plus important que l'énergie de la lumière est plus grande. En d'autres termes, plus nous réduisons le flou de la position de l'électron en l'éclairant avec des photons plus énergétiques, plus nous le perturbons et augmentons le flou de son mouvement. L'action même de tenter de déterminer est source d'indétermination ! Si vous mesurez, par exemple, la position d'un électron avec une précision de l'ordre de la taille d'un atome, soit un centième de millionième (10^{-8}) de centimètre, l'incertitude sur sa vitesse sera supérieure à mille kilomètres par seconde. Autrement dit, vous ne pourrez pas savoir si l'électron bouge aussi lentement qu'une tortue ou s'il se déplace des milliers de fois plus vite qu'un jet supersonique, ce qui revient à dire que vous ne connaîtrez pratiquement rien de son mouvement.

Le flou quantique impose donc des limites à notre connaissance du monde atomique et subatomique. Mais une question se pose : pourquoi ce flou n'affecte-t-il pas les objets macroscopiques ? Pourquoi puis-je mesurer, par exemple, à la fois la position et le mouvement d'une balle de ping-pong ? De fait, imaginez que vous filmez un match puis que vous en analysez les séquences. À chaque instant, vous pourrez mesurer avec précision à la fois la position et la vitesse de la balle qui va et vient au-dessus du filet. Remplaçons maintenant les deux joueurs de ping-pong par deux atomes dans une molécule qui, au lieu de se renvoyer une balle, échangent des électrons. Il vous sera impossible de faire la même analyse, c'est-à-dire de définir exactement à la fois leurs positions et leurs mouvements. Pourquoi ? Cela vient du fait que le nombre total de particules dans les choses de la vie macroscopique est extrêmement élevé, et donc que leurs masses sont considérablement plus grandes que celle d'une particule élémentaire. Ainsi la masse d'une balle de ping-pong est des milliards de milliards de milliards de fois plus élevée que celle d'un électron et à cause de cette grande masse, l'acte d'observation, en l'occurrence l'éclairage de l'objet macroscopique, ne perturbe pas ce dernier, et nous pouvons déterminer dès lors avec précision à la fois la position et la vitesse de la balle de ping-pong.

Voilà pourquoi le principe d'incertitude opère seulement à l'échelle atomique et subatomique. À cette échelle, la mécanique quantique nous oblige à renoncer au vieux rêve humain du savoir absolu. Les lois déterministes de Newton, elles, ne sont valides qu'à l'échelle macroscopique.

La double nature des particules élémentaires

À cause du principe d'incertitude, parce que nous ne pouvons pas connaître précisément à la fois sa position et son mouvement, nous ne pourrons jamais décrire la trajectoire d'une particule autour du noyau atomique comme nous parlons de l'orbite d'une planète autour du Soleil. Dans un atome, un électron ne suit pas sagement une seule orbite comme le fait une planète, mais peut être partout à la fois. D'où vient cet étrange don d'ubiquité ? De la double nature de l'électron. En effet, la mécanique quantique dit que, comme toute particule élémentaire, l'électron peut être, selon les circonstances, soit onde, soit particule. Quand on ne l'observe pas, il revêt son habit d'onde. C'est seulement quand l'expérimentateur active son instrument de mesure qu'il prend son aspect de particule. En d'autres termes, l'observation modifie la réalité et en crée une nouvelle. En tant qu'onde, l'électron se propage pour occuper tout entier l'espace vide de l'atome, de même que des ondes circulaires causées par une pierre qu'on jette dans un étang se propagent sur toute la surface de l'eau. La forme de l'onde indique la probabilité de l'électron d'être à tel ou tel endroit : on a bien plus de chances de rencontrer l'électron aux crêtes de l'onde où l'amplitude est grande que dans ses creux où l'amplitude est moindre[1]. Tout n'est plus que probabilité et le déterminisme est banni du monde atomique et subatomique.

La mécanique quantique a donc totalement bouleversé notre vision du monde. Elle a remplacé l'univers-machine de Newton, peuplé de particules

1. La forme de l'onde de probabilité d'une particule élémentaire peut se calculer à partir d'une équation proposée en 1926 par le physicien autrichien Erwin Schrödinger.

1. Expérience du baromètre à eau de Pascal à Rouen en 1647. La pression de l'air fait que l'eau monte environ treize fois plus haut que le mercure dans le tube vertical (à environ 10,3 mètres) car l'eau est environ treize fois moins dense que le mercure.

2. Expérience des hémisphères de Magdebourg. En 1654, l'ingénieur Otto von Guericke, bourgmestre de Magdebourg, démontre par cette expérience spectaculaire le poids de l'air sur les objets : une fois le vide fait dans la sphère résultant de l'assemblage des deux hémisphères, la pression exercée sur ces derniers est telle que deux attelages de huit chevaux chacun, tirant dans des directions opposées, n'arrivent pas à les séparer !

▲ 3. Coucher de Lune avec au premier plan la Terre et son atmosphère. La couche atmosphérique de la Terre est très mince, mais c'est le fluide vital qui nous permet d'exister. L'atmosphère est bleue, et non blanche comme la lumière solaire, parce que les molécules d'air diffusent de préférence la lumière bleue. La photo a été prise depuis la navette spatiale *Discovery* en juillet 1995.

4. Cette image de l'amas de galaxies IDCS J1426+3506 résulte de la combinaison de clichés pris respectivement par trois observatoires spatiaux : Chandra en rayons X (couleur bleue), Hubble en lumière visible (couleur verte) et Spitzer en infrarouge (couleur rouge). Nous observons cet amas, situé à une distance de 10 milliards d'années-lumière de la Terre, tel qu'il était lorsque l'univers avait moins d'un tiers de son âge actuel (13, 8 milliards d'années). Possédant une masse équivalente à celle de quelque 500 000 milliards de soleils, c'est l'un des amas les plus massifs qui soit connu à un si jeune âge de l'univers. Environ 90% de la masse de cet amas est sous forme de matière noire exotique. ▼

5. Cette carte du cosmos proche a été établie par l'équipe des astronomes du *Sloan Digital Sky Survey* (Projet Sloan de l'arpentage du ciel avec une caméra électronique). La Terre est au centre du cercle et chaque point dans la carte représente une galaxie. La carte Sloan révèle la fantastique architecture de l'univers : la gravité a organisé les galaxies en une vaste toile cosmique dont les fils seraient composés de gigantesques structures presque linéaires (« murs » et filaments de galaxies) s'étendant sur des centaines de millions d'années-lumière, et les mailles par des grands espaces vides de dizaines de millions d'années-lumière de diamètre. ▶

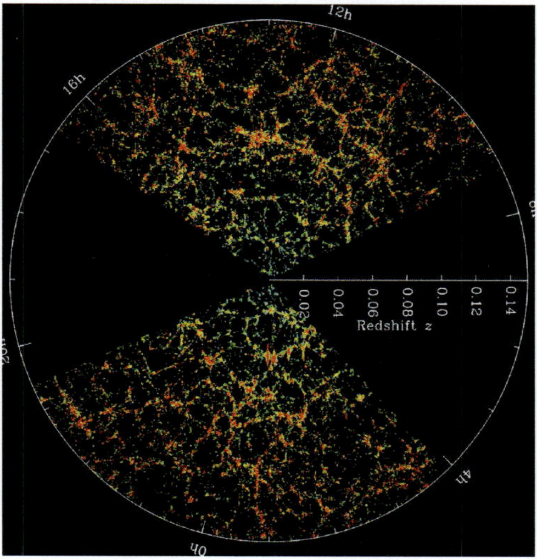

6. Les flocons de neige possèdent une structure cristalline avec une symétrie radiale hexagonale. En voici deux exemples. ▼

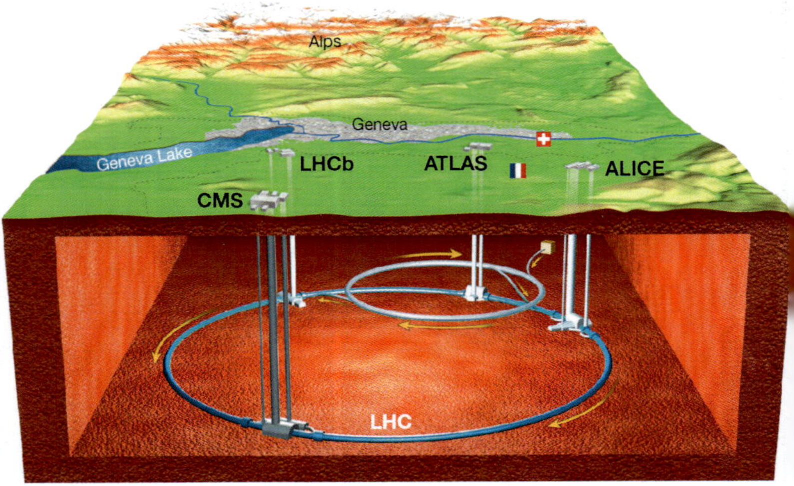

▲ 7. a) Le LHC (*Large Hadron Collider* : Grand collisionneur de hadrons), mis en fonction en 2008 au CERN, est le plus grand et le plus puissant accélérateur de particules au monde. Il réside dans un tunnel circulaire de 27 kilomètres de circonférence, à une profondeur moyenne de 100 mètres sous la frontière franco-suisse, à proximité de Genève. L'emplacement des quatre plus grands détecteurs de particules dans le LHC (ATLAS, CMS, LHCb et ALICE) est indiqué dans le schéma.

7. b) Dans l'accélérateur, deux faisceaux de particules, guidés par de puissants aimants, circulent en sens opposé dans des tubes distincts, à une vitesse proche de celle de la lumière. Quand ils entrent en collision (en quatre endroits, à l'emplacement des détecteurs), l'énergie dégagée est aussi grande que celle qui prévalait dans l'univers primordial, un millième de milliardième de seconde après le big bang. ▼

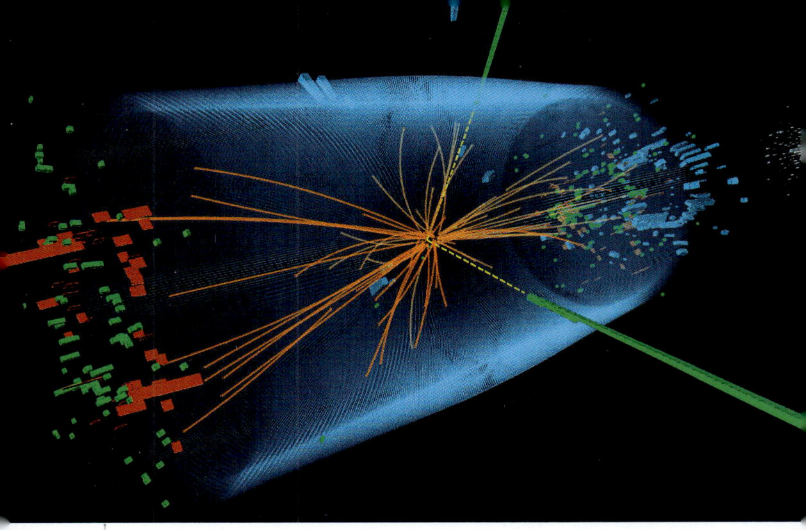

▲ 8. Le boson de Higgs, la particule qui est responsable de la masse de toutes les particules de matière, a été découvert en juillet 2012 avec le détecteur CMS, en analysant les trajectoires courbes (en jaune) des particules nées lors des collisions titanesques entre les deux faisceaux de protons allant en sens opposé dans le LHC.

9. Le rayonnement fossile de l'univers qui nous parvient de l'époque où celui-ci n'était âgé que de 380 000 ans. La carte la plus détaillée de ce rayonnement a été réalisée par le satellite Planck de l'Agence spatiale européenne pendant la période 2009-2013. La cartographie du rayonnement fossile montre que la température de l'univers (qui s'est beaucoup refroidi, sa température moyenne étant seulement de 2,725 degrés au-dessus du zéro absolu) est d'une grande uniformité. Mais il existe d'infimes fluctuations de température (de l'ordre d'un centième de millième de degré), causées par de minuscules différences de densité de matière qui vont grandir et servir de semences de galaxies. ▼

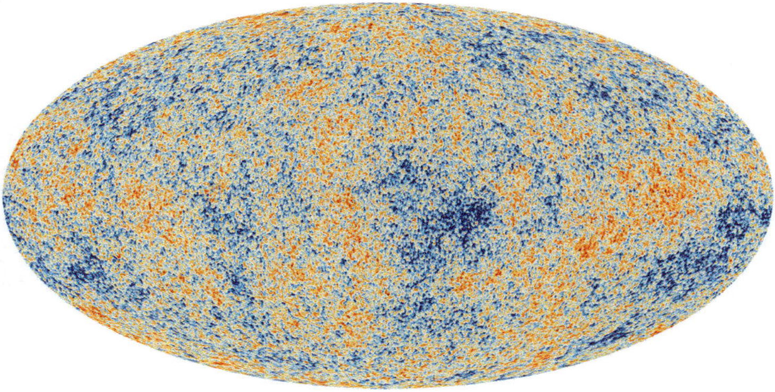

▲ 10. a) Les supernovae de type Ia servent de balises pour mesurer l'accélération de l'univers. Par exemple, une supernova (le point lumineux indiqué par la flèche) a été détectée en août 2011 dans la galaxie spirale Messier 101, à 23,6 millions d'années-lumière de la Terre.

10.b) Une supernova de type Ia résulte de l'explosion d'une naine blanche, cadavre stellaire. Celle-ci attire par sa gravité la matière gazeuse de l'enveloppe d'une étoile (jaune) avec laquelle elle est en paire (à gauche). La matière se déverse et s'accumule à la surface de la naine blanche, faisant monter sa température à 600 millions de degrés et déclenchant une fantastique explosion thermonucléaire (à droite). ▼

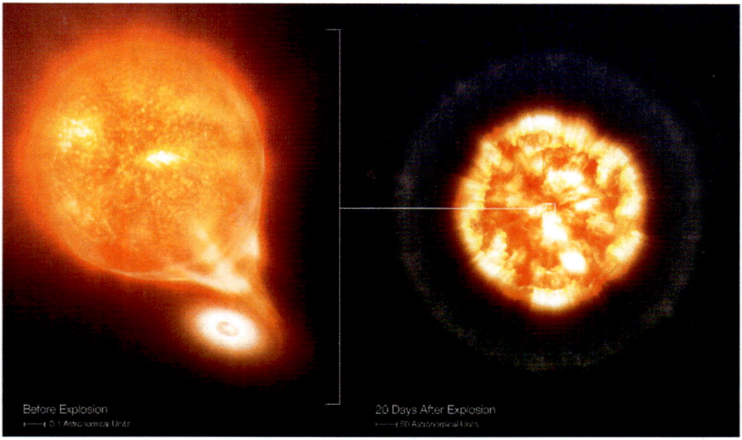

11. Quatre formes Calabi-Yau parmi les 10^{500} possibles. Dans sa version la plus simple, la théorie des cordes requiert six dimensions spatiales supplémentaires, enroulées de façon extrêmement compacte sur elles-mêmes, les rendant invisibles. La fantastique prolifération des formes Calabi-Yau résulte de la diversité extrême avec laquelle ces dimensions spatiales peuvent se « compacter ». ▶

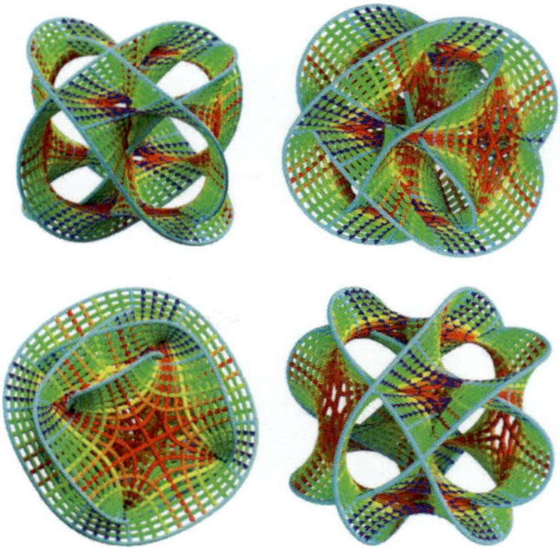

12. La galaxie Andromède (ou Messier 31), à 2,3 millions d'années-lumière de la Terre, est la galaxie la plus proche de la Voie lactée, semblable à elle. Avec cette dernière, elle domine la masse du Groupe local de galaxies qui inclut aussi une vingtaine de galaxies naines moins massives. ▼

13. Peinture taoïste de vallées et de montagnes, illustrant de manière subtile l'interaction du vide et du plein. Dans le taoïsme, le vide est souvent comparé à une vallée qui paraît creuse au milieu des montagnes. Pourtant, la vallée est elle-même pleine puisqu'elle contient en son sein de la végétation, un cours d'eau, etc.

matérielles inertes, obéissant aveuglément et servilement à des forces extérieures, gouvernées par un petit nombre de lois physiques, dépourvues de toute liberté et d'innovation, par un univers non déterministe et exubérant de créativité, où la liberté et le hasard entrent en force, et où le futur n'est pas déjà contenu dans le présent et le passé. Au lieu d'être déterminé à l'avance comme une partition de musique classique, le destin de l'univers est ouvert. La nature joue en quelque sorte du jazz. Comme le jazzman improvise autour d'un thème général pour créer des sons nouveaux, elle brode sur les lois intemporelles de la physique pour générer la beauté et la complexité du monde.

Des particules à l'existence fantomatique

Le flou quantique a aussi révolutionné notre conception du vide. En effet, non seulement le principe d'incertitude nous empêche de connaître simultanément la position et le mouvement d'une particule élémentaire, mais il nous interdit aussi de connaître à la fois précisément l'énergie d'une particule et sa durée de vie[1]. Autrement dit, la précision avec laquelle on peut mesurer l'énergie d'une particule dépend de sa durée de vie. Plus celle-ci vit brièvement, plus son

1. Plus précisément, le produit de l'incertitude sur l'énergie d'une particule élémentaire par l'incertitude sur sa durée de vie doit être supérieur à la valeur de la constante de Planck divisée par 4 π.

énergie est incertaine. En revanche, plus la durée de vie d'une particule est longue, plus son énergie peut être mesurée précisément. Mesurer son énergie avec une précision infinie requiert un temps infini.

C'est ce flou qui va permettre au monde atomique et subatomique de faire des entorses au principe de la conservation de l'énergie – et ce faisant, peupler le vide d'innombrables particules dites « virtuelles » –, alors que celui-ci ne souffre pas de la moindre violation dans le monde macroscopique. « Rien n'est gratuit dans la vie, tout se paie. On n'a rien sans rien » : ainsi pourrait-on résumer le principe de la conservation de l'énergie. Ce principe fait qu'une voiture ne peut rouler que si nous remplissons son réservoir d'essence. Il nous oblige à travailler et à dépenser de l'énergie pour nous nourrir. Les choses n'apparaissent pas soudainement parce qu'on les désire, pour les posséder il faut qu'on les paye avec de l'argent gagné à la sueur de notre front.

Or, grâce au flou dû au principe d'incertitude, la mécanique quantique peut se permettre de transgresser avec impunité la loi de la conservation de l'énergie. Dans le monde atomique et subatomique, la nature peut prêter de l'énergie gratuitement, sans rien demander en retour, et cette énergie peut engendrer à son tour des particules élémentaires possédant une certaine masse[1]. Mais les opérations de la banque

1. D'après la fameuse formule d'Einstein décrivant l'équivalence de la masse et de l'énergie $E = mc^2$, la masse de la particule élémentaire est égale à son énergie divisée par le carré de la vitesse de la lumière.

Nature sont strictement régulées par le principe d'incertitude. Ces prêts d'énergie ne peuvent pas durer indéfiniment, ils doivent être tôt ou tard remboursés, et plus la somme d'énergie empruntée est grande, plus le remboursement doit s'effectuer vite. Bien que le prêt d'énergie nécessaire à la survie d'une particule élémentaire soit minime (nous ne sentirions rien si la particule venait à se cogner contre nous), il est déjà trop grand pour la banque Nature, si bien que la durée du prêt est infinitésimalement petite. Pour une particule comme un électron, le principe d'incertitude prescrit que la durée du prêt soit inférieure à un millième de milliardième de milliardième (10^{-21}) de seconde. Quand le remboursement s'effectue, la banque Nature récupère son prêt en énergie, équilibre ses comptes et la particule disparaît.

Les particules ainsi nées du flou de l'énergie apparaissent et disparaissent à un rythme effréné, selon des cycles de vie et de mort durant une infinitésimale fraction de seconde. Une brève et furtive apparition dans le monde réel et elles retournent au monde des ombres. Laissées à elles-mêmes, elles n'ont pas la capacité de quitter le monde virtuel pour émerger durablement dans le monde réel. Ces particules virtuelles sont des particules fantômes en devenir, qui ne peuvent pas se matérialiser. Car pour cela il leur faudrait de l'énergie et la nature refuse d'en prêter sur une longue durée.

Jusqu'ici, nous avons seulement mentionné l'existence de particules virtuelles de matière, tel l'électron. Mais la matière n'est pas seule à être en droit de jouer les fantômes. En fait, l'existence virtuelle de la matière n'est possible que grâce à la présence non moins virtuelle de l'antimatière. En effet, si la banque Nature est disposée à prêter gratuitement de l'énergie, elle fait l'impasse quant aux prêts de charge électrique. La loi de la conservation de la charge électrique doit être rigoureusement respectée, aussi bien dans le monde atomique et subatomique que dans le monde macroscopique. La charge électrique de l'espace étant nulle avant l'apparition d'une particule virtuelle, par exemple un électron, elle doit l'être aussi après. Autrement dit, la création d'un électron virtuel de charge négative doit s'accompagner nécessairement de celle d'un antiélectron (ou positon) virtuel de même masse mais de charge opposée. La danse frénétique des particules virtuelles ne peut exister sans le ballet fantomatique de leurs antiparticules fantômes.

Ainsi l'espace qui nous entoure – tel celui de la pièce où vous lisez ce livre – n'est pas vide, mais peuplé d'un nombre inimaginable de particules et d'antiparticules fantômes apparaissant et disparaissant au gré de cycles de vie et de mort incommensurablement courts. À un instant donné, un volume d'un centimètre cube peut contenir jusqu'à mille milliards de milliards de milliards (10^{30}) d'électrons et d'antiélectrons virtuels. L'espace autour de nous n'est jamais totalement inerte ni lisse, mais perpétuellement mouvant et fluctuant. Seulement nous n'en sommes pas conscients, car cette activité fébrile se déroule à des échelles incommensurablement petites, inaccessibles à notre perception directe.

Les particules virtuelles, messagères des forces

Peut-être pensez-vous que les physiciens ont l'esprit bien tordu pour imaginer des théories si alambiquées pour expliquer la nature : à quoi bon inventer des particules fantômes dont l'existence est si éphémère qu'elles ne peuvent être directement détectées ? La physique est-elle en proie au délire le plus complet ? A-t-elle renoncé à la vérification expérimentale, base de la méthode scientifique ? Heureusement non, car si les particules virtuelles ne peuvent pas être observées directement par nos instruments, elles exercent des effets indirects qui, eux, peuvent l'être. Les propriétés du monde seraient autres si elles n'existaient pas.

Malgré leur existence fantomatique, les particules virtuelles peuvent interagir avec les particules du monde réel. Elles sont soumises aux mêmes forces et possèdent les mêmes charges électriques que leurs homologues réelles, différant seulement par leurs énergies. Ainsi, une particule réelle qui se déplace très vite est caractérisée par une grande énergie tandis qu'une particule virtuelle peut avoir une très grande vitesse sans pour autant être très énergétique. Pendant sa très brève existence, une particule virtuelle peut faire le va-et-vient entre deux particules stables du monde réel. Elle joue alors le rôle d'une messagère qui transmet des forces d'une particule réelle à une autre, leur permettant d'interagir avec leur environnement. Par exemple, c'est grâce à des échanges de photons virtuels, porteurs de la force électromagnétique, que deux électrons ressentent la force électromagnétique qui les repousse l'un l'autre (fig.).

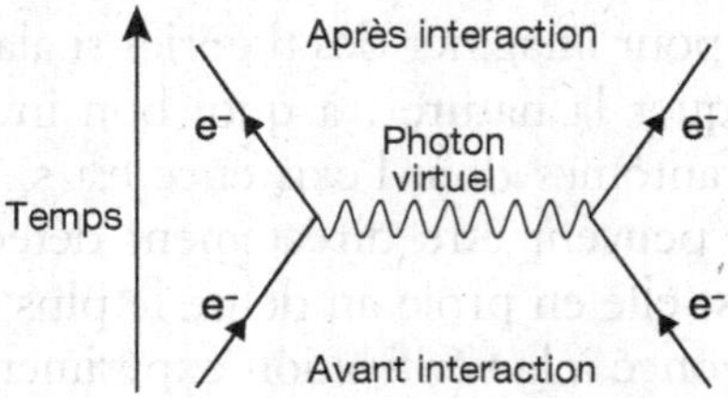

Le photon est la particule messagère de la force électromagnétique. Dans ce diagramme, l'axe du temps est vertical et va de bas en haut. Deux électrons (e⁻) s'approchent l'un de l'autre, échangent un photon virtuel (ligne ondulée) qui les fait se repousser, et repartent chacun de son côté.

Un autre exemple nous montre à quel point les particules virtuelles jouent un rôle important dans la constitution du réel. Nous (et toute la matière qui nous entoure) sommes composés de protons, de neutrons et d'électrons. Les physiciens pensent que ces protons et neutrons sont constitués d'entités encore plus élémentaires, appelées « quarks ». La théorie « standard » (c'est-à-dire acceptée par la communauté scientifique) des particules élémentaires nous dit que les particules virtuelles sont présentes en nombre dans le proton (ou neutron), et ce sont elles qui, agissant comme messagères, transmettent la force nucléaire dite « forte » d'un quark à l'autre, et les lient ensemble. Les calculs montrent que les quarks contribuent très peu à la masse du proton ou du neutron. Leur masse est surtout due au champ d'énergie créé par les nombreuses particules virtuelles à l'intérieur du proton (souvenez-vous, la masse et l'énergie sont équivalentes selon Einstein). Ainsi, la prochaine fois que vous vous pesez, dites-vous bien que c'est grâce aux nombreuses particules virtuelles de votre corps que celui-ci possède une masse !

Nous avons vu que les particules virtuelles jouent les messagères des forces électromagnétique et nucléaire forte. Ce qui est le cas pour ces deux forces est aussi vrai pour la troisième force fondamentale, la force nucléaire faible. Quant à la quatrième, la force de gravité, nous ne savons pas encore ce qu'il en est car, malgré des efforts acharnés, les physiciens n'ont toujours pas réussi à bâtir une théorie de la gravité quantique. L'unification de la force de gravité avec les trois autres forces reste à faire, nous y reviendrons.

Les particules virtuelles modifient le réel

D'autres effets résultant de la présence de particules virtuelles ont été également observés. Leur existence influe subtilement sur les niveaux d'énergie de l'atome d'hydrogène, composé d'un électron et d'un proton. L'hydrogène est l'élément chimique le plus léger et le plus abondant de l'univers, constituant les trois quarts de la masse des étoiles et des galaxies. Les calculs montrent que la présence de particules virtuelles interagissant avec l'électron dans l'atome d'hydrogène cause un changement infime de certains de ses niveaux d'énergie, de l'ordre seulement d'un dixième de millionième de l'énergie initiale. Malgré cette différence minuscule, le changement d'énergie induit par les particules virtuelles a été mesuré en 1947 avec une extrême précision par le physicien américain Willis Lamb (1913-2008), exactement dans la proportion prévue par la mécanique quantique !

Autre effet, l'« effet Casimir », nommé ainsi d'après le physicien hollandais Hendrik Casimir (1909-2000). Celui-ci se demandait pourquoi certains résultats expérimentaux disaient que l'intensité des forces mesurée entre certains atomes ne correspondait pas tout à fait à celle prédite par les calculs. Cette anomalie pouvait-elle être causée par la présence de particules virtuelles dans le vide ? Se pouvait-il qu'elles exercent une force qui modifie très légèrement la force entre les atomes ? Casimir propose en 1948 l'expérience suivante afin de démontrer l'existence des particules virtuelles. Considérons, suggère-t-il, deux plaques de métal, conductrices d'électricité, disposées parallèlement dans un coin d'espace « vide »[1]. Supposons que cet espace contienne un océan de particules virtuelles, apparaissant et disparaissant selon des cycles de vie et de mort infinitésimalement courts. À cause de la nature duelle de la matière, chaque particule virtuelle peut aussi être représentée comme une onde, avec une certaine longueur qui caractérise la distance entre deux crêtes ou deux creux successifs de l'onde. Avant l'introduction des deux plaques de métal dans l'espace « vide », toutes les ondes, de

1. Parce que les particules virtuelles sont un phénomène quantique, pour les mettre en évidence, l'écart entre les deux plaques parallèles doit être extrêmement petit, de l'ordre de moins de dix mille fois la taille d'un atome.

n'importe quelle longueur, sont présentes. Mais une fois les deux plaques en place, seules certaines ondes très particulières peuvent exister dans l'espace entre les deux plaques : celles qui peuvent comprendre un nombre entier d'ondulations dans cet espace, autrement dit celles qui commencent avec une amplitude zéro à une plaque et qui se terminent aussi avec une amplitude zéro à l'autre plaque. Cette sélection d'ondes particulières fait qu'il existe considérablement moins de particules virtuelles dans l'espace entre les deux plaques que dans l'espace extérieur. Ce déficit de particules virtuelles doit engendrer une force nette qui s'exerce sur chacune des plaques et les pousse légèrement l'une vers l'autre (fig.). Cette force n'a rien à voir avec l'attraction gravitationnelle entre les deux plaques, qui est bien moindre. La force prévue est minuscule – la force nette s'exerçant sur des plaques de la taille de cartes de jeu, séparées d'un dixième de millième de centimètre, est équivalente à celle exercée par le poids d'une goutte d'eau[1] –, si petite qu'elle n'est mesurée avec précision que quelque cinquante ans après les calculs de Casimir. Les résultats des mesures sont sans équivoque : ils sont en accord avec les prédictions de la mécanique quantique. L'effet Casimir existe donc bel et bien et les particules virtuelles ne sont pas qu'un jeu de l'esprit.

1. Brian Greene, *La Magie du cosmos*, Folio, 2007.

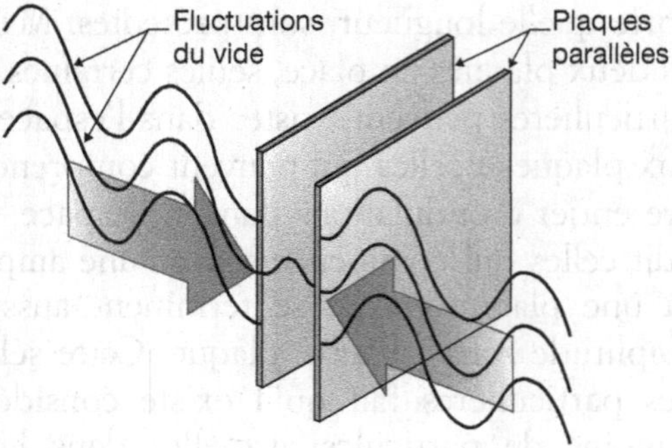

L'effet Casimir. Dans l'espace entre les deux plaques de métal parallèles, seules des particules virtuelles dont l'onde possède un nombre entier d'ondulations dans cet espace peuvent exister. En revanche, les particules virtuelles avec toutes les longueurs d'onde possibles sont permises dans l'espace extérieur aux deux plaques. Il y a donc un excédent de particules virtuelles à l'extérieur comparé à l'intérieur, ce qui résulte en des forces qui poussent les plaques l'une vers l'autre.

Les particules virtuelles font que les trous noirs ne sont pas tout à fait noirs

Leur existence établie, nous pouvons nous demander si les particules et antiparticules virtuelles ont la possibilité de quitter le monde des fantômes pour intégrer le monde réel. Autrement dit, peuvent-elles se réaliser ? La réponse est oui. Il leur suffit de trouver un bienfaiteur riche et généreux, disposé à payer leur dette d'énergie envers la banque Nature : la gravité – et c'est là que les trous noirs interviennent – joue volontiers ce rôle de mécène pour aider les particules virtuelles à se matérialiser.

Le champ de gravité d'un trou noir est d'une extrême intensité, ce qui fait que son espace est tout recourbé et replié sur lui-même, empêchant la lumière de ressortir une fois que celle-ci a franchi le rayon de non-retour du trou noir. Son champ gravitationnel étant très riche en énergie, le trou noir puise dans cette réserve pour rembourser à la banque Nature l'emprunt d'énergie des particules virtuelles et de leurs antiparticules qui sont situées juste au-delà du rayon de non-retour. Le remboursement une fois effectué, des paires particule-antiparticule peuvent quitter le monde des ombres pour surgir dans le monde réel. Considérons par exemple le cas d'une paire électron-antiélectron (ou positon) ainsi créée ; il y a plusieurs scénarios possibles. Les deux particules tombent immédiatement dans le trou noir, auquel cas leur existence aura été de bien brève durée. Ou bien l'électron échappe aux griffes du trou noir tandis que son antiparticule, moins chanceuse, tombe dans sa bouche béante ; l'électron rencontre un autre positon, lui aussi matérialisé grâce au champ gravitationnel du trou noir et rescapé de sa voracité, et tous deux s'annihilent dans un flash de lumière. Dans le troisième scénario, la paire électron-positon parvient à s'échapper, finissant leur vie dans une apothéose de lumière au cours d'une étreinte mortelle. Dans les deux derniers cas de figure, le trou noir, paradoxe des paradoxes, émet de la lumière. À cause des annihilations de paires particule-antiparticule, la lumière s'échappe de la région juste au-delà du rayon de non-retour du trou noir. Celui-ci rayonne : il n'est plus noir.

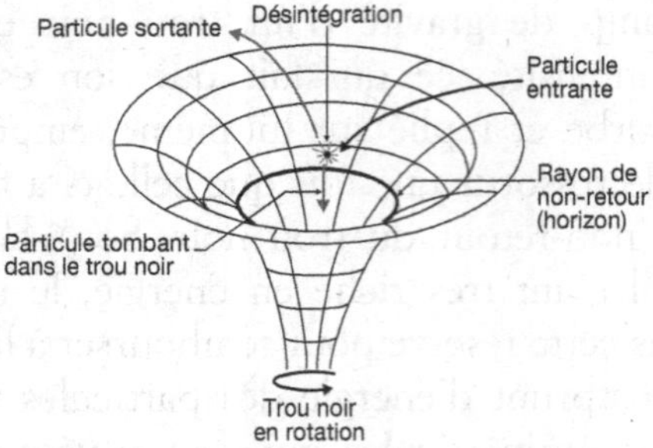

L'évaporation du trou noir. Les particules virtuelles aux alentours du rayon de non-retour d'un trou noir peuvent se matérialiser en empruntant de l'énergie au champ de gravité intense de ce dernier. Des paires de particules-antiparticules peuvent ainsi surgir dans le monde réel et s'annihiler pour devenir lumière. Ainsi, le trou noir rayonne et, ce faisant, diminue en masse : il « s'évapore » en lumière !

L'énergie gravitationnelle dispensée généreusement aux particules virtuelles situées juste au-delà du rayon de non-retour pour les aider à intégrer le monde réel provient en fin de compte de l'énergie associée à la masse du trou noir. En d'autres termes, cette masse diminue au fur et à mesure que la gravité distribue ses dons d'énergie aux particules virtuelles, que celles-ci se matérialisent, que certaines d'entre elles s'annihilent pour devenir lumière, et que le trou noir rayonne. La masse du trou noir « s'évapore » littéralement, d'après le terme du physicien anglais Stephen Hawking (né en 1942) qui a découvert ce processus (fig.). Ainsi, si un jour vous êtes happé par un trou noir, dites-vous que vous aurez la – bien maigre – consolation de pouvoir réapparaître sous forme de rayonnement !

Laissés à eux-mêmes, les trous noirs se convertissent donc en lumière et s'évaporent. Mais pouvons-nous les voir s'évaporer ? En général, la réponse est non : les trous noirs que les astronomes ont découverts dans la Voie lactée ou au cœur d'autres galaxies possèdent une masse tellement grande qu'ils sont pratiquement éternels. Le taux d'évaporation d'un trou noir dépendant de sa masse, plus un trou noir est massif, plus il s'évapore lentement, et plus il dure longtemps[1]. Les trous noirs dits « stellaires » résultent de la mort d'étoiles de plusieurs fois la masse du Soleil (qui est de 2×10^{33} grammes). Cette masse est si grande et le taux d'évaporation si faible que les trous noirs stellaires nous apparaissent éternels. Ainsi un trou noir de dix fois la masse du Soleil mettra 10^{68} années (soit des milliers de milliards de milliards de milliards de milliards de milliards de milliards de fois l'âge de l'univers) à s'évaporer. Notons que certaines galaxies hébergent en leur cœur un trou noir supermassif de plusieurs milliards de masses solaires. Parce qu'ils sont des milliards de fois plus massifs que les trous noirs stellaires, ils survivront des milliards de milliards de milliards de fois encore plus longtemps que ces derniers.

1. La durée de vie d'un trou noir est proportionnelle au cube de sa masse. Ainsi un trou noir dix fois plus massif durera mille fois plus longtemps.

Faut-il donc abandonner tout espoir de voir un jour des trous noirs s'évaporer ? Peut-on en imaginer de beaucoup moins massifs que les trous noirs stellaires, dont l'évaporation serait beaucoup plus importante, et qui vivraient ainsi beaucoup moins longtemps ? En 1974, Hawking a émis l'hypothèse d'une population de mini-trous noirs primordiaux qui aurait existé pendant les premières fractions de seconde après le big bang et qui remplissent ces conditions. À son tout début, suggère-t-il, l'univers était tellement petit et dense et son champ de gravité tellement grand que d'infimes irrégularités de densité auraient pu s'effondrer sous l'effet de la gravité pour donner naissance à une profusion de mini-trous noirs de la masse d'un milliard de tonnes (10^{15} grammes), à peu près celle de l'Everest. La durée de vie de ces mini-trous noirs primordiaux serait donc relativement courte. Les calculs montrent qu'au bout de quatorze milliards d'années, l'âge de l'univers, la masse du mini-trou noir primordial serait réduite à peau de chagrin, de la masse d'une montagne à celle d'un grain de poussière de quelque vingt microgrammes. Ils nous disent que le mini-trou noir terminerait son existence dans une énorme explosion, libérant autant d'énergie que dix millions de bombes d'une mégatonne sous forme de rayons gamma. Si cette population existe vraiment, nous devrions observer aujourd'hui quelques-unes de ces violentes explosions dans la Voie lactée ou dans des galaxies proches. Or ces feux d'artifice n'ont, pour l'instant, jamais été détectés. Les mini-trous noirs primordiaux restent désespérément absents et ne sont, jusqu'à nouvel ordre, que le produit de l'imagination débordante des physiciens. Mais même s'ils n'existent pas, une chose est certaine : la mécanique quantique nous dit qu'un vide rempli de particules virtuelles permet aux trous noirs de ne pas être tout à fait noirs.

L'énergie du point zéro

La mécanique quantique et le principe d'incertitude ont ainsi modifié de fond en comble notre vision du vide. Dans la physique classique, nous pouvions définir le vide comme une portion d'espace ne contenant aucune particule élémentaire et où la valeur des champs de forces (électromagnétique, gravitationnel, etc.) est nulle en chaque point. Pour Maxwell, nous l'avons vu, le vide est « ce qui reste après qu'on a éliminé tout ce qui peut être enlevé ». L'avènement de la mécanique quantique met à mal cette définition. En effet, si nous considérons le principe d'incertitude pour ce qui est de la relation position-mouvement, le fait de savoir précisément qu'il n'existe aucune particule à un endroit déterminé (l'incertitude de sa position est nulle) implique que nous ne savons absolument rien de son mouvement, et donc de son énergie, en cet endroit (l'incertitude de sa vitesse est infinie). Le principe d'incertitude nous dit que nous pouvons éliminer toute masse et toute matière en un point déterminé, mais qu'il restera toujours une certaine quantité d'énergie minimale en cet endroit – quoi que nous fassions, nous ne pourrions jamais la réduire à zéro. Même conclusion quand nous considérons le principe d'incertitude sous son autre aspect, qui envisage la relation énergie-temps : affirmer qu'un champ possède une valeur nulle en un endroit précis et qu'elle reste nulle avec le passage du temps revient à dire que nous savons avec une précision parfaite à la fois l'énergie du champ (zéro) et son taux de changement en fonction du temps (zéro aussi). Mais le principe d'incertitude nous dit qu'une connaissance parfaite et simultanée de ces deux quantités est impossible. Si nous connaissons précisément la valeur du champ (zéro), la connaissance de son taux de variation avec le temps devient totalement aléatoire : il peut prendre n'importe quelle valeur. En d'autres termes, la valeur d'un champ de forces ne peut jamais être précisément zéro en tout point de l'espace, mais doit constamment fluctuer autour de la valeur zéro. Ces fluctuations quantiques se manifestent sous la forme, nous l'avons vu, d'un océan de particules virtuelles, apparaissant et disparaissant au gré de cycles de vie et de mort infinitésimalement courts.

La mécanique quantique nous dit donc que, quoi que nous fassions, il resterait toujours en tout point de l'espace une énergie de base impossible à supprimer. Cette énergie subsiste après que toute autre forme de masse et d'énergie a été enlevée. Les physiciens l'appellent, non sans poésie, l'« énergie du point zéro ». Le « point zéro » est ainsi nommé non pas parce que son énergie est nulle, mais parce qu'il est caractérisé par l'énergie minimum que l'espace puisse posséder. Le vide quantique n'est ainsi plus ce qui ne contient rien, mais un vide plein de particules virtuelles formant un vaste océan d'énergie du point zéro, aussi appelé « champ du point zéro » par analogie avec le champ électromagnétique introduit par le physicien anglais Michael Faraday au XIXe siècle. Il faut bien comprendre que ce champ du point zéro ne désigne pas un état d'énergie équivalent à zéro, mais un état d'énergie minimum. Où l'on peut dire que, paradoxalement, la mécanique quantique donne raison après tout à Aristote : la nature a vraiment horreur du vide. À ceci près qu'elle le remplit non pas avec de l'éther comme le philosophe grec le pensait, mais avec des fluctuations quantiques.

Pouvons-nous extraire de l'énergie de cet océan infini d'énergie du point zéro ? Si c'est le cas, nous pourrions disposer d'une source d'énergie illimitée qui serait non seulement gratuite mais aussi écologique. Mais cela ne semble pas être dans l'ordre du possible. En effet, extraire de l'énergie de cet océan reviendrait à dire que l'énergie du champ du point zéro peut descendre en dessous de sa valeur minimale, ce qui est une impossibilité.

La relativité générale et la mécanique quantique sont comme l'eau et le feu

Jusqu'ici, nous avons parlé de particules virtuelles évoluant dans un espace préexistant. Mais qu'en est-il de l'espace lui-même ? Que devient-il si nous le scrutons à des échelles suffisamment petites ? La mécanique quantique nous dit qu'à des échelles infinitésimales, l'espace lui-même se dissout en une sorte de mousse quantique, où le temps et l'espace tels que nous les concevons dans le monde macroscopique perdent leur sens.

Einstein a démontré avec sa théorie de la relativité générale, nous l'avons vu, que le champ gravitationnel et la géométrie de l'espace sont intimement liés. C'est le champ de gravité qui détermine la géométrie de l'espace, c'est lui qui est responsable de sa platitude ou de ses courbures et contorsions. Or, comme tout autre champ de force, le champ gravitationnel est régi par le principe d'incertitude. Celui-ci fait qu'à des échelles suffisamment petites, le champ gravitationnel devient sujet à de violentes fluctuations quantiques. Ces dernières provoquent à leur tour des variations aléatoires tumultueuses de la forme de l'espace, et sont à l'origine de fluctuations sans cesse changeantes de sa géométrie. Au quotidien, à l'échelle des choses de la vie, nous ne sommes pas conscients de ces fluctuations car elles sont trop minimes pour être perçues directement par nos sens. L'espace nous paraît calme et tranquille, dépourvu de toute activité. Ses propriétés nous semblent parfaitement déterminées et l'aléatoire banni. C'est seulement quand nous l'examinons à des échelles subatomiques qu'il devient mouvant et que nous percevons ses fluctuations désordonnées et incessantes. Dans ce sens, l'espace est semblable à une gigantesque toile pointilliste de Georges Seurat. De loin, nous pouvons apprécier *Un dimanche après-midi à l'île de la Grande Jatte* dans son ensemble, mais il nous est difficile de distinguer les milliers de petits points de couleurs diverses et chatoyantes qui composent le tableau. C'est seulement en se rapprochant de celui-ci que l'on voit les figures se décomposer en une multitude de points. De même, alors qu'à de grandes échelles l'espace est calme et lisse, à de petites échelles il se décompose en une mousse quantique sans cesse fluctuante.

Plus l'échelle est petite, plus l'aléatoire augmente en importance. À l'échelle de la longueur de Planck de 10^{-33} centimètre[1], des dizaines de millions de milliards de milliards inférieur à la taille d'un atome, l'espace, placide à grande échelle, se mue en une effervescence quantique effrénée. De calme et ordonné, il devient tumultueux et désordonné, abandonnant toute forme définie pour se remplir d'ondulations et de non-uniformités surgissant et disparaissant en des temps infinitésimalement courts (fig.). Au sein de cette mousse quantique, la notion de direction spatiale perd son sens : il n'existe plus ni haut ni bas, ni droite ni gauche, ni avant ni arrière. À des échelles de temps plus courts que le temps de Planck de 10^{-43} seconde[2], des dizaines de millions de milliards de milliards de milliards de milliards de fois plus bref qu'un flash photographique, le temps perd aussi sa signi-

1. Cette longueur porte le nom du physicien allemand Max Planck qui est le premier à l'avoir calculée à partir de constantes physiques fondamentales : la vitesse de la lumière, la constante de gravitation qui définit l'intensité de la force de gravité, et la constante de Planck qui définit l'intensité des effets quantiques.

2. C'est le temps mis par la lumière pour franchir une distance de la longueur de Planck.

fication : nous ne pouvons plus parler ni d'avant ni d'après, ni même d'une durée déterminée. La courbure et la topologie de cette mousse quantique deviennent tellement chaotiques qu'elles ne peuvent plus être décrites qu'en termes de probabilités.

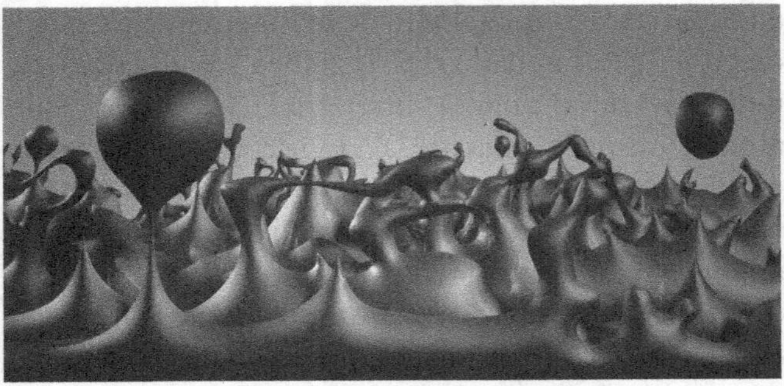

La mousse quantique. À l'échelle de l'ordre de la longueur de Planck (10^{-33} cm), l'espace n'est plus lisse mais devient sujet à des fluctuations violentes, perpétuellement changeantes et mouvantes, formant ce que le physicien américain John Wheeler a appelé une « mousse quantique ».

La mécanique quantique – la physique qui décrit l'infiniment petit – nous présente donc une vision de l'espace-temps radicalement différente de celle que nous offre la relativité générale – la physique qui régit l'infiniment grand. La théorie d'Einstein nous révèle un espace-temps calme, lisse et bien défini, et ce jusqu'aux échelles les plus petites. En revanche, la mécanique quantique nous affirme qu'à ces échelles, l'espace-temps n'est plus tranquille mais sujet à des fluctuations violentes inhérentes au principe d'incertitude de Heisenberg. À ces échelles, tout n'est que fluctuation, mouvement et indétermination. À des dimensions spatiales aussi infimes que la longueur de Planck et pour des durées temporelles aussi courtes que le temps de Planck, les deux théories, toutes deux nées au début du XXe siècle et constituant toujours les piliers de la physique contemporaine un siècle plus tard, s'opposent comme l'eau et le feu.

Comprendre nos origines requiert une théorie de la gravité quantique

Les calculs basés sur la combinaison des équations de la relativité générale et de la mécanique quantique donnent presque invariablement des résultats infinis, ce qui n'a aucun sens. Ces résultats irraisonnables nous disent haut et fort qu'il existe une incompatibilité fondamentale entre les deux théories. Pourtant, vérifiées à maintes reprises par de nombreuses mesures et observations, elles fonctionnent extrêmement bien tant qu'elles demeurent séparées et cantonnées dans leurs domaines respectifs. La mécanique quantique décrit précisément le comportement des atomes et de la lumière quand trois des quatre forces fondamentales, les deux forces nucléaires forte et faible et la force électromagnétique, mènent le bal et que la dernière, la force gravitationnelle, est négligeable. La relativité générale rend bien compte des propriétés de l'univers, des galaxies, des étoiles et des planètes quand la force de gravité occupe le devant de la scène et que les trois autres forces sont en retrait. Mais la physique connue s'essouffle et perd ses moyens quand la gravité, d'ordinaire négligeable à l'échelle atomique et subatomique, devient aussi importante que les trois autres forces.

Certes, nous pouvons nous dire que si ces deux théories sont parfaitement opérantes tant qu'elles demeurent séparées dans leurs domaines respectifs, pourquoi ne pas nous contenter de les maintenir distinctes et d'en rester là ? Après tout, c'est exactement ce que les physiciens ont fait depuis près d'un siècle. Et cette approche s'est avérée extrêmement productive et efficace. Les avancées dans la compréhension du cosmos grâce à la relativité générale et dans le comportement des atomes et de la lumière grâce à la mécanique quantique ont été spectaculaires. Alors pourquoi s'acharner à vouloir combiner ce qui paraît irréconciliable ?

Il existe plusieurs raisons qui incitent les physiciens à travailler d'arrache-pied pour construire une théorie qui unifierait de manière cohérente la relativité générale et la mécanique quantique. La première est d'ordre philosophique et esthétique. Nous sentons tous intuitivement que la nature ne peut pas fonctionner en quelque sorte de manière schizophrène, qu'elle ne peut souffrir d'un dédoublement du comportement, décrit par une théorie à une certaine échelle et par une autre, totalement incompatible avec la première, à une autre échelle. La science nous a au contraire habitués à l'idée d'une unité profonde de l'univers : Newton a unifié ciel et Terre au XVIIe siècle, Maxwell a unifié l'électricité et le magnétisme au XIXe siècle et Einstein a unifié le temps et l'espace au XXe siècle. Il serait bien étonnant que les quatre forces fondamentales de la nature ne suivent pas aussi ce schéma unitaire et qu'elles ne puissent pas être décrites par une même et seule grande théorie de la gravité quantique, appelée parfois avec grandiloquence « théorie du Tout », qui rendrait compte des propriétés de l'univers à toutes les échelles possibles. Après tout, il n'existe pas de frontière magique qui marquerait la transition du monde microscopique au monde macroscopique, aucune ligne de feu qui nous signalerait que, pour décrire le comportement de la nature, ici s'arrête l'empire de la mécanique quantique et là commence le règne de la relativité générale. La nature est belle et, comme telle, elle doit être décrite par de belles théories. Or les caractéristiques d'une belle théorie, c'est non seulement d'être inévitable et conforme au Tout, mais aussi d'être simple. Et seule une théorie unificatrice pourrait satisfaire à cette condition.

Mais au-delà de considérations esthétiques et philosophiques, existe-t-il des raisons scientifiques pour nous inciter à travailler à cette unification ? Nous pouvons nous dire qu'après tout, la plupart des objets dans l'univers sont soit très grands et très massifs, donc avec un comportement très bien décrit par la relativité générale, soit très petits et très légers, donc avec un comportement excellemment expliqué par la mécanique quantique. L'incompatibilité entre les deux théories ne se manifeste dès lors que dans des conditions extrêmes de l'espace-temps, où de très grandes masses sont comprimées dans des régions incommensurablement réduites. Existe-t-il dans la nature des circonstances où les objets sont à la fois très petits et extrêmement massifs ? Et s'il n'en existe pas, à quoi bon s'en préoccuper ?

En fait, on peut mentionner au moins deux situations où ces conditions extrêmes se manifestent. La première a à voir avec les trous noirs. La masse d'une étoile d'une dizaine de fois la masse du Soleil est comprimée en un minuscule point (qu'on appelle « singularité ») au centre du trou noir. Le champ gravitationnel de ce dernier est tellement intense que la lumière (ou tout autre objet) ne peut plus sortir. Pour décrire cette situation, la relativité générale est appelée à la rescousse à cause de l'énorme masse et gravité du trou noir, et la mécanique quantique à cause de la taille infinitésimale de la singularité. Mais parce que la combinaison des deux théories donne des résultats infinis, personne n'a jamais su décrire les propriétés de la singularité au centre d'un trou noir. De l'extérieur, au-delà de son rayon de non-retour, nous ne pourrions jamais connaître de lui que trois, et seulement trois, quantités : sa masse, sa rotation (ou spin, c'est-à-dire une quantité qui mesure le mouvement de rotation du trou noir sur lui-même) et sa charge électrique. Vous pouvez vous dire que c'est là une question bien académique car il n'y aurait jamais aucune possibilité de vérifier ces propriétés même si on pouvait les calculer : plonger vers le centre d'un trou noir mènerait à une mort certaine car le corps de l'explorateur hardi serait instantanément déchiré par d'intenses forces gravitationnelles, et même si par quelque miracle il échappait à la mort, il ne pourrait jamais communiquer ses observations du centre du trou noir au monde extérieur.

Si ce problème peut sembler académique – encore que l'impossibilité de le résoudre nous avertisse que tout n'est pas pour le mieux dans le monde de la physique contemporaine et que les deux théories qui lui servent de piliers, dans leurs formes actuelles, ne peuvent être le mot de la fin –, il existe une autre situation physique associant une masse extrêmement grande et une taille incommensurablement petite : c'est celle de l'univers à ses débuts. Nous pensons aujourd'hui que, il y a quelque quatorze milliards d'années, une explosion fulgurante, le big bang, a donné naissance à l'univers à partir d'un état extrêmement petit, chaud et dense. Depuis, il n'a cessé de s'agrandir, de se diluer et de se refroidir, permettant à la matière d'émerger et à des corps de plus en plus structurés de s'élaborer. À partir d'un vide subatomique, l'univers a su gravir un à un les échelons de la pyramide de la complexité pour fabriquer tour à tour quarks et électrons, protons et neutrons, atomes, étoiles et galaxies. La gravité s'est mise à l'œuvre pour élaborer une immense architecture cosmique, composée de centaines de milliards de galaxies, constituées chacune de centaines de milliards de soleils. Dans la banlieue d'une de ces galaxies nommée Voie lactée, sur une planète en orbite autour d'une étoile appelée Soleil, est apparu l'homme, capable de s'émerveiller devant la beauté et l'harmonie du cosmos, et doué d'une conscience lui permettant de s'interroger sur l'univers qui l'a engendré. L'histoire de l'univers est donc notre histoire. Au prix d'efforts acharnés, les astrophysiciens ont su reconstituer la magnifique épopée de l'évolution cosmique, une fresque grandiose se déployant sur plus d'une dizaine de milliards d'années, remplie de soubresauts et de péripéties, toujours inspirante et sans cesse envoûtante. Mais le tout début de cette histoire cosmique échappe encore à notre connaissance. Au temps de Planck de 10^{-43} seconde, toute la masse de l'univers était contenue dans une région de la taille de la longueur de Planck de 10^{-33} centimètre. Nous nous retrouvons dans la même situation que précédemment, mais dans des conditions autrement plus extrêmes. À cause de la fantastique masse de l'univers, la relativité générale est requise, tandis que sa taille infinitésimalement petite nécessite la mécanique quantique. L'infiniment petit a accouché de l'infiniment grand, et pour comprendre notre origine, il nous faut comprendre l'origine de l'univers. Or cela n'est possible que si nous arrivons à construire une théorie de gravité quantique qui unifierait la mécanique quantique et la relativité générale.

La théorie des cordes : théorie du Tout ?

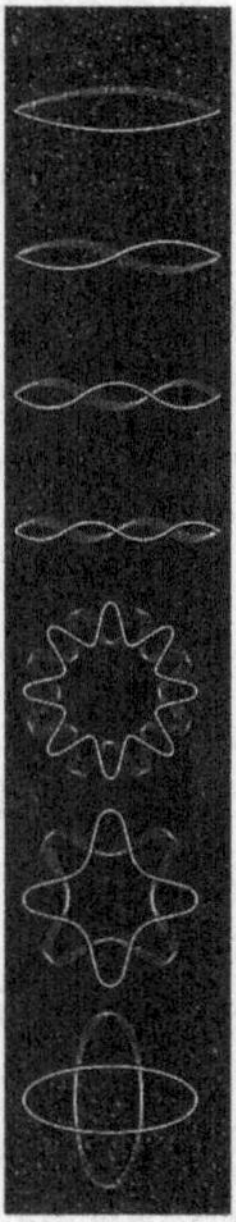

Au début des années 1980, une théorie a semblé pouvoir unifier la force de gravité avec les trois autres forces fondamentales, suscitant d'immenses espoirs. C'est la théorie dite « des cordes », ainsi nommée car elle suppose que les particules de l'univers – électrons, protons et autres neutrinos – ne sont plus les composantes élémentaires et ponctuelles de l'univers, mais le résultat de vibrations d'autres entités élémentaires appelées « cordes » (fig.). Ces cordes possèdent une extension spatiale infinitésimalement petite de 10^{-33} centimètre, la longueur de Planck. Fait inespéré, parmi leurs nombreux modes de vibration possibles, il s'en trouve un dont les propriétés correspondent comme par miracle à celle du graviton, particule hypothétique (elle n'a pas encore été détectée) censée transmettre la force de gravité : une masse et une charge nulles comme le photon, mais avec un spin 2 au lieu du spin 1 du photon.

Selon la théorie des cordes, les particules élémentaires ne sont pas des objets ponctuels mais des bouts de corde infinitésimalement petits qui vibrent. La figure montre des exemples de modes de vibration. Chaque mode de vibration correspond à une particule.

L'unification de la force gravitationnelle avec les trois autres forces s'avère donc possible dans le cadre de cette théorie. Comment réconcilie-t-elle l'espace lisse de la relativité générale avec le tumulte des fluctuations quantiques induit par le principe d'incertitude ? En fait, la frénésie quantique se manifeste seulement à des échelles considérablement plus petites que la longueur de Planck. Dans un schéma où les particules sont des points, cela posait problème car le principe d'incertitude pouvait agir sur des distances arbitrairement petites et générer d'énormes fluctuations du champ gravitationnel. En revanche, parce que la dimension des cordes ne descend jamais au-dessous de la longueur de Planck, les fluctuations quantiques restent modérées, et l'espace qui en résulte n'entre pas irrémédiablement en conflit avec l'espace calme et tranquille de la relativité générale. En pratique, si les équations d'Einstein sont modifiées afin d'incorporer les cordes, les calculs donnent comme par magie des résultats finis et sensés.

La théorie des cordes a provoqué un véritable raz-de-marée d'enthousiasme dans le monde de la physique. Personne ne doutait alors que c'était là la fameuse théorie du Tout tant recherchée. Mais il a fallu déchanter. Après plusieurs décennies d'intense labeur de la part de milliers de chercheurs du monde entier, la théorie des cordes reste enveloppée d'un épais voile mathématique. De surcroît, elle souffre du plus gros défaut qui soit pour une théorie scientifique : elle n'a jamais pu être vérifiée expérimentalement. Il est évident que nous ne pourrons jamais scruter des échelles de l'ordre de 10^{-33} centimètre pour vérifier directement l'existence des cordes. Le plus puissant accélérateur de particules au monde, le LHC au CERN[1], à Genève, peut examiner des objets de l'ordre de 10^{-19} centimètre, soit des centaines de milliards de fois plus petites qu'un atome, mais c'est encore cent mille milliards de fois supérieur à la longueur de Planck. La théorie des cordes postule aussi l'existence d'au moins six ou sept dimensions spatiales supplémentaires, en plus des trois qui nous sont familières, qui seraient enroulées sur elles-mêmes de manière tellement compacte (leur taille est de l'ordre de la longueur de Planck) qu'elles échappent à l'observation directe.

Pour l'instant, la théorie des cordes a donc été incapable de nous aider à franchir le mur de Planck. Celui-ci se dresse devant nous, barrant l'accès à la connaissance de l'origine de l'univers. En l'état actuel de nos savoirs, nous ne pouvons rien dire de l'instant zéro, le temps qui marque la naissance de l'univers. La nature du « bang » qui a tout déclenché nous reste inconnue. Mais est-ce à dire que nous ne pouvons rien savoir de l'univers à ses débuts ? Nous allons voir que cela n'est nullement le cas, et que les astrophysiciens, tels des explorateurs qui remontent une rivière vers sa source, ont hardiment extrapolé les lois de la physique connue vers des époques très lointaines dans le passé, et ce faisant ont pu remonter le temps vers des époques aussi reculées que le temps de

1. Le Large Hadron Collider (grand collisionneur de hadrons) a été mis en fonction en 2009 au Conseil européen pour la recherche nucléaire, dans le canton de Genève, en Suisse.

Planck. Ils ont pu élaborer un scénario détaillé d'un univers « parti de rien », où le vide joue un rôle fondamental.

V.

L'univers naît du vide

Une déflagration fantastique dans un silence absolu

Nous pensons que notre étrange et merveilleux univers est né, il y a quelque quatorze milliards d'années, dans une fulgurante déflagration, appelée « big bang ». Cette idée vient de la découverte fondamentale en 1929 de l'expansion de l'univers par l'astronome américain Edwin Hubble (1889-1953) (fig.). En effet, les galaxies lointaines s'éloignent toutes de nous – nous le savons car leur lumière est systématiquement rougie, et qui dit rougissement de la lumière dit mouvement de fuite[1]. Hubble découvre que ce

1. C'est ce qu'on appelle l'« effet Doppler », du nom du physicien autrichien qui l'a découvert pour le son. Comme le son d'une sirène de voiture de pompiers devient plus aigu quand

mouvement de fuite n'est pas aléatoire, mais proportionnel à la distance d'une galaxie par rapport à la Voie lactée. Ainsi, une galaxie dix fois plus éloignée qu'une autre de la Voie lactée s'en éloignerait dix fois plus vite. Cette proportionnalité entre la distance d'une galaxie et sa vitesse d'éloignement a une conséquence fondamentale : le temps mis par chaque galaxie pour parvenir de son point d'origine à son emplacement actuel est exactement le même pour toutes, puisque ce temps est précisément égal au rapport de la distance de la galaxie à sa vitesse. Si nous inversons par la pensée le cours des événements, toutes les galaxies se retrouveraient au même endroit au même instant. Tel est ce qui a donné naissance à la théorie du big bang, à cette notion fantastique d'un univers né à partir d'un état extrêmement petit, chaud et dense, dans une fantastique déflagration de l'espace, et dont l'effet se perpétue encore aujourd'hui par le mouvement de fuite des galaxies, ce qu'on appelle l'« expansion de l'univers ».

Le terme « déflagration » peut évoquer l'image de galaxies fuyant le centre d'une explosion dans un espace préexistant. Ce qui amène inévitablement à se demander où est le centre de l'univers. En fait, cette idée d'un centre est erronée car l'espace n'a pas existé de tout temps, mais a été créé en même temps que le big bang. L'expression « univers en

---

elle se rapproche, et plus grave quand elle s'éloigne, la lumière d'une galaxie bleuit quand elle vient vers nous et rougit quand elle s'écarte de nous.

expansion » ne désigne donc pas des centaines de milliards de galaxies lancées à toute vitesse dans un espace newtonien passif, immobile et statique, qui aurait préexisté de tout temps, et dont la présence aurait précédé le big bang. Elle se réfère au contraire à un espace einsteinien dynamique, en perpétuelle création et dont le mouvement d'expansion entraîne des galaxies au repos avec lui. Pour prendre une métaphore culinaire, considérons la cuisson d'un gâteau aux raisins au four. À mesure que la pâte gonfle, le volume du gâteau augmente et les raisins incrustés dans la pâte s'éloignent les uns des autres. De la même manière que le volume du gâteau augmente pendant la cuisson, à mesure que le temps s'écoule, de l'espace nouveau est constamment créé dans l'univers en expansion, faisant croître les distances entre les galaxies. Celles-ci sont immobiles dans l'espace en mouvement tout comme les raisins sont fixés dans le gâteau qui enfle. Tout le mouvement vient du volume du gâteau, comme le mouvement de fuite des galaxies vient de l'espace en expansion. Ainsi, les galaxies ne fuient pas la Voie lactée, mais se fuient les unes les autres, comme les raisins s'éloignent les uns des autres à mesure que la pâte enfle. Les habitants des autres galaxies – s'ils existent – verront aussi les galaxies lointaines les fuir et eux aussi se croiront être au centre du monde. Parce que tout est centre, rien n'est centre, et le fantôme de Copernic peut dormir tranquille.

Le mot « déflagration » évoque aussi l'image d'une énorme explosion dans un vacarme assourdissant. Rien ne peut être plus loin de la vérité. Dans le vide quantique du début, la matière n'ayant pas encore fait son apparition, il n'y avait aucun médium pour transmettre les ondes soniques. L'univers est donc venu au monde dans un silence total, dans une explosion enveloppée d'un silence de mort. Le film de l'univers primordial est dépourvu de toute bande son.

Le quatuor des forces fondamentales et la beauté du monde

La beauté et complexité du monde – les délicats contours d'un pétale de rose, les bras en spirale d'une galaxie, les cimes enneigées de l'Himalaya, la dentelle de fer de la tour Eiffel – est façonnée et moulée par un quatuor de forces fondamentales dans la nature. Ce sont elles qui font que le monde évolue, que tout dans l'univers est impermanent, que tout bouge et tout change. Les intensités de ces quatre forces sont très différentes, et leurs domaines d'action très variés. Chacune d'elles est associée à une particule élémentaire messagère dont la fonction est de transmettre à travers le vide de l'espace la force à laquelle elle correspond.

En ordre d'intensité décroissante vient d'abord la force nucléaire forte. Bien qu'elle soit la plus intense de toutes, la force forte ne nous saute pas immédiatement aux yeux car son domaine d'action se limite aux noyaux d'atomes, à des distances d'un dixième de millième de milliardième (10^{-13}) de centimètre. Néanmoins son travail est fondamental : c'est elle qui maintient ensemble les protons et les neutrons, les

« briques » des noyaux des atomes. Elle agit comme une sorte de colle, tant et si bien que la particule messagère hypothétique qui lui est associée est appelée « gluon » (du terme anglais *glue*, signifiant « colle »). Ce sont les échanges de gluons entre protons et neutrons qui font que ces particules sont « cimentées » ensemble dans les noyaux atomiques et que ces derniers ne se désintègrent pas. Sans la force forte, la matière et donc le monde tel que nous le connaissons ne pourraient exister.

Vient ensuite la force électromagnétique, qui nous est beaucoup plus familière. Cent trente-sept fois moins intense que la force nucléaire forte, elle a un caractère très discriminatoire : elle n'agit que sur les particules qui possèdent une charge électrique, qu'elle soit négative comme celle d'un électron, ou positive comme celle d'un proton. Mais toute particule neutre, comme le neutron, est superbement ignorée. La force électromagnétique impose des règles de conduite très strictes entre les particules chargées : les charges opposées s'attirent tandis que les charges semblables se repoussent. Ainsi, les protons dans un noyau atomique, tous de charge positive, se repoussent. Mais le noyau n'éclate pas parce que la force nucléaire forte est de loin plus importante que la force électromagnétique et impose sa loi. Bien que l'intensité de cette dernière décroisse en proportion inverse de la distance au carré entre deux charges électriques, la portée de la force électromagnétique transmise par sa particule messagère, le photon, est infinie. Ce qui fait que son action ne se cantonne pas au monde des atomes, mais peut s'étendre à des structures considérablement plus grandes et plus complexes. Les molécules, les hélices enchevêtrées de l'ADN et autres, tout est sujet à son action. C'est elle qui est responsable des réactions chimiques et biologiques à la base de la vie. C'est elle qui donne leur forme aux objets, des lignes parfaites d'un corps humain aux fermes contours d'une statue de Rodin. Sans elle, les choses perdraient leur solidité, et vous pourriez impunément traverser les murs ou passer votre main à travers les pages de ce livre.

La force nucléaire dite « faible » vient en troisième place. Comme son nom l'indique, son intensité est bien moindre, environ cent mille fois plus faible que la force électromagnétique. Comme la force nucléaire forte, elle ne nous est pas familière car elle ne se manifeste qu'à des échelles infinitésimales. Son domaine d'action est encore plus restreint que celui de la force forte, environ mille fois plus petit que la taille d'un noyau atomique, soit un dixième de millionième de milliardième (10^{-16}) de centimètre. Elle se distingue des trois autres forces du fait qu'elle n'agit pas comme une colle, mais au contraire comme une anticolle. En effet, elle est responsable de la désintégration de la matière. Les particules dans les noyaux atomiques de certains éléments chimiques, tels l'uranium ou le plutonium, se désintègrent par son action après un certain temps[1], libérant des particules et du

1. La demi-vie (le temps nécessaire pour que la moitié des atomes d'un élément chimique se désintègrent naturellement) de l'uranium-235 est de 18,8 millions d'années. Celle du plutonium-244 est de quatre-vingts millions d'années.

rayonnement énergétiques et donc nocifs à la santé. Nous appelons cette désintégration « radioactivité ». La force faible est essentielle à notre existence car elle est en partie responsable des réactions nucléaires qui se déroulent au cœur des étoiles, en particulier de notre astre. Sans elle, le Soleil, au lieu de produire de l'énergie pendant une dizaine de milliards d'années, ne pourrait vivre que quelques millions d'années, soit un clin d'œil dans l'histoire cosmique. Une durée si courte n'aurait pas permis l'éveil de la vie sur Terre, ni son maintien. En d'autres termes, sans la force faible, nous n'existerions pas. Les particules messagères qui sont associées à la force nucléaire faible ont pour noms W et Z. Leur existence a été confirmée lors d'expériences au CERN, à Genève, au début des années 1980.

La force gravitationnelle arrive en queue de peloton. Elle est mille milliards de milliards de milliards de milliards (10^{39}) de fois plus faible que la force électromagnétique. C'est cette énorme disparité qui fait que la force magnétique d'un aimant peut si facilement attirer à lui un clou gisant au sol malgré la force gravitationnelle exercée par la masse entière de la Terre sur celui-ci. Nous pouvons aussi nous rendre compte de l'extrême faiblesse de la force de gravité en considérant un atome d'hydrogène. Celui-ci, mesurant un centième de millionième (10^{-8}) de centimètre, est composé d'un proton et d'un électron liés par la force électromagnétique. Mais supposez que vous supprimiez cette dernière et l'atome d'hydrogène, avec la seule force gravitationnelle liant le proton à l'électron, enflerait jusqu'à atteindre une taille plus grande que celle de l'univers ! Il faut savoir que l'intensité de la force gravitationnelle entre deux objets varie en proportion du produit de leurs masses (et est inversement proportionnelle au carré de la distance qui les sépare). Parce que les masses du proton et de l'électron sont infimes ($1{,}7 \times 10^{-24}$ gramme pour le proton, et environ deux mille fois moins pour l'électron), la force de gravité qui les lie est minuscule, d'où la taille énorme de l'atome d'hydrogène si la force électromagnétique venait à être supprimée.

Ce n'est qu'à l'échelle de l'univers que la force de gravité peut s'exprimer pleinement car les masses des objets célestes sont considérables, ce qui compense la faiblesse intrinsèque de cette force. Attirant les corps dans l'univers les uns vers les autres, elle est par excellence la colle du cosmos. Planètes (10^{28} grammes), étoiles (10^{33} grammes), galaxies (10^{44} grammes), amas de galaxies (10^{45} grammes) (photo 4) et univers observable (10^{57} grammes) forment une hiérarchie de masses croissante qui permet à la gravité de se manifester dans toute sa splendeur. C'est elle qui nous rattache à la Terre, qui retient la Lune autour de notre planète, les planètes autour du Soleil, les étoiles dans les galaxies et les galaxies dans leurs amas. Supprimez la gravité et nous flotterions dans l'espace, la Lune, les planètes et les étoiles se disperseraient dans l'immensité cosmique et les galaxies et les amas de galaxies se désagrégeraient. C'est donc la gravité qui est responsable de la magnifique architecture de l'univers (ill. 5). C'est à elle que nous devons les majestueuses structures qui ornent le ciel. Comme la force électromagnétique, la force gravitationnelle possède une portée infinie. Mais contrairement à la force électromagnétique, qui ignore les particules neutres, la gravité n'est pas discriminatoire et agit sur tout ce qui possède une masse. Sa particule messagère est une particule hypothétique nommée « graviton », dont l'existence reste à démontrer expérimentalement. Ainsi, quand vous trébuchez sur un obstacle et tombez par terre, pensez que pendant votre chute des gravitons circulent en permanence entre votre corps et la Terre, déterminant la trajectoire de votre personne vers le sol !

Nous avons vu que chaque force fondamentale est associée à une particule messagère. Nous allons voir maintenant que chacune est aussi liée à un champ de force.

Des champs de force, de matière et d'énergie qui peuplent le vide

L'espace n'est pas vide. Nous vivons en permanence baignés dans un océan d'ondes électromagnétiques. Ce sont ces ondes qui véhiculent nos programmes favoris de radio et de télévision de la station émettrice à notre domicile, qui nous permettent d'envoyer presque instantanément des messages SMS à n'importe quelle personne sur le globe. Ce sont elles aussi qui entretiennent la vie sur notre planète en transportant la chaleur et l'énergie du Soleil à la Terre. Nous appelons cet océan d'ondes un « champ électromagnétique ».

La notion de champ a été introduite, nous l'avons vu, au XIXe siècle par le physicien anglais Michael Faraday. Il n'est peut-être pas inutile de rappeler que, pour rendre compte de l'action à distance des forces électriques et magnétiques, Faraday imagina des lignes de force qui partent d'une charge électrique ou d'un pôle d'un aimant pour remplir l'espace et former un vaste champ électrique ou magnétique. Cette idée a été ensuite mise en équations mathématiques en 1873 par l'Écossais James Clerk Maxwell. Celui-ci fait la grande synthèse de l'électricité et du magnétisme en démontrant que les deux phénomènes ne sont en fait que les deux faces d'une seule et même réalité : le champ électromagnétique. Ce champ se propage dans l'espace sous la forme d'une onde, telle l'onde qui se propage sur la surface d'un étang quand on y jette une pierre. De surcroît, le physicien unifie l'optique avec l'électromagnétisme en démontrant que les ondes électromagnétiques se propagent très précisément à la vitesse de la lumière : elles ne sont autres que des ondes lumineuses.

En introduisant le concept de champ, Faraday et Maxwell ont indissolublement lié le vide de l'espace à la matière qui l'habite. Ce faisant, ils ont déclenché une véritable révolution dans notre façon de concevoir le monde. Après avoir dominé la pensée occidentale pendant quelque trois cents ans, la vision classique newtonienne d'un univers mécaniste, doté d'un espace vide, et traversé de temps à autre par des particules matérielles solides et insécables, soumises à des forces aveugles, a laissé la place au concept d'un univers avec un espace non plus vide mais habité en permanence par des champs divers et variés qui dictent le mouvement des corps.

Après l'introduction du champ électromagnétique dans le paysage de la physique, la notion féconde de champ va continuer à se bonifier et à prospérer au cours des siècles suivants pour constituer aujourd'hui un des concepts fondamentaux de la physique contemporaine. Comme la force électromagnétique est associée au champ électromagnétique, chacune des trois autres forces fondamentales est aussi liée à un champ. De même que nous baignons dans un océan de champs électromagnétiques, des champs gravitationnels nous entourent de toute part : ceux de la Terre, de la Lune, du Soleil, des autres planètes du système solaire, etc. Ainsi, c'est le champ de gravité de la Terre qui nous retient à sa surface et qui fait que la Lune orbite autour de notre planète. C'est le champ de la force nucléaire forte qui lie ensemble les protons et les neutrons dans les noyaux atomiques. Enfin, c'est le champ de la force nucléaire faible qui fait que certains atomes se désintègrent au bout d'un certain temps.

Mais il n'y a pas que les forces fondamentales qui soient associées à des champs. Chaque particule de matière possède aussi le sien propre. Il faut se souvenir ici de ce que la mécanique quantique nous a appris sur la double nature de la lumière : selon les circonstances expérimentales, elle peut prendre soit l'aspect d'une particule, soit celui d'une onde. Plus fort encore, la mécanique quantique nous dit aussi que la matière, comme la lumière, possède également un double visage : quand l'appareil de mesure est activé, c'est l'aspect de particule qui est privilégié ; par contre, quand l'appareil de mesure n'est pas activé, la particule revêt son habit d'onde. Cette onde indique la probabilité de trouver la particule à tel ou tel endroit. Cette onde de probabilité est associée au champ de la particule. Ce qui fait que nous baignons également dans des champs associés aux électrons, aux protons, et à toute autre particule de matière.

Un champ d'énergie primordial

Si nous prenions en compte tous les champs de force et de matière possibles, notre recensement des champs qui peuplent l'espace serait-il complet ? Pas le moins du monde. Les physiciens pensent aujourd'hui que même si nous « vidions » l'espace de tout rayonnement et de toute matière, il resterait toujours un champ d'énergie résiduel qui n'est associé ni à la lumière ni à la matière. Né dans les premières fractions de seconde après l'explosion primordiale, ce champ d'énergie, encore appelé « champ de Higgs » – du nom de l'un des physiciens à l'origine de ce concept, l'Anglais Peter Higgs (né en 1929)[1] (fig.) –, baigne

1. En même temps que Peter Higgs, d'autres chercheurs, dont les physiciens belges François Englert (né en 1932) et Robert Brout (1928-2011), ont aussi proposé l'existence d'un

tout l'univers, sur l'évolution duquel il va avoir des conséquences fondamentales. Le champ de Higgs va subir plusieurs changements d'état (ou changements de phase) au cours de l'expansion de l'univers et de son refroidissement. Plus tard, quand l'univers est âgé d'un dixième de milliardième (10^{-10}) de seconde, ce champ d'énergie primordial se cristallisera en un champ dit « électrofaible ». C'est grâce à ce dernier que nous et toutes les choses de la vie possédons une masse et que le monde est tel qu'il est.

Pour comprendre de quoi il s'agit, il faut nous armer d'audace et extrapoler les lois de la physique connue vers des temps aussi reculés que possible. Pour reprendre l'image de l'explorateur qui remonte la rivière vers sa source, l'astrophysicien retrace par les équations (de la relativité générale) l'histoire de l'univers jusqu'à la source du big bang. Nous l'avons vu, nous ne pouvons pas remonter le temps jusqu'à l'origine même de l'univers car, faute d'une théorie de la gravité quantique, la physique connue perd pied à des temps inférieurs au temps de Planck de 10^{-43} seconde. Nous allons donc commencer notre histoire de l'univers au temps de Planck. Puisque l'univers est aujourd'hui en expansion et que son espace se dilue et se refroidit en permanence, si nous inver-

---

tel champ et de la particule qui lui est associée : le boson de Higgs. Après la découverte de ce dernier au CERN en 2013, le prix Nobel de physique a été décerné cette année-là à Higgs et Englert (Brout étant décédé).

sons par la pensée le cours des événements, nous déduisons qu'il a dû commencer son existence à partir d'un état extrêmement petit, dense et chaud. Les calculs montrent qu'au temps de Planck, l'univers a la taille de 10^{-33} centimètre (soit des centaines de milliards de milliards de fois plus petit qu'un noyau d'atome), la densité inimaginable de 10^{93} gramme par centimètre cube et la fantastique température de 10^{32} degrés Kelvin (plus chaud que tous les enfers que Dante a pu imaginer !). À de telles températures, tout champ d'énergie présent dans l'univers est soumis à des fluctuations extraordinairement violentes, à l'instar des mouvements désordonnés qui agitent la surface de l'eau bouillante dans une casserole, mais multipliés à l'extrême. Ces fluctuations font que l'intensité du champ varie de part et d'autre de la valeur zéro. Au fur et à mesure de la dilution de l'univers et de son refroidissement, la formidable densité de radiation et de matière du début décroît, entraînant une diminution de la température et de l'intensité des fluctuations.

Ici, une question se pose : la valeur du champ tend-elle vers la valeur moyenne de zéro, valeur que nous attribuons intuitivement à tout espace vide, ou vers une autre valeur, différente de zéro ? Curieusement, et à l'encontre de notre intuition, c'est la deuxième réponse qui est la bonne. Les fluctuations du champ d'énergie primordial, qui diminuent en intensité au fur et à mesure du refroidissement de l'univers, ne se stabilisent pas à la valeur zéro, mais à une valeur très légèrement positive. Ce qui veut dire que l'espace ne pourrait jamais être totalement vide.

Refroidissement et rupture de symétrie

Pour expliquer cet étrange comportement, il nous faut faire un petit détour afin d'examiner le comportement d'une substance avec laquelle nous sommes tous familiers : l'eau. L'eau change d'état et d'apparence selon la température de son environnement : elle peut être solide, liquide ou gazeuse. Considérons un glaçon. Tant que la température reste au-dessous de zéro degré Celsius, le glaçon reste à l'état solide. Mais dès que la température passe à plus de zéro degré Celsius, le glaçon fond, se transformant en une flaque. La transformation est si grande que si vous n'aviez jamais observé un glaçon fondre, il ne vous serait jamais venu à l'esprit d'associer les deux phénomènes. Pourtant le cube de glace et la flaque ont exactement la même composition moléculaire, chaque molécule résultant de la combinaison de deux atomes d'hydrogène avec un atome d'oxygène. Si vous continuez à chauffer la flaque, rien ne se passe jusqu'à ce que la température atteigne cent degrés Celsius : l'eau bout et devient vapeur. Ces transformations d'état, que les physiciens appellent « changements de phase », sont dues au fait que plus la température est élevée, plus les mouvements des constituants de la matière sont intenses. À des températures inférieures à zéro degré Celsius, les molécules d'eau sont maintenues fermement dans un réseau solide de cristaux de glace possédant une symétrie hexagonale – une rotation d'un angle de soixante degrés (360/6) ou d'un de ses multiples autour d'un axe central préserve leur aspect –, tels ceux que nous voyons se former sur les vitres pendant l'hiver et qui ravissent notre sens esthétique (photos 6). Les mouvements moléculaires sont alors si léthargiques qu'ils ne peuvent en rien perturber la solidité de la structure cristalline. Mais dès que la température monte jusqu'à zéro degré Celsius, les mouvements deviennent si prononcés que les molécules d'eau ne peuvent plus être retenues solidement dans un réseau cristallin, et l'eau devient fluide. Si vous mettez un glaçon dans un verre d'eau tiède, vous le verrez se liquéfier à cause des chocs répétés infligés aux molécules d'eau du glaçon par les molécules d'eau tiède.

Les changements de phase sont toujours accompagnés par une perte ou un gain de symétrie. La symétrie est ici définie comme le nombre de transformations qu'on peut imposer à une figure ou à un objet sans pour autant changer son apparence. Ainsi le cercle possède le plus haut degré de symétrie de rotation : vous pouvez lui faire effectuer un mouvement de rotation de n'importe quel angle, il ne changera pas d'apparence. Le carré est moins symétrique que le cercle car seules des rotations de quatre-vingt-dix, cent quatre-vingts, deux cent soixante-dix ou trois cent soixante degrés lui permettent de conserver son aspect. Le rectangle est encore moins symétrique car seules des rotations de cent quatre-vingts et trois cent soixante degrés préservent son apparence. Qu'en est-il de l'eau ? Son degré de symétrie s'amenuise à mesure que la température décroît. En effet, quand la température est supérieure à cent degrés Celsius et que l'eau est alors sous forme de vapeur, ses molécules ne sont plus soumises à aucune contrainte et sont libres d'aller où bon leur semble, dans toutes les directions possibles, sans orientation privilégiée. Cet état de vapeur possède un très haut degré de symétrie car quel que soit le mouvement de rotation que vous faites subir à un groupe quelconque de molécules, l'aspect de l'ensemble des molécules de vapeur d'eau reste le même. Quand la température descend en dessous de cent degrés Celsius mais reste supérieure à zéro, l'eau devient liquide. Elle est moins symétrique que la vapeur d'eau car dans une flaque, les molécules sont assemblées dans un certain ordre, les atomes d'hydrogène d'une molécule étant adjacents à l'atome d'oxygène de sa voisine. Plus d'ordre implique donc moins de symétrie. Quand la température passe en dessous de zéro degré Celsius, l'eau liquide devient glace. Les molécules d'eau sont alignées tels des soldats dans un réseau cristallin. L'ordre augmente considérablement, et la symétrie est moindre. On dit qu'il y a eu « brisure » ou « rupture de symétrie ».

Ces concepts de changement de phase et de rupture de symétrie s'appliquent non seulement à l'eau, mais à la totalité de l'univers pendant son évolution. Nous avons vu qu'un refroidissement permet à la structure (celle d'un glaçon par exemple) d'émerger. Quand un nuage de vapeur se transforme en glaçon, le simple devient complexe et la symétrie est remplacée par la non-symétrie. Comme l'eau qui perd de plus en plus de symétrie en refroidissant et passe de l'état de vapeur à celui de liquide, puis de l'état liquide à l'état solide, les astrophysiciens pensent que l'univers subit des transitions de phase et des brisures de symétrie au cours de sa dilution et de son refroidissement, à mesure que le temps passe. Ces transitions de phase-là ne se manifestent pas par des transformations de vapeur en liquide ou de liquide en solide, mais par des changements profonds dans les propriétés du champ de Higgs.

La cristallisation du champ de Higgs et l'origine des masses

Comme l'eau liquide se transforme en cristaux de glace quand sa température descend en dessous de zéro degré Celsius, le modèle standard (celui qui rend compte le mieux des propriétés des particules élémentaires connues) nous dit que le champ d'énergie primordial se cristallise en un champ électrofaible (nous verrons plus loin la définition de la force électrofaible) quand l'horloge cosmique sonne un dixième de milliardième (10^{-10}) de seconde. À cette époque, l'univers, à cause de son expansion, s'est refroidi à la température d'un million de milliards (10^{15}) de degrés. Cette température est évidemment énorme, mais elle est déjà des centaines de millions de milliards de fois moins importante que la température de l'univers au temps de Planck de 10^{-43} seconde. C'est cette cristallisation du champ de Higgs qui va conférer la masse à chacune des particules élémentaires de l'univers, et donc à tous les objets qui y sont contenus, y compris vous et moi, car nous sommes tous composés de ces particules élémentaires.

Qu'est-ce que la masse d'un objet ? On peut la définir comme la propriété faisant que cet objet résiste au mouvement[1] ou, en d'autres termes, qui est responsable de son inertie. Pour donner de la masse aux particules élémentaires, le champ de Higgs doit donc créer une résistance à leurs mouvements, ce qu'il fait en se comportant comme une sorte de mélasse cosmique à travers laquelle les particules élémentaires doivent se frayer un chemin. Cette mélasse résiste à tout changement de vitesse de ces particules, c'est-à-dire à tout mouvement accéléré ou décéléré[2]. Cette résistance n'est pas la même pour toutes les particules élémentaires, d'où la grande variété de leurs masses. Ainsi le photon ne possède pas de masse car il traverse le champ de Higgs comme si de rien n'était. Lui seul voyage à la plus grande vitesse possible, celle de la lumière.

1. En physique, on quantifie ce changement de mouvement par une quantité appelée « accélération », égale au changement de vitesse par seconde.

2. Le champ de Higgs exerce de l'influence seulement sur les particules qui accélèrent ou décélèrent. Il n'agit pas sur les particules qui se déplacent à vitesse constante.

L'électron interagit très peu avec ce champ, ce qui fait qu'il a une très petite masse, mille huit cent trente-six fois moins que celle du proton et mille huit cent cinquante-deux fois moins que celle du neutron. Le neutrino interagit encore moins car sa masse est des millions de fois inférieure à celle de l'électron. Les quarks (on en connaît six types ou saveurs différents), les constituants des neutrons et des protons, ne sont pas en reste. Ils exhibent également un grand éventail de masses. Le quark le plus massif, appelé « quark top », a une masse de trois cent cinquante mille fois celle de l'électron car, interagissant le plus intensément avec le champ de Higgs, il lui est trois cent cinquante mille fois plus difficile que l'électron d'accélérer à travers ce champ. En revanche, les quarks les plus légers, les quarks up et les quarks down, ceux qui constituent les protons et les neutrons, ont seulement une masse d'environ neuf fois la masse de l'électron, car ils interagissent beaucoup plus faiblement avec le champ de Higgs que le quark top.

Pourquoi une telle variété de masses et pourquoi chaque particule élémentaire possède-t-elle précisément la masse qui la caractérise ? La réponse dépend du mécanisme d'interaction de chaque particule avec le champ de Higgs qui, pour l'instant, nous demeure totalement inconnu. Nous ne disposons d'aucune théorie expliquant pourquoi le photon n'a aucune masse ou pourquoi l'électron est près de deux mille fois plus léger que le proton. Une telle théorie constitue le graal de la physique moderne. Ce qui est sûr, c'est que sans la présence du champ de Higgs, les particules et donc toutes les choses de la vie seraient sans masse, comme le photon – et le monde ne serait pas tel qu'il est.

Ainsi les efforts que nous déployons à maintes reprises chaque jour pour déplacer des objets – ranger un livre dans une bibliothèque, monter une valise à l'étage, ou pousser une voiture en panne – sont une conséquence directe de l'interaction de ces objets, ou plutôt des particules élémentaires qui les composent, avec le champ de Higgs qui remplit le vide de l'espace. La prochaine fois que vous n'arriverez pas à faire bouger un meuble trop lourd, vous n'aurez qu'à vous en prendre au champ de Higgs…

La particule-Dieu

La théorie standard a donc dû postuler, pour expliquer la masse des particules élémentaires, l'existence d'une nouvelle sorte de substance qui baigne tout l'univers, le champ de Higgs. On peut se demander si ce champ de Higgs ne serait pas qu'une nouvelle manifestation de l'éther d'Aristote, remis au goût du jour. Il existe certes une similarité entre les deux dans le sens où tous deux nous obligent à repenser notre définition du vide de l'espace. Mais ils ne peuvent en aucun cas être confondus, et cela pour plusieurs raisons. D'abord, contrairement à l'éther, le champ de Higgs n'est pas censé transmettre des ondes électromagnétiques (qui ne sont autres que des ondes lumineuses) comme Maxwell le pensait. Sa présence ne peut donc pas influencer la vitesse de la lumière. Ce qui fait que des expériences comme celles de Michelson-Morley, réalisées, nous l'avons vu, à la fin du XIXe siècle, et qui avec la théorie de la relativité d'Einstein ont envoyé le concept d'éther aux oubliettes, n'ont aucune incidence sur le champ de Higgs. D'autre part, parce que ce dernier n'affecte en aucun cas la vitesse d'objets se déplaçant à vitesse constante, il ne peut pas, comme c'était le cas de l'éther, conférer un statut privilégié à un observateur particulier, ce qui est en parfait accord avec la relativité restreinte d'Einstein.

Mais existe-t-il une preuve expérimentale de ce fameux champ de Higgs ou n'est-il que le produit de l'imagination débordante des physiciens ? Nous avons vu que tout champ est associé à une particule élémentaire. Comme le champ électromagnétique est associé au photon, et le champ lié à la force nucléaire faible aux particules W et Z, la théorie standard suppose que le champ de Higgs doit être aussi associé à une particule, appelée avec peut-être trop de grandiloquence la « particule-Dieu » par le physicien américain Leon Lederman (né en 1922), et plus simplement le « boson[1] de Higgs » par la plupart des physiciens.

---

1. Le terme « boson », d'après le nom du physicien indien Satyendranath Bose (1894-1974), est un terme générique pour désigner toutes les particules de spin entier (0, 1, 2...). Les photons et les particules W et Z sont de la famille des bosons de spin 1. Le boson de Higgs a un spin 0.

La traque du boson de Higgs s'est organisée il y a plus de quarante-cinq ans, mais pendant des décennies, elle n'a rien donné. La raison en est que la masse de la particule de Higgs est très grande, et selon l'équivalence entre la masse et l'énergie découverte par Einstein, qui dit grande masse dit grande énergie. Il a donc fallu patienter jusqu'à l'avènement du LHC au CERN (schéma et photo 7). En faisant entrer en collision frontale deux faisceaux de particules à des vitesses proches de celle de la lumière, le LHC est capable de recréer l'énergie fantastique qui existait dans l'univers primordial, un millième de milliardième (10^{-12}) de seconde après le big bang. Il possède donc la capacité de mettre en évidence des particules extrêmement massives. La découverte du boson de Higgs par le LHC a été annoncée en fanfare en mars 2013 (ill. 8). Elle semble confirmer les propriétés prédites par le modèle standard pour la particule de Higgs : une masse de l'ordre de cent trente fois celle du proton, soit une énergie de cent vingt-cinq milliards d'électron-volts, sans spin ni charge électrique. Le boson de Higgs possède un temps de vie de l'ordre de 1,5 dixième de millième de milliardième de milliardième (10^{-22}) de seconde, ce qui ajoute à la grande difficulté de le détecter. Les physiciens ont poussé un grand soupir de soulagement collectif avec la mise en évidence du boson de Higgs : le champ qui lui est associé et qui donne la masse aux choses existe donc bel et bien ! La théorie standard, le paradigme de la physique des particules élémentaires depuis tant de décennies, a de nouveau passé triomphalement un test fondamental. En tout cas, le comité du prix Nobel n'a pas lésiné : il a décerné en novembre 2013 le prix de physique à Peter Higgs et François Englert pour « leur découverte théorique d'un mécanisme qui contribue à notre compréhension de l'origine de la masse des particules subatomiques ». Un seul regret concernant cet honneur amplement mérité : que la collaboration internationale de milliers de chercheurs à l'origine du LHC et des expériences pour mettre en évidence la particule de Higgs n'ait pas été associée à la prestigieuse récompense. Car sans vérification expérimentale, toute théorie physique, si ingénieuse soit-elle, ne peut que relever de la métaphysique.

Les forces n'étaient qu'une au début

La notion de champ d'énergie primordial baignant tout l'univers a aussi servi de puissant aiguillon pour pousser les physiciens à poursuivre le programme d'unification des quatre forces fondamentales qui régissent le cosmos. L'idée est la suivante : séparées dans l'univers refroidi d'aujourd'hui, les quatre forces étaient unifiées en une seule et unique superforce dans l'univers chaud primordial ; en se refroidissant, l'univers a perdu sa symétrie et sa simplicité d'antan, et l'unique superforce s'est divisée en quatre forces distinctes (fig.).

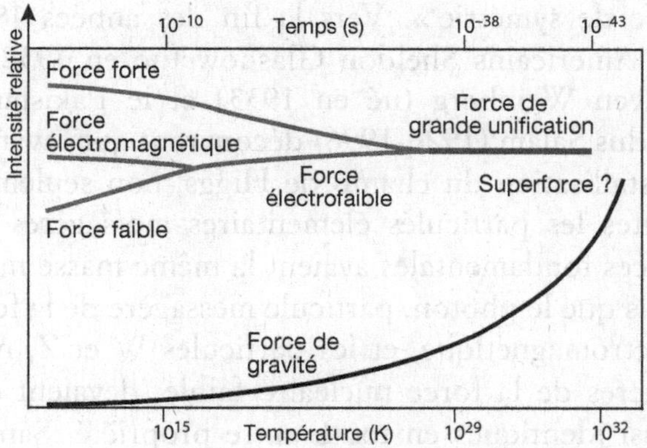

Unification des forces. Les quatre forces fondamentales sont distinctes, avec des intensités très différentes, à la basse température de l'univers actuel. Mais les physiciens pensent qu'elles étaient unies en une seule « superforce » quand l'univers était extrêmement chaud, une fraction de seconde après le big bang.

Nous avons vu que quand l'horloge cosmique a sonné 10^{-10} seconde et que la température de l'univers a diminué à 10^{15} degrés Kelvin, le champ de Higgs s'est cristallisé, tout comme des cristaux de glace apparaissent quand la température de l'eau passe au-dessous de zéro : les particules élémentaires qui étaient sans masse auparavant en ont acquis une à cet instant fatidique. Comme l'eau qui devient glace perd en symétrie, l'univers fait de même : alors qu'on pouvait impunément échanger les masses des particules avant la cristallisation du champ de Higgs puisqu'elles étaient toutes sans masse, ce n'est plus le cas après. L'univers a perdu la symétrie des masses pendant son refroidissement. Les physiciens disent qu'il y a eu « brisure de symétrie ». Vers la fin des années 1960, les Américains Sheldon Glashow (né en 1932) et Steven Weinberg (né en 1933) et le Pakistanais Abdus Salam (1926-1996) découvrent que, avant la cristallisation du champ de Higgs, non seulement toutes les particules élémentaires messagères des forces fondamentales avaient la même masse nulle, mais que le photon, particule messagère de la force électromagnétique, et les particules W et Z, messagères de la force nucléaire faible, devaient être aussi identiques en toute autre propriété. Sans la présence du champ de Higgs, ces particules étaient en tout point interchangeables, et elles pouvaient prendre la place l'une de l'autre sans jamais modifier aucun processus physique. Il existait donc une symétrie parfaite entre la force électromagnétique et la force nucléaire faible. En d'autres termes, avant la cristallisation du champ de Higgs, elles étaient unifiées en une seule et unique force : la force électrofaible. La symétrie entre les deux forces n'est plus apparente dans l'univers d'aujourd'hui car l'interaction des particules messagères avec le champ de Higgs leur a conféré des masses totalement différentes : le photon a conservé sa masse nulle, mais les particules W et Z ont acquis des masses de quatre-vingt-six et quatre-vingt-dix-sept fois celle du proton respectivement. La symétrie a été brisée. La mise en évidence de l'unification de la force électromagnétique avec la force nucléaire faible par les trois physiciens a été récompensée par le prix Nobel de physique en 1979 (fig.), avant

Le prix Nobel de physique a été attribué à Sheldon Glashow, Abdus Salam et Steven Weinberg (de gauche à droite) en 1979 pour avoir unifié la force électromagnétique et la force nucléaire faible en la force électrofaible.

même la découverte expérimentale des particules W et Z au CERN en 1983. Le grand mérite de Glashow, Weinberg et Salam a été d'avoir su percer le secret du vide plein d'un champ d'énergie primordial pour mettre en évidence un profond principe de symétrie de la nature.

Le succès de l'unification de la force électromagnétique et de la force nucléaire faible en une force dite « électrofaible » a naturellement poussé les physiciens à se demander si les deux autres forces fondamentales, la force nucléaire forte et la force de gravité, pourraient aussi se prêter à une telle opération. Les physiciens ont ainsi élaboré une théorie qui réunirait la force nucléaire forte et la force électrofaible. L'idée est la même : l'univers devait être plus symétrique quand il était plus chaud et plus jeune. Les calculs montrent que, quand l'horloge cosmique marquait 10^{-38} seconde et que la température était supérieure à 10^{28} degrés, plus de dix mille milliards de fois plus grande que la température à laquelle la force électromagnétique s'est séparée de la force nucléaire faible, le champ d'énergie primordial était dans une autre phase, et la force électrofaible était unie avec la force nucléaire forte en une seule force appelée « force électronucléaire ». C'est seulement quand l'expansion de l'univers a fait chuter sa température en dessous de 10^{28} degrés que le champ d'énergie a changé d'état – comme l'eau passe de l'état de vapeur à l'état liquide quand la température devient inférieure à cent degrés Celsius – et que la force électronucléaire s'est scindée en deux : la force électrofaible et la force nucléaire forte. Pour l'instant, cette théorie dite de « grande unification » n'a pas encore été confirmée expérimentalement. Une de ses prédictions les plus spectaculaires concerne la mort du proton : celui-ci ne vivrait pas éternellement, mais devrait spontanément se désintégrer en d'autres particules au bout d'un certain temps. Or, malgré des efforts prodigieux pour traquer de telles désintégrations, personne n'a jamais vu un proton mourir[1].

---

1. La durée de vie du proton prédite par la version la plus simple de la théorie de grande unification est de 10^{32} ans. Pour compenser la brièveté de leur vie, les physiciens épient la mort du proton dans de grandes masses de matière liquide. Ainsi,

Qu'en est-il de la force de gravité ? Jusqu'ici, elle a obstinément résisté à toute proposition d'union avec les autres forces, du moins dans le cadre de la théorie standard. Combiner la relativité générale, qui est une théorie de la gravité, avec la mécanique quantique, qui rend compte du comportement des autres forces, mène invariablement, nous l'avons vu, à des quantités infinies dans les situations extrêmes où les quatre forces sont sur un pied d'égalité (comme dans un trou noir ou dans l'univers primordial). L'apparition de ces quantités infinies nous signale que la physique connue perd pied dans ces conditions extrêmes. Dans le cas de l'univers primordial, une sorte de mur nous empêche d'accéder, nous l'avons mentionné, à des temps inférieurs au temps de Planck de 10^{-43} seconde, quand l'univers était plus chaud que la température inimaginable de 10^{32} degrés. Y a-t-il espoir de pouvoir franchir le mur de Planck et d'unifier les quatre forces en une seule superforce ? Nous avons évoqué la théorie des cordes, mais aussi son échec relatif : en dépit de décennies de labeur acharné de la part d'un grand nombre de physiciens, elle reste sans contact direct avec la réalité et demeure plus une théorie mathématique que physique.

---

dans un réservoir qui contiendrait mille tonnes de liquide, il y a 5×10^{32} protons, et en moyenne cinq protons devraient se désintégrer par an.

Le vide plein est fécond

La théorie standard nous propose donc, pour l'instant, le déroulement des événements suivant. L'univers part d'un vide rempli d'un champ d'énergie primordial (ou champ de Higgs). Du temps zéro jusqu'au temps de Planck de 10^{-43} seconde, l'univers est dans l'ère de Planck. La physique connue est incapable de décrire cette période. Les scénarios les plus bizarres ont été imaginés. Par exemple, le couple espace-temps à quatre dimensions, si soudé dans notre univers d'aujourd'hui, pourrait ne plus y exister ou être totalement différent. L'espace pourrait posséder au moins sept dimensions supplémentaires. Derrière le mur de Planck pourrait se cacher une durée de temps infinie, car le temps de 10^{-43} seconde n'est que l'extrapolation des lois physiques connues vers le temps zéro. Mais puisque précisément ces lois perdent pied pour des temps inférieurs au temps de Planck, rien n'est moins sûr. Le temps zéro pourrait même ne plus exister ! Dans l'ère de Planck, l'univers serait régi par une seule superforce et sa température et sa densité seraient infinies au temps zéro. C'est en tout cas ce que nous dit la relativité générale, mais puisqu'elle devient inopérante derrière le mur de Planck, rien n'est moins certain.

Quand l'horloge cosmique sonne 10^{-43} seconde, l'univers entre dans l'ère de la grande unification. Le champ d'énergie primordial subit un changement de phase et une première brisure de symétrie se produit : la superforce se scinde en deux. Désormais, l'univers sera régi par un duo de forces, la force de gravité et la force électronucléaire. L'ère de la grande unification va durer jusqu'à 10^{-38} seconde. À cet instant, le champ d'énergie subit une nouvelle transition de phase et l'univers entre dans l'ère électrofaible. Une autre brisure de symétrie survient. C'est maintenant au tour de la force électronucléaire de se scinder en deux : la force nucléaire forte et la force électrofaible. Avec la force de gravité, ces deux forces forment un triumvirat pour régir l'univers. Une troisième transition de phase a lieu quand l'horloge cosmique sonne 10^{-10} seconde. Le champ d'énergie primordial se cristallise en un champ électrofaible. C'est ce champ qui confère aux particules élémentaires leurs masses. Une nouvelle rupture de symétrie advient : c'est au tour maintenant de la force électrofaible de se scinder en force nucléaire faible d'un côté et force électromagnétique de l'autre. L'univers va désormais être gouverné par le quatuor de forces fondamentales qui nous est familier dans le monde d'aujourd'hui. Il entre dans l'ère des particules élémentaires qui, à l'exception du photon, ont toutes acquis une masse.

Ainsi, l'idée – intuitive – d'un vide dépourvu de tout est non seulement erronée, mais aussi stérile. En revanche, la notion d'un vide plein, rempli d'un champ d'énergie qui change d'état au fur et à mesure du refroidissement de l'univers, est féconde et conforme à la vérité. Elle nous dit qu'à l'origine toutes les forces fondamentales n'étaient qu'une, et nous dévoile l'unité, la symétrie et l'harmonie de l'univers à ses débuts dans toute leur glorieuse beauté[1].

Une force antigravité répulsive : la constante cosmologique d'Einstein

Nous avons rendu hommage au vide plein en passant en revue deux de ses fonctions essentielles. Nous avons d'abord vu comment le champ d'énergie primordial du vide plein, en changeant d'état au cours du refroidissement de l'univers, a été responsable des brisures de symétrie de l'univers et de l'émergence de la complexité. Nous avons apprécié comment les cristallisations successives du champ d'énergie primordial ont généré, à partir de l'unique superforce du début, les quatre forces fondamentales qui façonnent le cosmos actuel. Nous avons ensuite admiré le rôle clé joué par le vide plein pour conférer aux objets leurs masses. C'est lui qui, au bout du compte, est l'artisan de la diversité et de la complexité du monde. Mais le vide plein ne s'est pas contenté de ces deux hauts faits. Nous allons voir maintenant qu'il a aussi joué un rôle fondamental dans les premiers instants de l'univers en exerçant une énorme force répulsive et, ce faisant, a été responsable du « bang » du big bang.

1. Pour plus de détails sur les subtils principes de symétrie dont la nature s'est servie pour imposer une profonde unité et harmonie au monde physique, voir mon ouvrage *Le Chaos et l'Harmonie*, Folio essais, 2000.

La théorie standard du big bang est en effet restée désespérément muette à propos du « bang » qui a tout déclenché. Le mécanisme de la grande déflagration primordiale, le fameux big bang, demeure enveloppé d'un profond mystère. Aux températures et aux densités extrêmes du début, la force qui mène le bal est assurément la gravité. Or celle-ci est une force attractive. Si elle seule avait été aux commandes, l'univers aurait dû imploser et non exploser ! L'espace, au lieu de se diluer, aurait dû se contracter ! Pour avoir un « bang » au lieu d'un effondrement, il fallait une force qui s'oppose à la gravité, autrement dit une force antigravité répulsive.

En fait, l'idée d'une force répulsive dans l'univers n'est pas si bizarre qu'elle en a l'air. C'est le père de la relativité, Albert Einstein lui-même, qui l'a introduite dans le paysage de la physique. Il faut savoir que la relativité, en plus de révolutionner nos concepts d'espace et de temps et d'unifier la matière et l'énergie, a aussi permis aux physiciens, pour la première fois dans l'histoire de la pensée, de construire des modèles cosmologiques. Avec l'avènement de la relativité, les astrophysiciens ont pu, pour la première fois, décrire par des équations mathématiques l'évolution de l'univers dans son ensemble afin de comprendre son passé, son présent et son futur.

En 1917, deux ans après la publication de la théorie de la relativité générale, Einstein s'était lui-même attelé à la tâche de construire un modèle de l'univers. Il était bien conscient qu'il existait un différend de taille entre sa chère relativité et les observations de l'univers à l'époque. En effet, la théorie de la relativité confère un caractère dynamique à l'espace. Dans sa version restreinte, elle nous dit qu'il suffit à une personne de voyager à une vitesse proche de celle de la lumière pour voir son temps s'allonger et son espace rétrécir par rapport à l'espace-temps d'un observateur immobile. Dans sa version généralisée, un champ gravitationnel intense, comme celui d'un trou noir, modifie la géométrie de l'espace : il le fait se courber, se contorsionner, se replier sur lui-même. À cause de cet aspect dynamique intrinsèque à l'espace, les équations de la relativité disaient obstinément à Einstein que l'univers ne pouvait pas être statique alors que toutes les observations du moment affirmaient le contraire. Pour la relativité, parler d'un univers statique revenait à prétendre qu'une balle qu'on lance en l'air peut rester suspendue dans l'espace, sans monter ni descendre. Einstein le révolutionnaire n'eut pourtant pas assez confiance en sa chère théorie pour s'élever contre l'opinion générale et clamer haut et fort la validité de la relativité. Le physicien décida en conséquence de modifier ses équations en introduisant un terme supplémentaire, qu'il nomma « constante cosmologique ». Dans l'esprit du physicien, cette constante cosmologique remplirait le rôle d'une force antigravité répulsive qui serait exactement égale en intensité à la force de gravité attractive exercée par le contenu matériel de l'univers. Elle s'exercerait dans le sens opposé, annulant ainsi l'effet de la gravité attractive de la matière. On aurait ainsi un univers statique, sans expansion ni contraction.

Mais comment une telle force antigravité répulsive peut-elle exister ? Newton nous a appris que la force de gravité entre deux objets est toujours attractive et que son pouvoir d'attraction est proportionnel au produit de leurs masses et inversement proportionnelle au carré de la distance qui les sépare. En d'autres termes, les deux objets s'attirent d'autant plus qu'ils sont plus massifs et plus proches l'un de l'autre. Mais la relativité générale nous dit que le point de vue newtonien est trop restreint et qu'il ne peut pas rendre compte de toute la réalité du monde. Elle nous enseigne que le champ gravitationnel, et donc l'intensité de la force de gravité, est déterminé non seulement par la masse des objets matériels (et leur distance) comme Newton le pensait, mais aussi par toute énergie (telle la chaleur) ou toute force exerçant une pression.

Avec sa relativité restreinte publiée en 1905, Einstein avait déjà démontré l'équivalence entre masse et énergie : l'énergie intrinsèque d'un objet est égale au produit de sa masse par le carré de la vitesse de la lumière. Ainsi, si vous comparez la masse d'un objet à la température ambiante et celle du même objet chauffé à cent degrés Celsius, cette dernière sera très légèrement supérieure à celle de l'objet non chauffé (d'un centième de millième de milliardième de gramme). La masse augmente car qui dit plus haute température dit mouvement atomique plus prononcé : les atomes qui composent l'objet chauffé bougent un peu plus, ils ont donc un peu plus d'énergie de mouvement (ou énergie cinétique) et donc un peu plus de masse. Mais qu'en est-il de la pression ? Pour exercer de la pression sur un objet, il vous faut dépenser de l'énergie. Par exemple, pour fermer une valise trop pleine de vêtements, il vous faut pousser fort. De nouveau, qui dit énergie dit masse, et cette énergie de pression augmente très légèrement la masse de la valise : celle-ci pèsera infinitésimalement plus que la même valise avec le même poids de vêtements mais occupant un moindre volume de façon à ce que vous n'ayez pas à exercer une pression pour la fermer.

La masse, l'énergie et la pression contribuent donc toutes à la force de gravité exercée par un objet. Les deux premières apportent toujours une contribution positive, c'est-à-dire que plus la masse et l'énergie sont élevées, plus le champ de gravité est intense. Mais la pression possède des propriétés très particulières qui la distinguent des deux autres quantités : selon les circonstances, elle peut contribuer de façon positive ou négative à la gravité. Quand elle est positive, elle s'ajoute au champ gravitationnel, augmentation qui est, dans des conditions ordinaires, négligeable par rapport à celles de la masse et de l'énergie. La gravité attractive qui en résulte nous est à tous familière : c'est elle qui fait tomber une pomme dans le verger, qui nous attache à la Terre et nous empêche de flotter dans l'air, et qui retient la Lune en orbite autour de notre planète. Mais la relativité générale d'Einstein nous apprend un fait nouveau surprenant qui bouleverse notre conception habituelle de la gravité : dans certaines circonstances extraordinaires, telles celles du début de l'univers avec sa température et sa densité extrêmes, la pression, au lieu d'être positive, peut être négative, elle contribue alors négativement à la gravité. Si cette contribution était supérieure à celles positives de la masse et de l'énergie, la gravité nette serait négative. Autrement dit, au lieu d'une gravité attractive « normale » qui tiendrait les choses ensemble, nous aurions une sorte d'antigravité répulsive qui les éloignerait les unes des autres. Dans des conditions ordinaires, à l'échelle de la vie quotidienne, la pression exercée par la matière composée de protons, de neutrons et d'électrons – celle des livres, des orchidées et des personnes – est toujours positive. C'est seulement dans des circonstances extraordinaires, à l'échelle de l'univers, qu'une pression négative peut se manifester. Elle ne peut être associée à la matière ordinaire, puisque celle-ci a toujours une pression positive, mais à une substance totalement nouvelle qui n'est ni matière ni lumière, et dont la nature reste totalement inconnue.

Dans l'esprit d'Einstein, la constante cosmologique qu'il ajouta aux équations de la relativité représenterait cette pression négative. L'espace de l'univers serait rempli d'une mystérieuse substance exerçant une gravité répulsive qui compenserait exactement la gravité attractive exercée par son contenu en matière et énergie de l'univers. L'univers serait alors statique, sans expansion ni contraction[1]. L'ironie du sort a donc voulu que celui qui

1. En fait, la situation n'est pas aussi simple. L'univers d'Einstein, construit avec l'introduction d'une constante cos-

a été en partie responsable de la mort de l'éther soit aussi celui qui a réintroduit l'idée d'une autre substance, de nature inconnue, remplissant tout l'univers.

Mais s'il existe une nouvelle force gravitationnelle qui repousse les choses les unes des autres, pourquoi ne ressentons-nous pas ses effets autour de nous ? Nous n'observons certainement pas les objets se séparer spontanément les uns des autres, ni l'espace éclater de toutes parts. C'est que cette force répulsive ne se manifeste pas à l'échelle de la vie quotidienne. Le père de la relativité put démontrer que l'intensité de la force de répulsion dépend de la taille des régions où elle s'exerce, et qu'elle est d'autant plus grande que la région est plus étendue : plus la distance est grande entre deux objets, plus il existe d'espace pour que la gravité répulsive puisse exercer son action. Einstein calcula qu'aux échelles de la vie de tous les jours (quelques mètres), de la Terre (douze mille kilomètres de diamètre) ou même du système solaire (environ six milliards de kilomètres), l'effet d'une force gravitationnelle répulsive serait si petit qu'elle ne pourrait être détectée. C'est seulement aux dimensions de l'univers qu'elle pourrait se faire sentir. En d'autres termes, l'introduction de cette nouvelle force de gravité répulsive ne contredisait aucun fait connu. Avec l'introduction de la constante cosmo-

---

mologique, est instable : avec la moindre perturbation, cet univers imploserait ou exploserait, il ne pourrait demeurer statique.

logique, Einstein put ainsi bâtir un univers statique, conforme à celui en vogue à l'époque, tout en ne compromettant pas le magnifique édifice de la relativité générale.

Le physicien n'a jamais décrit l'origine physique de la constante cosmologique sauf pour dire qu'elle ne pouvait être associée ni à la matière ni à la lumière. Situation dérangeante qui devint caduque quand Hubble annonça en 1929 sa découverte de l'expansion de l'univers : celui-ci n'était pas statique, après tout ! Einstein a certainement dû regretter de n'avoir pas eu plus confiance en ce que sa chère relativité lui disait avec insistance : l'univers devait être dynamique ! Il aurait ainsi pu prédire l'expansion de l'univers plus d'une décennie avant la grande découverte de Hubble, et ajouter encore un autre titre de gloire à tous ceux qu'il avait déjà récoltés. Le physicien fut content de rayer la constante cosmologique des équations de la relativité. Il alla même jusqu'à déclarer que son introduction avait été « la plus grosse erreur » de sa vie[1].

1. Cette déclaration d'Einstein est mentionnée dans l'autobiographie du physicien américano-russe George Gamow (1904-1968), *My World Line*, Viking Press, 1970, p. 44.

Le « bang » du big bang : une expansion inflationnaire

Mais une fois le génie sorti de la lampe, il n'est pas aisé de la lui faire réintégrer. La constante cosmologique va démontrer qu'elle a la vie dure. Tel un phénix, elle ne va pas cesser de renaître de ses cendres. Après plusieurs décennies d'éclipse, elle va réapparaître de nouveau en pleine lumière dans les années 1980, sous une autre forme. Ce faisant, elle va tenir la vedette sur la scène de la cosmologie, et révolutionner nos idées sur l'évolution de l'univers dans ses premiers instants.

C'est au physicien américain Alan Guth (né en 1947) que revient l'honneur de la résurrection de la constante d'Einstein dans le paysage de la cosmologie moderne (fig.). En 1979, alors que le jeune physicien travaille à l'université de Stanford sur les propriétés du champ de Higgs dans le contexte de la théorie de grande unification, une soudaine illumination lui traverse l'esprit : que se passerait-il, se demande-t-il, si au cours de l'expansion et du refroidissement de l'univers l'intensité du champ de Higgs décroissait, mais ne diminuait pas d'une traite jusqu'à la valeur minimale correspondant au « vrai vide » ? Comment l'évolution de l'univers serait-elle modifiée si le champ de Higgs restait bloqué temporairement, pendant une très brève fraction de seconde, dans un état de « faux vide » (fig.) où son énergie fluctuerait autour d'une valeur supérieure à la valeur minimale ? La situation serait analogue à celle d'un rocher au sommet d'une montagne qui, au lieu de dévaler la pente d'un seul coup jusqu'à la vallée où son énergie serait nulle, resterait bloqué de manière temporaire, au cours de sa descente, sur une sorte de plateau où son énergie serait positive. Guth se rend compte qu'un tel scénario aurait des conséquences extraordinaires pour l'expansion de l'univers : un champ d'énergie bloqué pendant un très bref instant dans un faux vide remplirait l'espace d'une substance qui exercerait une pression énorme, non pas positive comme celle exercée par la matière et l'énergie, mais négative, similaire à la constante cosmologique d'Einstein. Cette fantastique pression négative ferait éclater l'univers de toute part. Cet éclatement universel pourrait-il correspondre au « bang » du fameux big bang ?

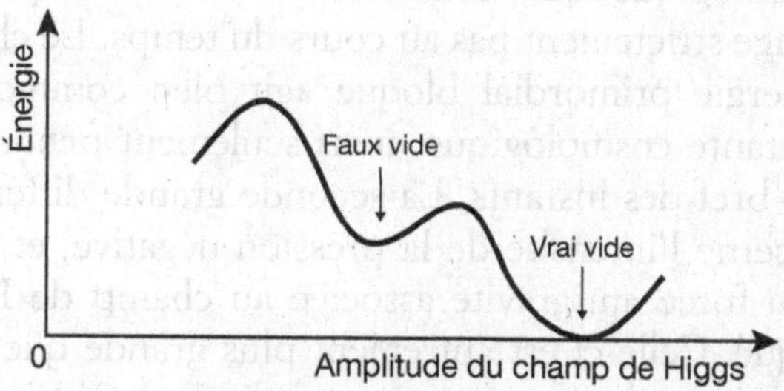

Faux vide. Le champ de Higgs qui baigne tout l'univers peut rester bloqué dans un faux vide avec une énergie positive pendant un temps infinitésimal. Une fluctuation quantique va déloger le champ de Higgs de ce faux vide pour le faire évoluer vers le vrai vide, caractérisé par une énergie zéro. Ce mécanisme est responsable de l'inflation de l'univers.

Au premier abord, vous devez trouver bien étonnant l'emballement de Guth pour un concept vieux de plus de six décennies, que son inventeur lui-même avait renié et envoyé aux oubliettes. Pourquoi remettre sur le tapis une idée qui n'a plus lieu d'être, puisque l'univers n'est pas statique ? C'est qu'il existe deux différences, et de taille, entre la constante cosmologique imaginée par Einstein et le champ d'énergie primordial bloqué tel que conçu par Guth. D'abord, dans le scénario de ce dernier, le champ de Higgs ne reste pas éternellement bloqué à l'état de faux vide. Des fluctuations quantiques auront tôt fait de le déloger de son plateau (au bout d'un temps infinitésimal de quelque 10^{-32} seconde) et de le pousser vers l'état de vrai vide. Ce qui veut dire que la force de répulsion exercée par le champ d'énergie n'est pas constante, mais varie très rapidement dans le temps, au contraire de la constante cosmologique qui, comme son nom l'indique, ne change strictement pas au cours du temps. Le champ d'énergie primordial bloqué agit bien comme une constante cosmologique, mais seulement pendant le plus bref des instants. La seconde grande différence concerne l'intensité de la pression négative, et donc de la force antigravité associée au champ de Higgs bloqué. Celle-ci est autrement plus grande que celle associée à la constante cosmologique d'Einstein. Celui-ci n'avait eu besoin que d'une force répulsive relativement faible pour contrebalancer la force attractive exercée par le contenu en matière et énergie de l'univers (l'autre composante du cosmos, la lumière, est aussi une forme d'énergie). Ce n'est nullement le cas de la force générée par le faux vide. À sa vive stupeur, Guth calcule que la force répulsive résultant du champ de Higgs bloqué est quelque 10^{100} fois plus grande que celle dont Einstein avait eu besoin pour bâtir son modèle d'univers statique !

La combinaison de ces deux propriétés du champ d'énergie primordial bloqué dans un état de faux vide (son bref temps de vie et sa fantastique intensité) mène inexorablement à un scénario des plus stupéfiants pour le début de l'univers : pendant une minuscule fraction de seconde, de 10^{-34} à 10^{-32} seconde après le big bang, le cosmos, poussé par une force de gravité répulsive d'une intensité inimaginable, subit une expansion vertigineuse qui le fait doubler de dimension toutes les 10^{-34} seconde. Cette expansion exponentielle le fait passer d'une taille dix millions de milliards de milliards plus petite que celle d'un atome à celle d'un ballon de football, ce qui correspond à une croissance de facteur 10^{30}, pendant une durée infinitésimale de 10^{-32} seconde. Durant cette expansion à couper le souffle[1], la vitesse d'expansion de l'espace dépasse allègrement celle de la lumière, ce qui semble a priori être en contradiction avec la théorie de la relativité selon laquelle rien ne peut aller plus vite que la lumière. Mais la relativité stipule que rien ne peut se déplacer plus vite que la lumière *à travers l'espace*. Or, dans un univers en expansion, c'est l'espace lui-même qui est en mouvement, et rien

1. Le facteur de croissance de l'univers peut être encore plus grand, 10^{100} ou plus, selon la forme mathématique exacte du champ de Higgs.

n'empêche ce mouvement d'expansion d'être plus rapide que la lumière.

S'inspirant du terme employé en économie pour désigner une escalade effrénée des prix en un temps limité, Guth a appelé « inflation » cette très brève période d'expansion exponentielle au début de l'univers. L'instant de la création de l'univers peut-il être identifié à cette période inflationnaire ? La réponse est non. Dans la théorie standard du big bang, nous supposons que l'univers a été créé au temps zéro. Mais ce temps zéro, nous l'avons vu, nous est, pour l'instant, inaccessible car le mur de Planck nous empêche de remonter jusqu'à l'origine. En fait, la période inflationnaire a eu lieu une toute petite fraction de seconde (10^{-34} seconde) après le temps zéro, dans un univers déjà créé, et où le temps et l'espace étaient déjà présents. Par conséquent, si nous voulons identifier le « bang » du big bang à la fantastique déflagration de l'espace durant la période inflationnaire, nous devons admettre que ce « bang » n'a pas eu lieu au temps zéro, mais à un temps infinitésimalement postérieur.

L'idée d'une pression négative propulsant l'univers dans une expansion exponentielle est si contraire à notre intuition de tous les jours qu'elle nous apparaît presque relever de la magie. En particulier, une question se pose avec insistance : si le faux vide est à l'origine de la fantastique énergie responsable de l'inflation qui a transformé en une fraction de seconde un vide subatomique en un univers de la taille d'un ballon de football, lequel a ensuite évolué en un univers observable de dizaines de milliards d'années-lumière de rayon, contenant des centaines de milliards de galaxies, chacune contenant des centaines de milliards d'étoiles, comment se fait-il que la densité de l'énergie de l'espace puisse demeurer constante (en supposant que l'idée d'une constante cosmologique telle que suggérée par Einstein est la bonne), malgré cette expansion vertigineuse entre 10^{-34} seconde et 10^{-32} seconde ? Pour maintenir une densité d'énergie constante dans un espace dont le volume croît exponentiellement, l'énergie totale de l'univers doit aussi augmenter de façon exponentielle en fonction du temps. D'où vient cette énergie ? La loi de la conservation de l'énergie selon laquelle l'énergie totale d'un système isolé ne doit pas changer au cours du temps, une des lois sacro-saintes de la physique, serait-elle violée ? La réponse est assurément non parce que, précisément, la pression exercée par le champ d'énergie primordial n'est pas positive mais négative. Dans la vie courante, les pressions sont positives. Ainsi, quand nous soufflons dans un ballon pour le gonfler, l'air exerce une pression positive sur les parois du ballon. En accomplissant un « travail » sur le ballon, l'air perd de l'énergie et se refroidit. Mais dans le cas de l'univers, c'est le contraire qui se passe. Parce que la pression exercée par le champ d'énergie qui remplit l'espace est négative, c'est l'univers qui accomplit un « travail » sur l'espace, et non l'inverse. Ce faisant, son mouvement d'expansion injecte de l'énergie dans cet espace, au lieu de la lui enlever comme dans le cas du ballon. Cette énergie fournie par la pression négative fait que la densité d'énergie de l'espace peut demeurer constante au cours de l'expansion de l'univers.

Le scénario inflationnaire de Guth a donc fourni une explication plausible au « bang » du big bang, en admettant que ce « bang » soit arrivé une infinitésimale fraction de seconde après la naissance de l'univers. Mais c'est loin d'être son seul avantage : il a aussi dissipé certains nuages noirs qui assombrissaient le paysage du big bang et menaçaient de troubler le ciel serein de la cosmologie. Avant l'avènement de la théorie de l'inflation, il existait en effet plusieurs problèmes cosmologiques qui jetaient l'ombre d'un doute sur la validité de la théorie du big bang et ternissaient son lustre.

L'inflation et l'homogénéité de l'univers

Le premier problème concerne une propriété remarquable de l'univers : son extrême homogénéité (ses propriétés sont les mêmes en tout point) et son isotropie (il est le même dans toute direction). En effet, les propriétés de l'univers à très grande échelle, en particulier sa température, sont les mêmes où que vous regardiez, en bas ou en haut, devant ou derrière, à droite ou à gauche. Nous le savons grâce à l'étude du rayonnement fossile qui baigne tout l'univers[1]. Ce rayonnement est composé de photons (les particules

1. Le rayonnement fossile a été découvert par les radio-astronomes Arno A. Penzias (né en 1933) et Robert W. Wilson (né en 1936) en 1964.

de lumière) qui nous parviennent de l'époque où l'univers n'avait que trois cent quatre-vingt mille ans. Avant l'an 380 000, l'univers était rempli d'une soupe de particules élémentaires (protons, neutrons, électrons, neutrinos, photons et leurs antiparticules). Les atomes n'existaient pas encore. Les électrons étaient libres et entravaient la libre circulation des photons. Parce que la lumière ne pouvait pas se propager à travers la jungle touffue des électrons, l'univers était opaque, comme plongé dans un épais brouillard. C'est seulement en l'an 380 000 que l'univers s'est assez refroidi (sa température est descendue alors à trois mille degrés Kelvin, soit environ la moitié de la température de la surface solaire) pour permettre aux atomes de se former. Dès lors, les électrons emprisonnés dans les atomes ne peuvent plus faire barrage aux photons, la lumière peut circuler librement et l'univers devient transparent. La lumière se découple de la matière et nous parvient aujourd'hui sous la forme d'un rayonnement fossile qui baigne tout le cosmos. L'observation de ce rayonnement fossile nous fournit donc l'image de l'univers la plus reculée dans le temps que nous puissions obtenir avec nos télescopes, puisque avant l'an 380 000 la lumière ne pouvait pas se propager, rendant toute image impossible. Après le découplage de la matière et de la lumière, l'univers poursuit son expansion et continue à devenir moins chaud et moins dense[1].

---

1. À l'époque actuelle, 13,8 milliards d'années après le big bang, le rayonnement fossile s'est refroidi à la température frigorifique de 2,7 degrés Kelvin, soit – 270,3 degrés Celsius.

Or les observations de ce rayonnement révèlent un fait extraordinaire : sa température est d'une extrême homogénéité, ne variant pas de plus de 0,001 % d'un coin du ciel à l'autre, quelle que soit la direction où l'on regarde. Cette fantastique homogénéité pose problème car elle implique que toutes les régions du ciel ont dû, dans le passé, être en contact les unes avec les autres afin de s'influencer mutuellement et coordonner leurs températures. Or, à une époque donnée, il existe pour chaque région de l'univers une sphère-horizon au-delà de laquelle toute communication par la lumière, le moyen le plus rapide de communication dans l'univers, est impossible. La vue au-delà de cette sphère-horizon est impossible, comme la vue du marin est limitée par l'horizon sur l'océan[1]. En l'an 380 000, au moment de la naissance du rayonnement fossile, seules des régions séparées de moins de trois cent quatre-vingt mille années-lumière auraient pu entrer en contact et homogénéiser leurs températures. Mais – et c'est là le hic – il existait à cette époque des régions de l'univers séparées par des distances considérablement plus grandes, donc qui ne pouvaient communiquer entre elles par la

1. Dans un univers statique, le rayon de cette sphère-horizon est simplement égal au produit de la vitesse de la lumière par le temps nécessaire à la lumière pour voyager, c'est-à-dire l'âge de l'univers à cette époque. Mais en fait, à cause de l'expansion de l'univers, le rayon de la sphère-horizon (ou de l'univers observable) est supérieur. Ainsi, bien que l'âge de l'univers soit aujourd'hui de 13,8 milliards d'années, le rayon de l'univers observable est non pas de 13,8 milliards d'années-lumière, mais de 47 milliards.

lumière, et pourtant leurs températures ne diffèrent pas d'un iota !

Avant l'avènement de la théorie inflationnaire, il n'existait pas d'explication pour cet accordement miraculeux. L'astrophysicien l'attribuait aux conditions initiales de l'univers : s'il était tellement homogène, c'est qu'il était né ainsi. Une explication qui n'expliquait rien. La nouvelle théorie apporte une solution inespérée. Nous avons vu que l'univers s'est agrandi d'un facteur de 10^{30} pendant la phase inflationnaire, et avait une taille d'environ dix centimètres à la fin de cette phase, quand l'horloge cosmique a sonné 10^{-32} seconde. Ce qui veut dire qu'au début de la période inflationnaire à 10^{-34} seconde, l'univers avait un rayon de 10^{-29} centimètre alors que la sphère-horizon avait à cet instant un rayon de 3×10^{-24} centimètre (soit le produit de 10^{-34} seconde par 3×10^{10} centimètres par seconde, la vitesse de la lumière), c'est-à-dire trois cent mille fois plus grand. Les différentes régions n'avaient aucun problème pour communiquer les unes avec les autres par la lumière et coordonner leurs propriétés à ce moment-là. À la fin de la période inflationnaire, à 10^{-32} seconde, l'univers s'est tellement dilaté que ses diverses parties ne sont plus mutuellement en contact (le rayon de la sphère-horizon est alors de 3×10^{-22} centimètre, trente milliers de milliards de milliards plus petit que la taille de l'univers de dix centimètres), mais elles l'ont été auparavant et s'en « souviennent ». En d'autres termes, la théorie de l'inflation nous dit que, l'univers étant parti d'un état si infime au début et toutes ses parties étant en contact dans le passé, elles ont pu alors s'ajuster pour avoir les mêmes propriétés.

L'inflation et la platitude de l'univers

Le deuxième problème qui assombrissait le paysage du big bang concerne la géométrie de l'univers, autrement dit la courbure de son espace. La relativité générale nous dit que la courbure de l'espace d'un univers homogène et isotrope est déterminée par son contenu en matière et énergie. Elle nous apprend, nous l'avons déjà dit, qu'il suffit que l'univers contienne en moyenne plus d'une densité critique de matière et d'énergie, équivalente à cinq atomes d'hydrogène par mètre cube, pour qu'il soit courbé positivement, telle la surface d'une sphère (l'analogie n'est pas tout à fait exacte puisque la surface de la sphère est à deux dimensions alors que l'espace en possède trois, mais elle permet d'aiguiser notre intuition) ; si dans un tel univers, appelé « univers fermé », vous illuminez la nuit avec une torche électrique d'une puissance infinie, vous verrez le faisceau lumineux revenir derrière vous après avoir accompli le tour de l'univers. Par contre, si l'univers contient moins que la densité critique de cinq atomes d'hydrogène par mètre cube, il est courbé négativement, telle la surface d'une selle de cheval ; dans cet univers dit « ouvert », votre faisceau lumineux ira se perdre à l'infini. Dans le cas intermédiaire où l'univers possède exactement la densité critique, l'univers a une courbure nulle, telle la surface d'une table ; dans cet univers dit « plat », votre faisceau lumineux ira aussi se perdre à l'infini.

Que disent les observations ? Reprenons ce que nous avons appris sur l'inventaire du contenu de l'univers. Une tâche qui n'est pas facile car une très grande partie de son contenu n'émet aucune sorte de lumière, et sans lumière, les astrophysiciens sont littéralement dans le noir ! Grâce à des techniques ingénieuses et au prix d'efforts prodigieux, ils ont pu dresser l'inventaire suivant. Toute la matière lumineuse contenue dans les cent milliards de galaxies de l'univers observable, chacune hébergeant cent milliards d'étoiles, ne compte que pour 0,5 % de la densité critique. En plus de la matière lumineuse, les astrophysiciens ont découvert qu'il existe aussi une grande quantité de matière noire qui n'émet pas de lumière visible et donc échappe totalement à nos yeux. Cette dernière manifeste sa présence non pas par la lumière mais par la gravité qu'elle exerce. C'est cette gravité de la matière noire qui empêche les galaxies et les amas de galaxies de se désagréger. En effet, les astronomes se sont aperçus que les mouvements des étoiles et du gaz dans les galaxies, et ceux des galaxies dans les amas de galaxies, sont trop grands pour que la seule gravité de la matière lumineuse puisse les retenir. De la gravité supplémentaire venant d'une matière noire mystérieuse est nécessaire. On a déterminé que pour empêcher les galaxies et les amas de galaxies de se disloquer, cette matière noire doit contribuer pour 31,5 % à la densité critique de l'univers. De ces 31,5 %, nous savons que 4,5 % sont constitués de matière noire dite « ordinaire », c'est-à-dire de protons, de neutrons et d'électrons, comme les roses, les pandas et nous, les 27 % restants étant composés de matière noire dite « exotique », dont la nature nous demeure totalement inconnue. Certains physiciens pensent que cette matière noire exotique vient sous la forme de particules très massives qui interagissent très peu avec la matière noire ordinaire, et qui sont nées dans les premières fractions de seconde après le big bang. Désignées sous le nom générique de WIMPs (acronyme de *weakly interacting massive particles*, « particules massives interagissant faiblement »), elles ont été baptisées de noms plus poétiques les uns que les autres : neutralinos, photinos, zinos et autres higgsinos. Malgré une traque acharnée, elles n'ont cependant jamais été vues. Les espoirs reposent sur le LHC au CERN qui peut reproduire la fantastique énergie de l'univers à un millième de milliardième (10^{-12}) de seconde après le big bang et donc détecter des particules extrêmement massives. Peut-être que dans les années à venir, les particules de matière noire exotique daigneront enfin se manifester dans les entrailles de ce puissant accélérateur.

Au début des années 1980, on pense donc que le contenu total en matière de l'univers est d'environ un tiers de la densité critique (0,5 % de matière lumineuse et 31,5 % de matière noire ordinaire et exotique soit 32 %). Dans ce cas, l'univers serait ouvert : il posséderait une courbure négative et une expansion éternelle. Mais un fait intrigue les astrophysiciens : il suffirait que l'univers contienne trois fois plus de matière pour qu'il ait exactement la densité critique et possède une géométrie plate. Et c'est précisément ce facteur 3 qui est étonnant : il n'est ni extrêmement petit ni démesurément grand, mais proche de 1. L'univers aurait pu très bien avoir une densité de matière des milliards de fois plus petite ou plus grande que la densité critique, comme nous le disent les équations de la relativité générale : que la densité au début de l'univers diffère un tant soit peu de la densité critique, et la différence serait amplifiée dans des proportions gigantesques par l'expansion du cosmos. Prenons un exemple. Si, à une seconde après le big bang, la densité de l'univers était inférieure à la densité critique de seulement 0,01 % (autrement dit, si sa valeur était de 99,99 % de la densité critique), les calculs montrent qu'elle devrait avoir aujourd'hui, 13,8 milliards d'années après, une valeur de seulement un centième de milliardième (10^{-11}) de la densité critique. A contrario, si au début elle était très légèrement supérieure à la densité critique, elle serait des milliards de fois supérieure à cette dernière maintenant. C'est seulement si la densité de l'univers du début était exactement égale à la densité critique que l'égalité parfaite avec la densité critique serait maintenue au cours de l'expansion de l'univers, les deux densités diminuant très précisément au même rythme. Un univers qui n'est pas parfaitement plat dès le début le devient de moins en moins à mesure que le temps passe. L'équilibre est extrêmement délicat, analogue à celui d'un funambule avançant sur une corde tendue : que son corps se penche un peu plus d'un côté ou de l'autre, et c'est la chute. Que l'univers possède un tout petit excès ou déficit de densité de matière (et d'énergie) par rapport à la densité critique, et il doit être courbé positivement ou négativement, mais il ne peut être plat. Pourtant, c'est ce que nous disent les observations au début des années 1980 : l'univers est (presque) plat, ce qui implique que la densité initiale de l'univers devait être très précisément égale à la densité critique.

Comment rendre compte de ce réglage d'une précision à couper le souffle ? Encore une fois, la théorie standard du big bang n'offre aucune explication plausible. De nouveau, l'astrophysicien invoque les conditions initiales : l'univers est ainsi parce que les fées l'ont doté d'une telle propriété à sa naissance. Une explication loin d'être satisfaisante. Comme précédemment, la théorie inflationnaire va venir dissiper le nuage noir de la géométrie de l'univers. Pour comprendre comment, reprenons l'image du ballon. Si nous gonflons le ballon, son rayon s'agrandit, sa surface augmente et sa courbure diminue jusqu'à devenir nulle (fig.) En effet, plus un objet sphérique est grand, plus il est difficile de percevoir sa courbure. Ainsi, s'il est aisé de voir la courbure d'un ballon de football d'une dizaine de centimètres de rayon, il est beaucoup plus ardu de percevoir la courbure de la Terre avec son rayon de plus de six mille trois cents kilomètres : localement, elle nous apparaît plate. De même, en gonflant la taille de l'univers d'un fantastique facteur 10^{30} (ou plus), l'inflation lui confère une courbure nulle, quelle que soit sa courbure initiale. L'inflation doit nécessairement déboucher sur un univers plat, avec une densité de matière et énergie exactement égale à la densité critique.

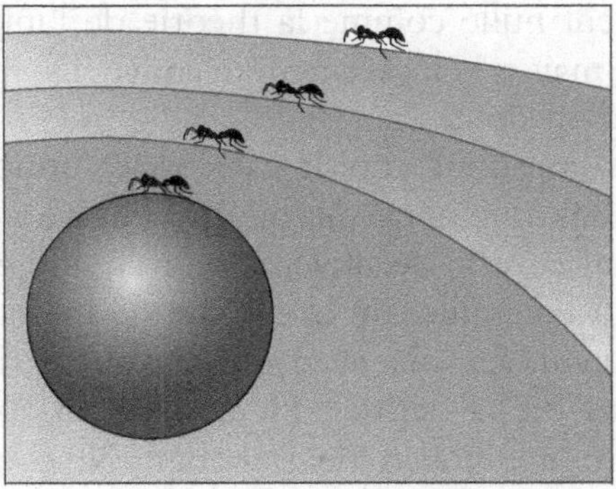

Platitude de la surface d'un ballon qui gonfle. À mesure que le ballon gonfle, sa surface apparaît de plus en plus plate pour une fourmi qui s'y trouve. De même, l'inflation, en faisant croître le volume de l'univers de manière démesurée, lui confère une géométrie plate.

L'inflation amplifie les semences de galaxies

La théorie de l'inflation semble donc apporter une solution inespérée au problème de la platitude de l'univers. Mais à y regarder de plus près, tout est-il pour le mieux dans le meilleur des mondes ? Après tout, cette théorie stipule que l'univers doit être très précisément plat, avec une courbure très exactement nulle. En d'autres termes, la densité de l'univers doit être non pas approximativement mais exactement égale à la densité critique. Or les observations de l'époque indiquent une densité, nous l'avons vu, non pas très précisément égale à la densité critique, mais de seulement un tiers environ de cette dernière ! De sorte que la courbure de l'univers ne serait pas précisément nulle comme la théorie de l'inflation le voudrait, mais très légèrement négative. De quoi jeter l'ombre d'un doute…

Il nous faut donc choisir entre deux options : des observations qui nous disent que l'univers est très légèrement courbé négativement, avec une courbure pas tout à fait nulle, ou la théorie de l'inflation qui requiert un univers plat avec une courbure strictement nulle. Qui dit la vérité ? Heureusement, la nature nous offre un moyen de trancher. Nous pouvons en effet mesurer directement la courbure de l'univers en faisant appel au rayonnement fossile, cette lumière qui nous parvient de la nuit des temps, quand l'univers n'avait que trois cent quatre-vingt mille ans. Pour comprendre comment ce rayonnement d'antan peut nous indiquer la courbure de l'univers, il faut se pencher sur un problème qui est en quelque sorte la contrepartie de celui de son extrême homogénéité. Au lieu de se demander pourquoi l'univers est tellement uniforme, l'astrophysicien s'interroge sur le fait qu'il héberge des structures, qu'il possède des irrégularités.

En effet, même si le rayonnement fossile est, nous l'avons vu, d'une extrême homogénéité, il n'est pas parfaitement uniforme. Les observations des satellites COBE, WMAP et Planck ont démontré que si sa température globale est très précisément de 2,725 degrés Kelvin, il présente d'infimes fluctuations de température d'une région du ciel à l'autre, de l'ordre de quelques centièmes de millième de degré Kelvin (ill. 9). Ces fluctuations de température résultent de fluctuations de densité de la matière ordinaire et exotique. Aux endroits légèrement plus denses, la gravité est un peu plus intense, les photons du rayonnement fossile perdent un peu plus d'énergie pour échapper à l'emprise de la gravité, et la température est légèrement plus basse que la moyenne. En revanche, aux endroits légèrement moins denses, la gravité est moindre, les photons perdent moins d'énergie pour s'échapper, et la température est un peu plus élevée. Ces fluctuations de densité de matière vont se comporter comme des semences qui, grâce à l'action du jardinier gravité, vont grandir avec le temps (la gravité attire de la matière supplémentaire vers les fluctuations, ce qui les amplifie) et germer en de belles galaxies, étoiles et planètes, dont une au moins va héberger la vie et la conscience. Un univers sans structures serait vide et stérile : le parfum des roses, le chant des oiseaux et les rires des enfants en seraient absents. Les astrophysiciens furent donc ravis et soulagés quand le satellite COBE (Cosmic Background Explorer, « Explorateur du rayonnement cosmique ») découvrit en 1992 la présence d'infimes fluctuations de température du rayonnement fossile : les semences de galaxies étaient bien présentes !

De nouveau, l'inflation joue ici un rôle clé : c'est en grande partie grâce à elle que ces fluctuations de densité (et de température) peuvent exister dans le monde macroscopique. En effet, elles sont nées dans le monde microscopique. Rappelons que, à cause du principe d'incertitude, l'espace n'est pas inerte et lisse à des échelles de l'ordre de la longueur de Planck (10^{-33} centimètre), mais rempli de particules virtuelles qui apparaissent et disparaissent au gré de cycles infernaux de vie et de mort de 10^{-43} seconde (le temps de Planck), formant une sorte de mousse quantique sans cesse fluctuante. C'est l'inflation qui, en gonflant l'espace d'un facteur démesurément élevé (10^{30} ou plus), va amplifier ces fluctuations quantiques du même facteur et faire qu'elles quittent le monde microscopique pour entrer dans le monde macroscopique et remplir leur rôle de semences de galaxies. Ces dernières sont donc le fruit du mariage de l'infiniment petit avec l'infiniment grand, et nous sommes en quelque sorte les descendants de l'union du flou quantique et de l'inflation.

Les irrégularités du rayonnement fossile et la courbure de l'espace

Les fluctuations de température du rayonnement fossile vont nous fournir un moyen de mesurer la courbure de l'univers. En effet, nous l'avons expliqué, ce sont les agrégats de matière qui sont responsables de ces fluctuations. Celles-ci sont d'autant plus importantes que les agrégats sont grands. Or, en l'an 380 000, quand les photons du rayonnement fossile commencent à circuler librement, les plus grands agrégats de matière à se former sous l'effet de la gravité ont une taille de l'ordre de trois cent quatre-vingt mille années-lumière. Des structures plus grandes n'auraient pas pu venir au monde car des régions situées aux confins opposés de ces grandes structures n'auraient pas eu le temps de communiquer par la lumière et de coordonner leurs mouvements d'effondrement. Pour un observateur terrestre, une structure de la taille de trois cent quatre-vingt mille années-lumière sous-tend un angle d'environ un degré (soit à peu près deux fois la dimension angulaire de la pleine Lune). Or il se trouve que la valeur exacte de cette taille angulaire dépend de la courbure de l'univers. En effet, comme nous l'avons déjà mentionné, la relativité générale nous dit que le trajet de la lumière dépend de la courbure de l'univers (qui à son tour dépend de son contenu en masse et énergie). Dans un univers plat, à courbure nulle, la lumière suit des trajectoires en ligne droite et la taille angulaire des plus grandes structures de matière en l'an 380 000 est d'un degré. Par contre, dans un univers fermé à courbure positive, les trajectoires lumineuses sont courbées de sorte que la taille angulaire des plus grandes fluctuations dans le rayonnement fossile apparaît supérieure à un degré. A contrario, dans un univers ouvert à courbure négative, les trajectoires lumineuses sont courbées de sorte que la taille angulaire apparaît inférieure à un degré (fig.). Cela veut dire qu'il suffit de mesurer la taille angulaire des plus grandes fluctuations de température dans le rayonnement fossile pour déduire la courbure de l'univers. Le verdict des observations du rayonnement fossile est sans ambiguïté : la taille des plus grandes fluctuations observées est de l'ordre d'un degré ; la courbure de l'univers est donc nulle et l'univers est plat.

Voilà comment les observations du rayonnement fossile ont apporté un soutien inespéré à la théorie de l'inflation. Et comment celle-ci a passé triomphalement le test de la platitude de l'univers.

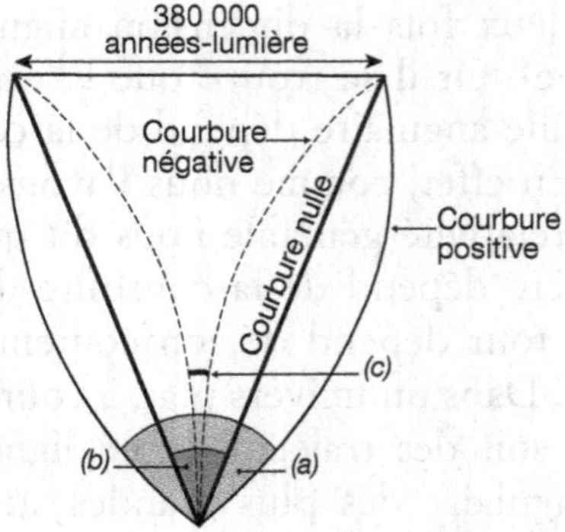

La taille angulaire des plus grandes structures dans le rayonnement fossile est de l'ordre d'un degré (angle b), ce qui veut dire que la courbure de l'univers est nulle. Cet angle aurait été plus grand (angle a) si sa courbure était positive, ou plus petit (angle c) si sa courbure était négative.

Un univers en accélération

Mais si l'univers est plat, sa densité en masse et énergie doit être exactement égale à la densité critique de cinq atomes par mètre cube. Or – et c'est là que le bât blesse – l'inventaire de la matière lumineuse et noire, ordinaire et exotique, au début des années 1980, quand le scénario inflationnaire a fait son entrée en scène, ne donnait, nous l'avons vu, qu'environ un tiers de la densité critique. Où diable avaient pu passer les deux tiers restants du contenu de l'univers ? Les astrophysiciens n'en avaient pas la moindre idée et il existait comme une sorte de malaise autour de la théorie de l'inflation : malgré sa capacité indéniable à apporter des solutions à bien des problèmes de la théorie standard du big bang, celui de la densité de l'univers restait comme une épine dans le pied. Jusqu'à ce qu'en 1998 une découverte extraordinaire vienne apporter la pièce manquante au puzzle : celle de l'accélération de l'univers.

Edwin Hubble avait démontré en 1929 que l'univers est en expansion. Puisque l'univers contient de la matière, et que cette matière exerce une force de gravité attractive (les galaxies s'attirent les unes les autres) qui s'oppose à la force répulsive résultant de l'explosion primordiale (rappelons qu'un champ de Higgs bloqué dans un faux vide est supposé être responsable de cette force répulsive), on pensait que ce mouvement d'expansion devait ralentir au fil du temps. Autrement dit, l'univers devait décélérer. Dans les années 1990, deux équipes internationales d'astronomes[1], travaillant indépendamment, ont entrepris de mesurer ce

1. L'une des équipes était menée par l'Américain Saul Perlmutter (né en 1959), l'autre par l'Australien Brian P. Schmidt (né en 1967) et l'Américain Adam Riess (né en 1969). Tous trois ont été récompensés par le prix Nobel de physique en 2011 pour leur découverte de l'accélération de l'univers.

mouvement de décélération. Comment s'y sont-ils pris ? Pour comprendre leur méthode, supposons que nous voulions mesurer le mouvement de décélération de notre voiture quand nous appuyons sur le frein pour nous arrêter au feu rouge. Il nous suffit de relever la vitesse (v) de la voiture au moment où nous commençons à appuyer sur le frein et l'intervalle de temps mis par la voiture pour s'arrêter complètement (la vitesse est alors nulle) : la décélération de la voiture est alors simplement égale à la différence de vitesse (v-0 = v) divisée par l'intervalle de temps. De même, pour mesurer la décélération de l'univers, il suffit de mesurer sa vitesse d'expansion à deux époques différentes de son histoire et diviser la différence de vitesse d'expansion par l'intervalle de temps correspondant. Mais pour déceler de tels changements de vitesse, des intervalles de temps s'étalant sur des milliards d'années sont nécessaires. Autrement dit, nous devons comparer la vitesse d'expansion de l'univers d'aujourd'hui avec celles de son lointain passé. Comment observer l'univers dans son passé ? Grâce à la lumière : le fait qu'elle ne se propage pas instantanément nous permet de remonter le temps. Bien qu'elle possède la plus grande vitesse possible (trois cent mille kilomètres par seconde), à l'échelle de l'univers elle se déplace à l'allure d'une tortue. Elle met du temps pour nous parvenir, si bien que nous observons l'univers avec toujours du retard. La lumière nous apporte des nouvelles du passé : plus nous voyons loin, plus nous regardons tôt si l'on peut dire. Les télescopes sont ainsi de vraies machines à remonter le temps. Pour retracer l'évolution de la vitesse d'expansion de l'univers à différents moments de son histoire, il nous suffit donc de mesurer les vitesses de fuite d'objets-balises répartis dans le cosmos, situés à des distances différentes de la Terre.

Les deux équipes d'astronomes ont utilisé comme balises de l'univers des objets appelés « supernovae de type Ia », énormes explosions de naines blanches (cadavres d'étoiles mortes) qui se détruisent dans de fantastiques événements thermonucléaires, émettant à leur pic de brillance autant d'énergie par seconde que dix milliards de Soleils réunis (photos 10). Cette brillance extraordinaire permet aux astronomes de les détecter à de très grandes distances et donc de retracer l'évolution de la vitesse d'expansion jusqu'à des temps très reculés dans l'histoire de l'univers. Ce que les deux équipes ont découvert a pris tout le monde (ou presque) par surprise : l'expansion de l'univers d'aujourd'hui, au lieu de décélérer comme l'on s'y attendait, est au contraire en accélération ! C'est comme si, au lieu d'appuyer sur le frein de votre voiture, vous aviez posé par mégarde le pied sur l'accélérateur... En fait, l'observation des objets-balises montre que l'univers est bien passé par une phase de décélération, mais seulement pendant la première moitié de son existence, dans les sept premiers milliards d'années. Toutefois, à partir du huitième milliard d'années, il s'est mis à accélérer, accélération qui se poursuit encore de nos jours, 13,8 milliards d'années après le big bang.

L'accélération de l'univers implique l'existence dans le monde actuel d'une force d'antigravité répulsive dont l'intensité dépasse celle de la force de gravité attractive exercée par la matière et l'énergie de l'univers. Faute de plus d'informations, les physiciens ont appelé cette force de répulsion « énergie noire » – « énergie » car elle n'est pas faite de matière et « noire » car, comme pour la matière noire exotique, sa nature nous échappe entièrement pour l'instant. Quelle est la contribution totale de cette énergie noire au contenu en masse et énergie de l'univers ? Les deux équipes de chercheurs ont démontré qu'elle constitue en tout et pour tout… 68 % de la densité critique, très exactement la quantité manquant à l'inventaire précédent du contenu de l'univers (0,5 % de matière lumineuse et 31,5 % de matière noire ordinaire et exotique) pour que celui-ci possède précisément la densité critique et donc une géométrie plate (fig.) !

La boucle est ainsi bouclée : la découverte de l'accélération de l'univers, la mesure de la taille angulaire des plus grandes structures dans le rayonnement fossile et l'inflation de l'univers, tout cela s'accorde à dire que la géométrie de notre univers est plate. Comme par magie, les nuages noirs qui assombrissaient le ciel du big bang se sont dissipés.

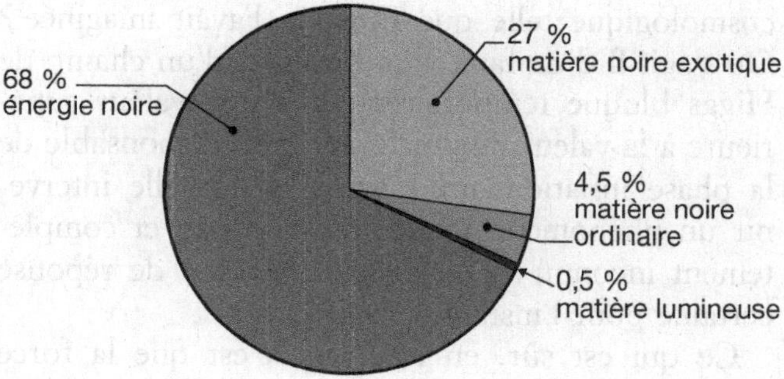

La presque totalité de l'univers nous échappe encore entièrement : nous connaissons seulement la nature de 5 % de son contenu (0,5 % de matière lumineuse plus 4,5 % de matière noire ordinaire). La nature des 95 % restants (27 % de matière noire exotique et 68 % d'énergie noire) demeure complètement mystérieuse.

L'énergie du vide

Avons-nous quelque idée de la nature de cette énigmatique énergie noire, responsable de la force antigravité répulsive qui fait accélérer l'univers ? Au cours de nos pérégrinations dans le paysage de la cosmologie, nous avons déjà eu l'occasion de rencontrer une force répulsive à deux reprises : une première fois en 1917, lors de l'introduction de la constante cosmologique par Einstein afin de construire un modèle d'univers statique, et une deuxième fois au début des années 1980, à propos de la théorie de l'inflation et du faux vide mise en avant par Alan Guth. La force antigravité qui opère dans l'univers actuel résulte-t-elle d'une constante cosmologique telle que Einstein l'avait imaginée ? Ou s'agit-il d'un faux vide résultant d'un champ de Higgs bloqué temporairement à une valeur supérieure à la valeur minimale, tel celui responsable de la phase inflationnaire ? Ou bien fait-elle intervenir un phénomène totalement nouveau et complètement inconnu ? Nul ne peut donner de réponse certaine pour l'instant.

Ce qui est sûr, en tout cas, c'est que la force répulsive dans l'univers actuel doit être de loin supérieure à celle liée à la constante cosmologique d'Einstein, puisque l'univers n'est pas statique mais en accélération. Elle doit aussi être considérablement moins grande que la force répulsive lors de la période inflationnaire, car l'accélération de l'univers observée à l'époque actuelle est considérablement moindre que celle qui prévalait durant la phase inflationnaire. Pendant l'inflation, la vitesse d'expansion de l'univers dépassait allègrement celle de la lumière et sa taille augmentait exponentiellement en fonction du temps d'un facteur de l'ordre de 10^{30} ou plus. Par contraste, après la phase inflationnaire, la vitesse de l'expansion de l'univers est devenue inférieure à celle de la lumière et depuis l'an 380 000 l'univers n'a grandi que d'un facteur 10^{3} environ.

Un autre fait semble avéré : que la force antigravité répulsive ait la forme d'une constante cosmologique ou d'un faux vide du champ de Higgs, elle doit son existence aux propriétés du vide. Nous avons vu qu'à des échelles de l'ordre de la longueur de Planck (10^{-33} centimètre), le vide de l'espace se dissout en d'innombrables particules virtuelles, induisant une énergie du vide (ou énergie du point zéro) pouvant exercer une pression négative. Pouvons-nous avoir une estimation de cette énergie du vide avec les théories dont nous disposons ? Après tout, si nous pouvons calculer l'effet de particules virtuelles sur des plaques de métal (l'effet Casimir), pourquoi ne pourrions-nous pas faire de même pour un espace vide ? Il suffirait, en principe, de recenser tous les types de particules virtuelles possibles – électrons, positons, quarks et antiquarks, neutrinos et antineutrinos, et bien d'autres particules encore –, puis de faire la somme de toutes leurs énergies et le tour serait joué ! Sachant que certaines particules virtuelles bougent lentement, ont peu d'énergie et contribuent de manière insignifiante à l'énergie totale, tandis que d'autres possèdent de violents mouvements et contribuent de manière importante à l'énergie totale.

Le calcul paraît simple, mais quand les physiciens se sont mis à la tâche, ils ont obtenu un résultat qui n'a aucun sens : l'énergie du vide obtenue en additionnant les énergies de toutes les particules virtuelles est infinie ! En science, nous l'avons signalé, l'apparition d'une quantité infinie est un signe certain que les lois physiques perdent pied dans la situation en question. La cause de cet infini n'est pas difficile à cerner. Elle vient du principe d'incertitude de Heisenberg. Celui-ci dit, rappelons-le, que plus une particule est énergétique, plus sa durée de vie est courte ; plus le prêt en énergie de la banque Nature est grand, plus le remboursement du prêt doit s'effectuer rapidement. Il peut donc exister, en principe, des particules virtuelles aux temps de vie infinitésimalement courts avec des énergies infiniment grandes. Pour éviter ces quantités infinies, il serait sage d'exclure toutes les particules dont le temps de vie est inférieur au temps de Planck de 10^{-43} seconde. La physique connue s'arrête, nous l'avons vu, pour des durées inférieures au temps de Planck. Tant que nous n'aurons pas élaboré une théorie de la gravité quantique, nous serons dans l'incapacité de décrire le comportement de particules ayant des temps de vie infinitésimalement petits et donc des énergies infiniment élevées. Quoique le plus grand accélérateur de particules élémentaires au monde, le LHC au CERN, à Genève, soit capable de reproduire l'énergie de l'univers un millième de milliardième de seconde après le big bang, il est à mille lieues de pouvoir atteindre les énergies qui existaient au temps de Planck[1].

Les physiciens ont donc pris la décision d'éliminer de leur inventaire toutes les particules virtuelles ayant des temps de vie plus courts que le temps de Planck, donc extrêmement énergétiques. Cette décision qui apparaît ad hoc pour le moment sera

---

1. On pense d'ailleurs que même si on pouvait reproduire l'énergie de l'ère de Planck (il faudrait construire un accélérateur qui s'étendrait jusqu'à la prochaine étoile, à 4,3 années-lumière), la collision de particules tellement énergétiques les transformerait toutes en trous noirs.

peut-être un jour validée par une future théorie de la gravité quantique. En tout cas, le calcul de l'énergie du vide réalisé en excluant ces particules donne-t-il un résultat fini ? La réponse est oui. Malgré cela, tout n'est pas pour le mieux dans le meilleur des mondes. Car l'énergie ainsi calculée reste néanmoins prodigieusement élevée – avec la seule contribution des photons virtuels, l'énergie totale du vide s'élève déjà à la quantité démesurément grande de 10^{116} joules[1], soit des milliards de milliards de milliards de milliards de milliards de fois supérieure à l'énergie dégagée par toutes les étoiles de l'univers observable durant leurs vies entières. Une énergie tellement grande que la force répulsive qui en résulterait ferait exploser toutes les structures de l'univers…

Et ce n'est pas terminé ! Les photons virtuels ne sont pas les seuls à contribuer à l'énergie du vide, on doit aussi tenir compte de toutes les autres particules virtuelles. Certaines apporteront une contribution positive à l'énergie totale du vide tandis que d'autres fourniront au contraire une énergie négative. Si bien que l'estimation de l'énergie totale du vide par la théorie standard, en prenant en compte toutes les particules virtuelles, donne un résultat encore plus fantastique. Et violemment en désaccord avec l'énergie nécessaire pour rendre compte de l'accélération observée de l'univers ! En

1. Le joule est une unité d'énergie. Il équivaut à l'énergie nécessaire pour réchauffer 0,25 gramme d'eau d'un degré centigrade.

effet, l'énergie du vide calculée est d'un facteur 10^{120} plus élevé que l'énergie de répulsion requise. Autant dire que si une telle énergie était présente dans l'univers, galaxies, étoiles, planètes et toutes les autres structures de l'architecture cosmique auraient volé en éclats, la vie et la conscience n'auraient pas pu émerger, l'univers aurait été vide et stérile…

SUSY et la théorie des cordes

Le cosmologue russe Yakov Zeldovich (1914-1987) (fig.) a été le premier à soulever, en 1967, ce problème de l'énergie du vide, source d'un désaccord à l'amplitude encore inégalée entre théorie et observation. Près d'un demi-siècle plus tard, la solution n'est toujours pas en vue. Nous ne savons toujours pas pourquoi les lois de la physique connue, c'est-à-dire la mécanique quantique pour l'infiniment petit et la relativité pour l'infiniment grand, nous donnent une estimation de l'énergie du vide qui est de cent vingt ordres de grandeur plus élevée que la valeur observée. La réponse réside très probablement dans le fait que nous n'avons pas encore su unifier les deux théories en une seule et unique théorie de la gravité quantique, la fameuse théorie du Tout.

À partir des années 1980, comme on l'a vu, les physiciens ont commencé à investir beaucoup d'espoirs (et d'efforts) dans la théorie dite « des cordes » selon laquelle les particules élémentaires qui constituent le monde matériel ne sont pas des objets ponctuels comme le supposaient les théories précédentes, mais les manifestations de vibrations de cordes infinitésimalement petites, de l'ordre de la longueur de Planck (10^{-33} centimètre). Elle semblait correspondre à la théorie de la gravité quantique tant recherchée car parmi les nombreux modes de vibration possibles des cordes elle faisait apparaître comme par magie le graviton, particule hypothétique censée transmettre la gravité.

Que nous dit la théorie des cordes à propos de l'énergie du vide ? Selon elle, la population des particules dans l'univers devrait être doublée. La théorie des cordes s'appuie en effet sur l'idée de supersymérie (SUSY, en abrégé) conçue dans les années 1970 pour unifier la matière et la lumière. SUSY est fondée sur un principe de symétrie visant à relier ensemble les particules de matière de spin demi-entier (1/2, 3/2...), tels les électrons et les quarks, désignées sous le nom générique de « fermions », et les particules de spin entier (0, 1...), tels les photons et les particules messagères qui transmettent les forces comme les particules W et Z et autres gluons, connues sous le nom générique de « bosons ». Dans un univers gouverné par SUSY, la population des particules élémentaires serait, comme par un coup de baguette magique, multipliée par deux, chaque boson étant associé à un superpartenaire fermionique, et chaque fermion à un superpartenaire bosonique. La particule superpartenaire serait en tout point identique à la particule ordinaire (même masse, même charge électrique, etc.) sauf en ce qui concerne le spin qui doit différer de 1/2. Par exemple, le superpartenaire du photon de spin 1, appelé « photino », possède un spin 1/2, alors que celui de l'électron de spin 1/2, le sélectron, a un spin 0.

Mais l'univers ne semble pas être supersymétrique. Personne n'a jamais vu ni sélectron, ni photino, ni autres particules superpartenaires, bien que nous disposions en principe d'accélérateurs assez puissants pour les mettre en évidence. Pour sauver SUSY d'une mort certaine, les physiciens ont dû postuler que la symétrie annoncée entre les particules et leurs superpartenaires était rompue, tout au moins en ce qui concerne leurs masses. Ils ont dû supposer que les masses des superparticules étaient bien supérieures aux masses de leurs partenaires (fig.). Ce qui expliquerait peut-être le fait qu'elles n'ont pas été détectées, car qui dit grande masse dit grande énergie, et les accélérateurs n'atteignaient pas dans le passé les énergies nécessaires pour les mettre en évidence. Peut-être le LHC, capable de générer des énergies fantastiques, réussira-t-il un jour à dénicher de telles particules. En attendant, SUSY dans sa forme originale, où les masses sont rigoureusement identiques pour une particule et son superpartenaire, ne semble pas correspondre au comportement de la nature.

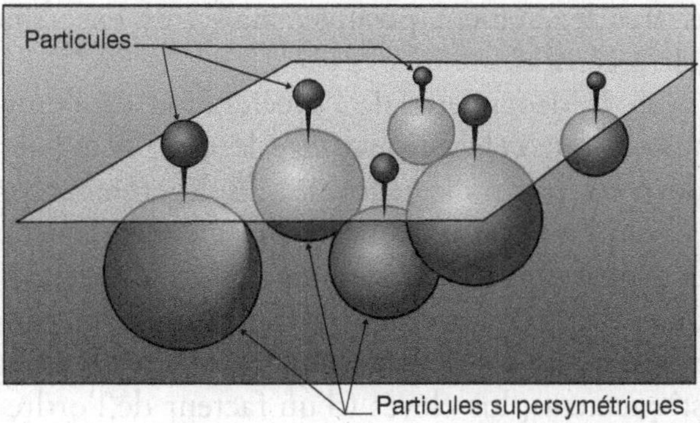

La supersymétrie (SUSY). La théorie des cordes prédit que, pour chaque particule élémentaire, il devrait exister une particule « supersymétrique » plus massive et dont le spin diffère de ½. Pour l'instant, aucune particule supersymétrique n'a jamais été détectée.

La surprenante découverte de l'accélération de l'univers en 1998 nous donne une raison supplémentaire de penser qu'il ne peut y avoir de parfaite symétrie entre bosons et fermions. L'accélération de l'univers implique en effet une énergie du vide non nulle. Or les bosons, tels les photons, les particules W et Z, messagers de la force électrofaible, ou la particule de Higgs, apportent une contribution positive à l'énergie du vide. Par contre, les fermions, tels les électrons, les neutrinos et les quarks, y contribuent négativement. Avant la découverte de l'accélération universelle, la plupart des physiciens pensaient qu'il devait exister une parfaite symétrie entre les contributions positives des bosons et celles négatives des fermions, les uns et les autres s'annulant parfaitement. L'énergie du vide serait donc non pas très légèrement positive, mais très exactement égale à zéro.

Mais la découverte de l'accélération de l'univers nous dit que cela ne peut être le cas : l'énergie du vide n'est pas nulle, elle est très légèrement positive. On l'a vu, si nous faisons d'une part la somme des contributions positives des bosons à l'énergie du vide et d'autre part celle des contributions négatives des fermions, ces deux résultats sont tous deux fantastiquement plus élevés (d'un facteur de l'ordre de 10^{120}) que l'énergie du vide observée. Ce qui revient à dire la chose suivante : pour comprendre pourquoi cette énergie du vide est d'un facteur de 10^{120} plus faible que les contributions séparées des bosons et des fermions, il nous faut expliquer pourquoi la contribution négative des fermions est numériquement égale et de signe opposé à la contribution positive des bosons, et l'annule exactement jusqu'à la cent vingtième décimale, les deux ne pouvant commencer à différer qu'à partir de la cent vingt et unième – autrement dit, dans le nombre résultant de la différence entre les contributions positives des bosons et celles négatives des fermions, le premier chiffre qui n'est pas zéro arrive seulement après cent vingt zéros !

Ce réglage d'une précision prodigieuse semble relever de la magie ! Comment l'univers a-t-il pu accomplir un tel tour de prestidigitation ? Le mystère de l'énergie du vide demeura entier jusqu'à ce qu'une proposition dite de type « anthropique » soit mise en avant.

Un univers né du vide

Pour y voir clair, il est temps de récapituler ce que la cosmologie moderne nous a appris sur l'histoire de l'univers. Celui-ci part d'un vide microscopique rempli d'énergie. Aux échelles les plus infimes, le principe d'incertitude fait que l'espace se dissout en une multitude de fluctuations quantiques. En une infime fraction de seconde, l'inflation amplifie de façon exponentielle ces fluctuations microscopiques pour les faire émerger dans le monde macroscopique et servir plus tard de semences de galaxies.

La libération de l'énergie du vide pendant la phase inflationnaire, en plus de causer le « bang » du big bang, va aussi donner naissance au contenu matériel de l'univers. Einstein nous a en effet appris que la masse d'une particule de matière n'est autre que son énergie divisée par le carré de la vitesse de la lumière. Quand l'horloge cosmique sonne un dixième de milliardième (10^{-10}) de seconde, l'univers entre dans l'ère électrofaible et les particules élémentaires et leurs antiparticules (tels les quarks et les antiquarks, et les électrons et les antiélectrons) font leur apparition. L'univers entier baigne dans une purée de particules élémentaires. Au cours d'étreintes mortelles, particules et antiparticules s'annihilent pour devenir lumière, laquelle se reconvertit à son tour en des paires particules-antiparticules. Matière et lumière apparaissent et disparaissent au cours de cycles infernaux de vie et de mort d'une durée infinitésimalement petite. Mais l'annihilation matière-antimatière ne va pas à son terme car la nature se montre un milliardième plus favorable à la matière qu'à l'antimatière. Pour chaque milliard d'antiparticules, il existe un milliard plus une particules. Ce qui fait que pour chaque milliard de paires particules-antiparticules qui s'annihileront pour devenir photons, seule restera une particule de matière qui n'aura pas de partenaire antiparticule pour l'embrasser dans une étreinte mortelle. Bien heureusement pour nous, car dans un univers doté d'une symétrie matière-antimatière parfaite, toute matière et antimatière s'annihileraient, il ne resterait que de la lumière, et nous n'aurions jamais pu faire notre apparition.

Au fur et à mesure que les fractions de seconde s'égrènent, l'univers s'agrandit, se dilue et se refroidit, permettant à des structures de plus en plus complexes de s'élaborer. En effet, de hautes températures engendrent des mouvements et des chocs violents, générant une destruction inévitable des structures élaborées. Pour échapper à cette destruction, l'univers doit prendre son mal en patience et attendre que la température diminue pour accéder à la complexité. À une milliseconde après le big bang, quand la température de l'univers a diminué à mille milliards (10^{12}) de degrés Kelvin, les quarks se combinent trois par trois pour constituer les protons et les neutrons, les briques de la matière ordinaire. Vers la troisième minute, ceux-ci se combinent à leur tour pour former des noyaux d'hydrogène (un proton) et d'hélium (deux protons et deux neutrons). En l'an 380 000, c'est au tour des électrons de se combiner avec les noyaux pour constituer des atomes d'hydrogène et d'hélium. Les trois quarts de la masse de l'univers se retrouvent sous la forme d'atomes d'hydrogène tandis que le quart restant est constitué d'atomes d'hélium[1]. Les électrons, emprisonnés dans les atomes, n'entravent plus le passage de la lumière. Le brouillard qui enveloppait l'univers se dissipe et le cosmos devient transparent. La lumière primordiale, née dans les premières fractions de seconde, peut enfin se propager librement. Elle nous parvient aujourd'hui sous la forme d'un rayonnement fossile radio.

Quelques centaines de millions d'années vont s'écouler. Ce laps de temps est nécessaire pour que les fluctuations de densité de matière – les semences de galaxies issues du vide et amplifiées par l'inflation – puissent attirer par leur gravité d'autres fluctuations de matière et grandir en nuages de gaz d'hydrogène et d'hélium assez massifs pour que ceux-ci s'effondrent sous l'effet de leur propre gravité. Le gaz comprimé s'échauffe à des températures supérieures à une quinzaine de millions

1. La composition chimique observée dans les étoiles et les galaxies de l'univers est d'environ trois quarts d'hydrogène et un quart d'hélium, en accord avec celle prédite par la théorie du big bang. Cette concordance constitue l'un des grands triomphes de cette théorie.

de degrés Kelvin. Les réactions nucléaires s'enclenchent, générant d'énormes quantités d'énergie. Les boules de gaz s'allument : les premières étoiles naissent, qui illuminent le noir d'encre de l'espace. Au cours des milliards d'années qui vont suivre, la gravité va continuer à exercer son action. Les étoiles vont s'assembler par centaines de milliards en galaxies, et les centaines de milliards de galaxies de l'univers observable vont se regrouper en amas et superamas galactiques pour donner lieu à une fantastique architecture dans le cosmos : des structures en forme de longs et minces filaments qui s'étendent sur des centaines de millions d'années-lumière, bordant de grands vides, d'immenses régions de dizaines de millions d'années-lumière de diamètre, totalement dénuées de galaxies. Voilà comment l'infiniment petit a accouché de l'infiniment grand[1].

Le multivers

Dans au moins une des centaines de milliards de galaxies de l'univers observable, au doux nom de Voie lactée, près d'une étoile nommée Soleil, sur une planète appelée Terre, des atomes vont s'assembler en chaînes d'ADN qui vont mener à la vie il y a quelque 3,8 milliards d'années, puis

1. Pour plus de détails concernant les événements de l'univers primordial, voir mon ouvrage *La Mélodie secrète*, Folio essais, 1991.

à la conscience et à des hommes capables de s'interroger sur l'univers qui les a engendrés. Du fait de notre présence dans l'univers, une question se pose avec insistance : se peut-il que l'énergie du vide soit déterminée par le simple fait que nous existions ?

Il faut savoir que toutes les propriétés de l'univers, son évolution et son destin, dépendent très précisément de lois physiques gouvernées à la fois par quelques nombres appelés « constantes fondamentales de la nature » et des conditions initiales, autrement dit les propriétés dont les fées ont doté l'univers à sa naissance. Les constantes physiques – il y en a une quinzaine – incluent par exemple la vitesse de la lumière, les masses des particules élémentaires, les constantes qui dictent l'intensité des quatre forces fondamentales de la nature telles la constante de gravité ou encore la constante de Planck qui dicte la taille des atomes. Quant aux conditions initiales, il s'agit par exemple de la densité de matière noire ordinaire et exotique et d'énergie noire au début de l'univers, ou encore du taux d'expansion initial de l'univers. Les astrophysiciens se sont aperçus que l'existence de la vie et de la conscience dans l'univers dépend d'un réglage extrêmement précis de ces constantes physiques et conditions initiales. Faites varier un tant soit peu ces paramètres numériques, et l'univers serait totalement différent : il ne pourrait plus héberger la vie, et nous ne pourrions plus exister. Certains de ces paramètres exigent une précision époustouflante. Ainsi la densité initiale de matière de l'univers doit être réglée avec une précision de 10^{-60}. Changez un chiffre à la soixantième décimale, et tout basculerait : l'univers serait vide et stérile. Même si le réglage des autres paramètres numériques n'est pas aussi précis, la conclusion reste la même : toute modification entraînerait la suppression de la vie et de la conscience. L'astronome franco-britannique Brandon Carter (né en 1942) a proposé en 1974 d'élever ce constat au rang de « principe anthropique » (du grec *anthropos*, signifiant « homme »)[1].

Pendant longtemps, les physiciens ont pensé qu'une théorie du Tout, si on pouvait la découvrir, pourrait rendre compte des valeurs précises de ces paramètres numériques. Elle pourrait nous dire par exemple pourquoi la masse de l'électron est environ deux mille fois moindre que celle du proton, pourquoi il existe quatre forces fondamentales dans la nature, pourquoi la force de gravité est 10^{39} fois plus faible que la force électromagnétique, ou pourquoi la lumière se déplace à trois cent mille kilomètres à la seconde. Les physiciens se sont mis fébrilement à la tâche. Mais il a fallu déchanter. La théorie des cordes, qu'on pensait être cette fameuse théorie du Tout et sur laquelle reposaient tant d'espoirs, ne délivrait pas ses promesses. Dans le même temps, les notions d'univers parallèles ou de multivers ont pris de plus en plus d'importance dans le paysage de la physique

---

1. Pour plus de détails sur le principe anthropique, voir *ibid.*

moderne, et nous ont conduits à réviser nos idées de manière radicale.

Dans un passé récent, nous entendions encore par « univers » l'ensemble de tout ce qui existe. Mais les avancées en physique nous ont contraints à réviser cette définition, à prendre en considération la notion d'univers parallèles au nôtre, qui nous sont inaccessibles par l'observation, soit en partie, soit en totalité, le tout formant un vaste et fantastique multivers[1]. Une première version de ces univers parallèles, peut-être la plus plausible, vient de la théorie dite « de l'inflation éternelle » due au physicien américano-russe Andreï Linde (né en

1948) (fig.). Selon cette théorie, la vertigineuse expansion exponentielle de l'espace primordial, provoquée par un faux vide évoluant vers un vrai vide, ne se serait pas produite une seule fois en un seul endroit, mais une infinité de fois en un nombre infini d'emplacements. Chaque expansion aurait donné naissance à une bulle-univers. Notre univers ne serait ainsi qu'une bulle-univers parmi une infinité d'autres, le tout formant un prodigieux méta-univers. C'est le multivers inflationnaire (fig.).

La théorie des cordes n'est pas en reste. Elle aussi nous offre sa propre version du multivers. La version

1. La notion d'univers parallèles est développée plus en détail dans mon ouvrage *Désir d'infini*, *op. cit.*

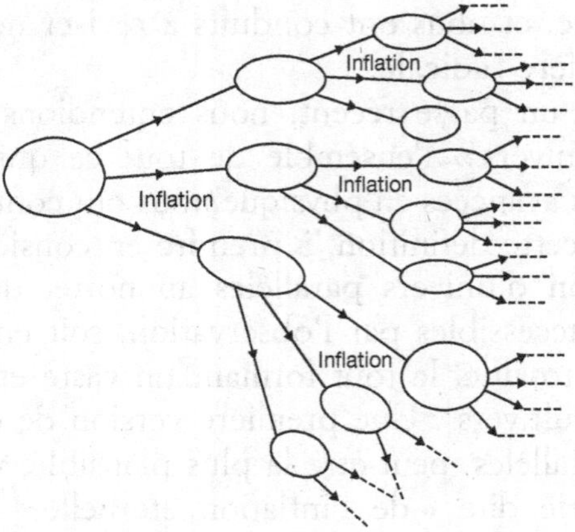

Le multivers inflationnaire est composé d'une infinité de bulles-univers dans un méta-univers. Chaque bulle-univers donne naissance à une multitude d'autres bulles-univers qui génèrent à leur tour une abondance de bulles-univers, et ainsi de suite.

la plus simple de la théorie des cordes est appelée « M-théorie », M désignant le mot « membrane ». La M-théorie nous dit que l'univers est comme une brane (contraction du mot « membrane ») à trois dimensions spatiales et une dimension temporelle visibles. Elle requiert aussi qu'il possède six dimensions spatiales invisibles, en plus des trois qui nous sont perceptibles. Seulement, ces dimensions supplémentaires n'ont pas été « enflées » par le processus inflationnaire du début et sont restées enroulées sur elles-mêmes, de façon si compacte (leurs dimensions sont de l'ordre de la longueur de Planck, de 10^{-33} centimètre) qu'on ne peut les observer. D'après la M-théorie, les dimensions supplémentaires doivent être enroulées sur elles-mêmes suivant des formes géométriques très particulières dites de Calabi-Yau, d'après les noms des mathématiciens Eugenio Calabi (né en 1923) et Shing-Tung Yau (né en 1949) qui les ont découvertes bien avant que la théorie des cordes n'ait vu le jour. Parce que ces formes Calabi-Yau sont d'une variété ahurissante (ill. 11), et parce que la façon dont les six dimensions spatiales invisibles sont enroulées sur elles-mêmes en une forme Calabi-Yau qui donne chaque fois lieu à un univers différent à quatre dimensions visibles (les trois dimensions spatiales et la dimension temporelle que nous connaissons), la M-théorie prédit l'existence d'un nombre colossal d'univers parallèles au nôtre. Ce nombre, égal au nombre de géométries Calabi-Yau possibles, dépasse l'imagination : il est de l'ordre de 10^{500} [1] ! Chaque univers-brane posséderait sa propre combinaison de constantes physiques et de conditions initiales. Certains seraient très semblables au nôtre, ne différant peut-être que par la position ou la vitesse d'une particule élémentaire. D'autres seraient radicalement différents, avec des lois et constantes physiques, des particules élémentaires et des forces fondamentales tout autres. Ainsi, la théorie des cordes nous dit que notre univers ne serait qu'un parmi quelque 10^{500} autres univers parallèles, le tout formant un vaste et fantastique multivers de branes (fig.).

1. Par comparaison, le nombre total de particules élémentaires dans l'univers observable n'est que de 10^{80} !

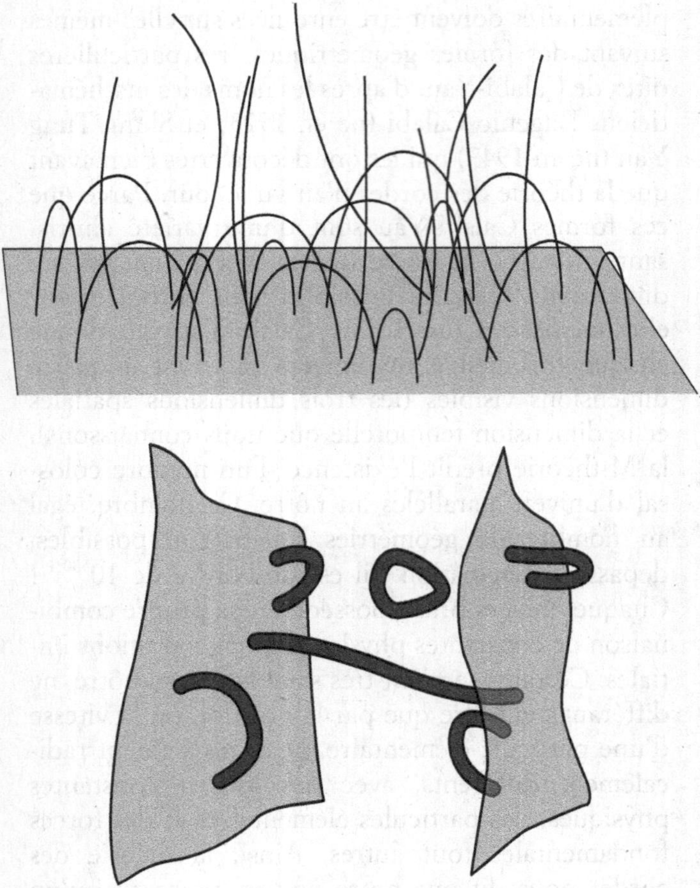

Le multivers des branes selon la théorie des cordes. a) Les cordes sont attachées à des surfaces appelées « branes ». b) Chaque brane forme un univers distinct, et l'ensemble des branes constitue un vaste multivers.

Et ce n'est pas fini. Le multivers a aussi fait son apparition dans la théorie des « univers qui bifurquent[1] », proposée en 1957 par le physicien américain Hugh Everett (1930-1982) afin d'offrir une alternative à l'interprétation probabiliste des phénomènes atomiques et subatomiques issue de l'école de Copenhague[2]. En effet, selon Niels Bohr, Werner Heisenberg et leurs collègues, tant que l'appareil de mesure n'est pas activé pour observer, par exemple, un électron, nous ne pouvons décrire sa réalité (sa vitesse, sa position, etc.) que par une onde de probabilité. C'est seulement après la mesure qu'elle se métamorphose en particule, caractérisée par une position ou une vitesse. D'ordinaire, quand diverses possibilités d'action ou alternatives se présentent à nous, nous en choisissons une et éliminons toutes les autres. Mais selon Everett, chaque fois qu'il y a choix, l'univers se divise en autant de copies presque similaires, et toutes les options et scénarios possibles se réalisent. Pour l'électron, la notion d'univers parallèles place sur un pied d'égalité la position observée de cette particule et toutes les autres positions où l'onde (de probabilité) est non nulle. L'électron occupe toutes les positions observées ou non, mais

1. Je m'inspire ici du titre du conte fantastique de Jorge Luis Borges intitulé *Le Jardin aux sentiers qui bifurquent* (1941), dans lequel l'écrivain argentin développe aussi l'idée selon laquelle toutes les possibilités qui se présentent dans l'univers sont adoptées simultanément.

2. L'école de Copenhague est ainsi appelée car l'institut de physique que dirigeait Bohr, et où Werner Heisenberg et Wolfgang Pauli se rendaient fréquemment, était situé à Copenhague.

Dans le multivers des univers qui bifurquent, l'univers se diviserait en deux chaque fois qu'il y a choix ou alternative : il existerait un univers où le chat de Schrödinger serait vivant et un autre où il serait mort.

chaque position est située dans un univers parallèle différent. En d'autres termes, toutes les possibilités sont réalisées, mais dans des univers parallèles. Ainsi, dans un univers le chat de Schrödinger serait mort, dans un autre il serait vivant[1](fig). Dans un univers vous resteriez à la maison à lire cet ouvrage, dans un autre vous iriez au cinéma. Dans un univers Napoléon aurait perdu la bataille de Waterloo, dans un autre il aurait remporté la victoire. Dans un univers le réchauffement global n'aurait pas eu lieu tandis que dans un autre la Terre serait devenue invivable. Les

1. Bien qu'il soit l'auteur de l'équation d'onde qui décrit le comportement des particules, Erwin Schrödinger rejetait l'interprétation probabiliste de son équation. Il imagina une expérience de pensée dite « du chat de Schrödinger » pour tenter de démontrer les paradoxes de la mécanique quantique si elle était appliquée au monde quotidien. Voir une description détaillée dans mon ouvrage *Désir d'infini*, *op. cit.*

univers parallèles contiendraient des observateurs identiques qui se seraient dédoublés, totalement déconnectés les uns des autres : il n'y aurait jamais de communication possible entre les observateurs d'univers différents. D'autres différeraient de façon encore plus fondamentale : leurs lois et constantes physiques et leurs conditions initiales seraient totalement différentes ; certains hébergeraient la vie et la conscience, alors que d'autres seraient stériles. Et ces univers parallèles seraient aussi réels les uns que les autres. C'est le multivers des univers qui bifurquent.

L'énergie du vide serait-elle déterminée par notre présence ?

Face au concept de multivers qui s'est imposé avec de plus en plus d'insistance dans le paysage de la cosmologie contemporaine, certains physiciens ont commencé à remettre en question l'ancienne idée selon laquelle toutes les propriétés fondamentales de l'univers peuvent être déterminées par une seule théorie physique, la fameuse théorie du Tout. Après tout, s'il existait une infinité d'univers parallèles, chacun avec sa propre combinaison de constantes physiques et de conditions initiales, ces dernières ne seraient plus « fondamentales ». Puisqu'elles pourraient prendre n'importe quelle valeur, il n'y aurait aucun sens à essayer de trouver une théorie qui expliquerait pourquoi elles possèdent telle valeur particulière et non une autre. Et puis, si malgré tous nos efforts depuis presque un demi-siècle la théorie du Tout n'avait pas vu le jour, c'est peut-être que, tout bonnement, elle n'existait pas !

Mais si nous abandonnons la piste de cette théorie, comment expliquer alors les propriétés de l'univers qui est le nôtre ? Et en particulier, pour revenir à la question qui nous préoccupe ici, pourquoi l'énergie du vide possède-t-elle la valeur qu'elle a – non nulle puisqu'il faut rendre compte de l'accélération de l'univers, mais extrêmement petite puisque les contributions positives et négatives des différentes particules virtuelles peuplant le vide doivent être très précisément égales et de signe opposé afin de s'annuler jusqu'à la cent vingtième décimale.

En désespoir de cause, certains physiciens se sont tournés vers la piste anthropique : l'énergie du vide doit être telle qu'elle soit compatible avec notre existence[1]. Ainsi, le physicien américain Steven Weinberg a calculé dès 1987 (onze ans avant la découverte de l'accélération de l'univers) la valeur de l'énergie du vide (sous la forme d'une constante cosmologique à la Einstein) nécessaire pour permettre l'apparition de la vie et de la conscience dans l'univers. Celles-ci n'auraient pas pu émerger dans un univers doté d'une énergie du vide trop positive, a-t-il raisonné : son énorme gravité répulsive aurait causé

1. Il existe deux versions du principe anthropique, dites « faible » et « forte ». C'est la version faible qui est présentée ici : les propriétés de l'univers doivent être compatibles avec notre existence. La version forte, plus controversée, dit que l'univers a été réglé de façon extrêmement précise pour que l'homme (ou toute autre forme de vie et de conscience) y fasse son apparition.

une expansion si violente qu'aucune matière n'aurait pu s'assembler sous l'effet de la gravité attractive[1] pour former les étoiles, responsables des éléments lourds indispensables à l'élaboration de la vie et de la conscience. A contrario, celles-ci n'auraient pas non plus pu émerger dans un univers doté d'une énergie du vide trop négative : au lieu d'une énorme gravité répulsive, cette énergie du vide négative aurait eu pour effet une gigantesque gravité attractive, qui se serait ajoutée à celle, aussi attractive, exercée par la matière, ce qui aurait provoqué l'effondrement de l'univers en un big crunch, au bout d'un temps relativement court ; l'univers n'aurait alors pas disposé des milliards d'années nécessaires à la fabrication des éléments lourds par l'alchimie nucléaire des étoiles, et à l'élaboration de la vie et de la conscience à partir de ces éléments lourds. Le tout se joue donc sur un équilibre très délicat : Weinberg démontre que notre existence n'est possible que si l'univers possède une énergie du vide juste au-dessus de zéro, de l'ordre de celle requise pour rendre compte de l'accélération observée de l'univers. En d'autres termes, selon le physicien, la valeur de l'énergie du vide de notre univers est déterminée de façon anthropique : elle possède la valeur qu'elle a à cause de notre présence. Parmi les innombrables univers parallèles, seul le nôtre possède les conditions requises, et c'est pourquoi nous sommes ici à nous poser des questions

---

1. La gravité attractive ordinaire décroît comme le carré de la distance tandis que la gravité répulsive liée à la constante cosmologique croît en proportion de la distance.

sur l'énergie du vide. Tous les autres univers ont des énergies du vide trop positives ou trop négatives, et sont dépourvus de vie et de conscience.

Que penser de cette explication anthropique de la valeur de l'énergie du vide ? Elle nous met dans une situation des plus inconfortables, car elle est basée sur l'hypothèse du multivers. Or les univers parallèles sont inaccessibles à l'observation : nous ne pourrons jamais vérifier directement leur existence. Avec nos télescopes, nous ne pouvons avoir accès qu'à l'univers observable, délimité par une sphère-horizon de quarante-sept milliards d'années-lumière. Cette limite ne nous est pas imposée par la technologie (en principe, nous pouvons construire des télescopes toujours plus grands et voir des objets toujours moins lumineux et plus lointains) mais par la vitesse de la lumière. La lumière des galaxies au-delà de la sphère-horizon n'a pas eu le temps de nous parvenir pendant les 13,8 milliards d'années de l'univers. L'univers entier, que les astrophysiciens estiment posséder un rayon deux millions de milliards de milliards de fois plus grand que celui de l'univers observable, nous échappera à tout jamais. De même, les univers parallèles du multivers inflationnaire, encore plus distants, seront hors de la portée de nos télescopes. Dans la M-théorie, les univers parallèles du multivers des branes peuvent être en principe très proches du nôtre, à des distances infimes de notre univers-brane, mais eux aussi sont inaccessibles à l'observation car ils résideraient dans d'autres dimensions spatiales. Quant à la théorie des univers qui bifurquent, elle semble de même échapper à toute vérification expérimentale :

elle prédit des phénomènes exactement semblables à ceux prévus par la mécanique quantique dans sa version probabiliste, et il n'existe aucun moyen expérimental de distinguer les deux versions et de vérifier que l'univers se divise bien en d'innombrables copies chaque fois qu'il y a choix ou décision.

En l'état actuel de nos connaissances, aucune expérience ou observation ne semble jamais pouvoir confirmer ou infirmer l'existence du multivers. Ce concept est donc non « réfutable », pour employer le terme du philosophe des sciences autrichien Karl Popper (1902-1994), et donc non scientifique. La science, répétons-le, repose sur un va-et-vient permanent entre l'observation et la théorie, et sans ce processus constant elle a tôt fait de s'enliser dans la métaphysique. L'explication anthropique de l'énergie du vide n'est donc pas très satisfaisante.

Le futur d'un univers en expansion accélérée

Quel sera le futur de l'univers ? Après sa période d'expansion effrénée pendant la phase inflationnaire, de 10^{-34} à 10^{-32} seconde, l'univers est passé à une expansion plus calme, plus mesurée[1]. À cause

1. Pendant l'ère du rayonnement, depuis 10^{-32} seconde et pendant cinquante mille ans, la densité du rayonnement est supérieure à la densité de matière dans l'univers : c'est le rayonnement qui mène le bal, et l'univers se dilate proportionnellement à la racine carrée du temps ($t^{1/2}$). De là et pendant sept milliards d'années, c'est la matière qui domine et contrôle l'expansion de l'univers : celui-ci se dilate proportionnellement

de la gravité attractive exercée par son contenu en matière et en lumière qui s'oppose à la force d'éclatement impulsée par l'énergie du vide, l'univers subit un mouvement de décélération pendant les sept premiers milliards d'années de son existence. Mais à partir du huitième milliard d'années, le mouvement de décélération se mue en un mouvement d'accélération. Ce comportement est similaire au mouvement d'une voiture qui s'arrête au feu rouge : le conducteur appuie sur le frein, la voiture décélère jusqu'à s'arrêter complètement ; quand le feu repasse au vert, le conducteur pousse sur la pédale d'accélération, et la voiture accélère pendant quelques secondes avant d'atteindre une vitesse constante. L'univers, lui, va continuer à accélérer jusqu'à un temps infini.

Pourquoi l'univers a-t-il attendu sept milliards d'années pour passer d'un mouvement décéléré à un mouvement accéléré ? Pourquoi l'énergie du vide avec sa force répulsive ne s'est-elle pas manifestée plus tôt ? En fait, elle a toujours été présente, tapie dans l'ombre, dès le début de l'univers. Seulement, pendant les sept premiers milliards d'années, elle était trop faible pour surpasser la force attractive exercée par la matière (ordinaire et exotique) et la lumière de l'univers. C'est alors la force attractive qui domine et elle décélère le mouvement de l'expansion. Mais le temps joue en faveur de l'énergie du vide, elle n'a qu'à prendre son mal en patience et à attendre le moment

---

au temps à la puissance 2/3 ($t^{2/3}$). À partir du huitième milliard d'années, c'est l'énergie noire qui domine et contrôle l'expansion accélérée de l'univers.

propice pour prendre le contrôle des événements. En effet, à mesure que les secondes s'égrènent et que le volume de l'univers s'agrandit, la densité de matière et de rayonnement diminue inexorablement (la densité est inversement proportionnelle au volume) alors que la densité de l'énergie du vide reste constante (parce que, nous l'avons vu, la pression négative du vide dispense de l'énergie à l'espace au cours de son expansion). Après huit milliards d'années, la force répulsive de l'énergie du vide prend le dessus sur la force attractive de la matière et du rayonnement, et l'univers passe à un régime accéléré.

Le recensement du contenu en énergie (la lumière étant une forme d'énergie) et matière de l'univers et les observations de la taille angulaire des fluctuations de densité dans le rayonnement fossile nous révèlent, on l'a dit, que nous vivons dans un univers à géométrie plate, avec une courbure nulle et une densité égale à la densité critique. L'expansion accélérée de l'univers sera éternelle. Le cosmos continuera à se diluer et à se refroidir de plus en plus. La température du rayonnement fossile, qui est aujourd'hui de seulement quelque trois degrés Kelvin, soit moins deux cent soixante-dix degrés Celsius environ, continuera à diminuer de plus en plus, approchant de manière asymptotique le zéro absolu (ou zéro degré Kelvin), la température où cesse tout mouvement atomique. Le ciel se videra de plus en plus de ses galaxies à mesure que le temps passera. À cause de l'accélération de l'expansion de l'univers, les galaxies lointaines s'éloigneront de plus en plus vite de la Voie lactée, jusqu'à atteindre et même dépasser la vitesse de la lumière[1]. Ces galaxies disparaîtront de notre vue. En effet, l'effet Doppler va faire que leur lumière va nous parvenir de plus en plus décalée vers le rouge. En d'autres termes, la longueur d'onde de la lumière (la distance entre deux crêtes ou deux creux successifs de l'onde lumineuse) qui nous parvient d'une galaxie lointaine augmentera de plus en plus à mesure que le temps passera : sa lumière initialement dans le domaine visible se métamorphosera tour à tour en lumière infrarouge, en lumière micro-onde, et puis en lumière radio, jusqu'à ce que la longueur d'onde soit tellement grande qu'elle dépassera la taille de l'univers ; à cet instant, la galaxie disparaîtra à tout jamais de notre champ de vision. Les calculs montrent que, emportées par l'expansion accélérée de l'univers, les quelques centaines de milliards de galaxies de l'univers observable d'aujourd'hui nous deviendront invisibles dans à peu près deux mille milliards d'années, soit environ cent fois l'âge actuel de l'univers. Comparé à notre existence d'une centaine d'années, ce laps de temps peut paraître considérable, mais cela ne représente qu'un clin d'œil par rapport à l'éternité.

Est-ce à dire que la Voie lactée va se retrouver seule dans la vaste immensité noir d'encre de l'es-

1. Ce dépassement de la vitesse de la lumière n'est pas, souvenez-vous, en contradiction avec la relativité générale. En effet, le mouvement de fuite des galaxies n'est pas le mouvement de celles-ci à travers un espace immobile, mais le mouvement de l'espace en expansion entraînant des galaxies au repos. La relativité n'interdit pas à l'espace lui-même d'avoir un mouvement d'expansion plus rapide que la lumière.

pace ? Non, car elle fait partie d'une grande structure de l'univers appelée « Superamas local ». Cet énorme complexe contient environ dix mille galaxies, assemblées dans des groupes de quelques dizaines de galaxies – la Voie lactée est dans le Groupe local qui inclut aussi la galaxie Andromède (photo 12) et plusieurs dizaines de galaxies naines – ou dans des amas de plusieurs milliers de galaxies. Parce que la gravité lie ensemble les galaxies du Superamas local, celui-ci ne sera pas disloqué dans le futur par l'expansion accélérée de l'univers. Les galaxies de ce Superamas seront toujours présentes pour le plaisir des yeux de nos arrière-arrière-arrière… petits-enfants. Mais dans ce lointain futur, elles ne constitueront plus des entités distinctes : la gravité attractive les aura précipitées les unes vers les autres depuis belle lurette, pour s'agglomérer en une fantastique métagalaxie. Ainsi la Voie lactée va fusionner avec sa voisine Andromède dans environ quatre milliards d'années. Dans deux mille milliards d'années, nos descendants auront l'impression que l'univers tout entier se réduit à leur métagalaxie et que celle-ci n'est entourée que d'espace vide. Ils penseront de manière erronée que cet espace est statique, car faute de galaxies en dehors de la métagalaxie, ils ne disposeront d'aucune balise pour mesurer l'expansion de l'univers, et encore moins son mouvement accéléré ! Suprême ironie du sort, les astronomes de ce lointain futur auront la même vision – totalement fausse – du monde qui prévalait il y a environ un siècle, en 1915, quand nos ancêtres pensaient que l'univers se réduisait à notre

Voie lactée et que l'espace qui l'entourait était vide et statique !

Mais tout ne sera peut-être pas perdu. Qu'en sera-t-il du rayonnement fossile qui baigne l'univers ? Nos descendants pourront-ils l'observer pour en déduire, comme nous l'avons fait, que l'univers a connu dans son passé un état extrêmement petit, chaud et dense, et qu'il est né dans une violente déflagration de l'espace appelée « big bang » ? Malheureusement, même cette observation leur sera déniée. En effet, l'espace interstellaire de la métagalaxie, résultat de la fusion des galaxies individuelles du Superamas local, sera rempli de gaz réchauffé à des millions de degrés par les collisions galactiques. Or, qui dit hautes températures dit mouvements violents. Les atomes de gaz s'entrechoqueront et perdront leurs électrons. Le gaz interstellaire deviendra ce que les physiciens appellent un « plasma », rempli de noyaux atomiques et d'électrons libres. Ces derniers empêchant le passage des photons radio du rayonnement fossile de l'extérieur de la métagalaxie vers l'intérieur (où se trouve la Voie lactée), les astronomes terriens du futur ne pourront jamais l'observer[1]. Pour nos descendants lointains, le récit du big bang, de l'expansion de l'univers, de la matière noire et de l'énergie du vide apparaîtra comme un merveilleux mythe d'une ancienne civilisation disparue, imaginé pour rendre compte de l'origine du monde, mais ne reposant sur aucune observation concrète.

---

1. Pour une description plus détaillée du futur d'un univers en expansion accélérée, voir Lawrence Krauss, *A Universe from Nothing*, Free Press, 2012.

La physique moderne nous a appris que le vide est à l'origine de tout : l'univers est né du vide, son contenu est issu du vide et c'est le vide qui dicte son mouvement. Nous allons voir que cette vision du monde rejoint de façon étonnante celle des traditions spirituelles majeures de l'Orient : l'hindouïsme, le taoïsme et le bouddhisme.

VI.

Le Tao du Vide

Connaissance rationnelle, connaissance mystique

Y a-t-il lieu de rapprocher les modes de connaissance de la science et ceux des traditions spirituelles orientales ? Leurs manières d'accéder au réel semblent au premier abord être entièrement antinomiques. Pour percer les secrets de la nature, le scientifique s'appuie principalement sur son intellect et sa raison. Utilisant des instruments sophistiqués pour assembler les données observationnelles et expérimentales – des télescopes pour l'infiniment grand, des microscopes ou des accélérateurs de particules pour l'infiniment petit –, il ne cesse de mesurer, de diviser, de catégoriser, d'analyser ou de comparer pour étudier le réel. Pour exprimer les lois de la nature, il fait appel au langage hautement élaboré des mathématiques, qui est celui de la nature. L'intuition n'est pas absente en science, mais elle ne s'avère utile que si elle est soutenue par un modèle ou par une théorie formulée dans une structure mathématique cohérente et rigoureuse. La démarche de la science est fondamentalement réductionniste : elle repose sur l'idée que la nature peut être décomposée en parties, chaque partie pouvant être étudiée indépendamment des autres, et qu'il suffit d'étudier les propriétés des parties pour comprendre les propriétés du tout. S'il était impossible d'analyser une petite partie de l'univers sans en comprendre le tout, la science ne pourrait pas progresser. Je ne pourrais pas exercer mon métier d'astrophysicien, par exemple, si pour comprendre l'orbite de la Terre autour du Soleil, je devais prendre en compte l'interaction gravitationnelle de toutes les étoiles et galaxies dans le cosmos. Même si la science contemporaine a mis en évidence le fait que l'univers forme un tout étroitement interdépendant, la méthode réductionniste s'est révélée très fructueuse.

À l'inverse, le contemplatif ne tente pas de fragmenter la réalité en ses parties, mais plutôt de l'appréhender dans sa totalité. Sa démarche n'est pas réductionniste mais holistique. Il ne fait pas appel aux instruments de mesure élaborés et aux observations complexes qui constituent la base expérimentale de la science moderne. Le seul instrument dont il dispose est son esprit. Les énoncés des traditions spirituelles sur le monde phénoménal ne sont pas exprimés dans le langage hautement développé et structuré des mathématiques. Ils sont de nature plus qualitative que quantitative. L'intuition et l'expérience intérieure jouent le premier rôle dans la démarche contemplative, plus que la raison et l'intellect. Et surtout, les démarches de la science et de la spiritualité sont de nature totalement différente :

c'est la compréhension du monde phénoménal extérieur qui est le but premier de la science, alors que c'est l'amélioration de l'être intérieur afin de diminuer la souffrance et parvenir à la sérénité et au bonheur qui constitue la préoccupation principale des traditions spirituelles. Par exemple, le bouddhisme s'intéresse à la nature ultime du monde physique non pas pour comprendre le fonctionnement de la nature, mais parce qu'en accédant à la vérité ultime et en dissipant notre ignorance, nous pouvons nous libérer de la souffrance engendrée par notre attachement erroné à la réalité apparente du monde extérieur, et ainsi progresser dans le perfectionnement de notre être intérieur.

Avec de telles différences de méthodes et des objectifs si distincts, y a-t-il donc un sens à vouloir confronter les vues de la science et des traditions spirituelles orientales sur le réel, et en particulier sur le sujet qui nous concerne ici : la notion de Vide ? La réponse est un oui catégorique. L'union des connaissances rationnelle et mystique ne peut être que féconde et enrichissante. Elle ne peut engendrer que des synthèses inattendues, des points de vue inédits et de nouvelles interrogations. Comme le physicien Werner Heisenberg l'a si bien exprimé : « L'ambition de dépasser les contraires, incluant une synthèse qui embrasse la compréhension rationnelle et l'expérience mystique de l'unité, est le *mythos*, la quête, exprimée ou inexprimée, de notre époque[1]. »

1. Werner Heisenberg, « Wolfgang Pauli's Philosophical Outlook », in *Across the Frontiers*, Harper & Row, 1974.

Le Vide plein de l'Orient

Comme en Occident, la notion de néant et de Vide dans les traditions orientales entre en jeu dans le contexte des mythes de la création de l'univers. Nous avons vu que dans la vaste majorité des récits mythiques occidentaux, le cosmos n'est pas passé du néant à quelque chose, de la non-existence à l'existence, mais que presque toujours l'univers a surgi d'un milieu préexistant. Pour les Grecs, le substrat primordial était l'un des quatre éléments primaires : très souvent l'eau, mais aussi l'air, le feu et la terre, auxquels fut ajouté un cinquième élément, l'éther. La notion de vide et celle de chaos primordial qui y est attachée engendraient une telle peur métaphysique qu'il fallait les tenir à distance à tout prix. Nous avons vu que c'est en raison de ce même effroi à l'égard du néant que le zéro ne fut pas inventé par les Grecs, malgré leurs avancées impressionnantes en mathématiques.

À l'inverse de l'Occident, la notion de Vide fut accueillie à bras ouverts par les civilisations orientales. Ainsi, il joue un rôle majeur dans la religion hindoue. Dans le *Rig-Veda*, le *Livre des hymnes* (XIIe-Xe siècle av. J.-C.), une collection d'hymnes sacrés de l'Inde antique composés en sanskrit entre l'an 1500 et l'an 900 av. J.-C., et l'un des quatre grands textes canoniques de l'hindouisme, le mythe de la création est ainsi décrit :

Il n'y avait pas l'être, il n'y avait pas le non-être en ce temps.

Il n'y avait ni l'espace ni le firmament au-delà.
Quel était le contenu ? Où était-ce ? Sous la garde de qui ?
Y avait-il de l'eau profonde, de l'eau sans fond[1] *?*

Le *Rig-Veda* affirme qu'au début « il n'y avait pas l'être ». Mais il n'affirme nullement que tout n'était que néant au début, car il ajoute tout de suite après : « Il n'y avait pas le non-être. » Autrement dit, le Vide primordial n'est pas dénué de tout, mais rempli de potentialités. Ce sont ces potentialités qui vont se réaliser pour donner naissance à l'univers et à son contenu. Dans l'hindouisme, la multitude des choses et des phénomènes qui nous entourent et qui constituent le réel sont ainsi la manifestation d'un principe créateur sous-jacent appelé *Brahman* en sanskrit. Le *Brahman*, qui est à l'origine de tout, est souvent décrit comme vide et sans forme. Mais il ne faut pas confondre ce Vide avec le néant, car le *Brahman* est l'essence de toutes les formes et la source de toute vie. Il est la conscience cosmique présente en toute chose. Il est l'Âme universelle par opposition à l'âme individuelle, appelée *atman*, qui se réincarne et qui est en chacun de nous. Les *Upanishads* le décrivent ainsi :

Brahman *est la vie,* Brahman *est la joie,* Brahman *est le Vide,*

1. *Hymnes spéculatifs du Veda*, traduction Louis Renou, Gallimard, 2004.

La joie n'est en vérité rien d'autre que le Vide,
Et le Vide n'est en vérité rien d'autre que la joie.

Cette idée d'un Vide plein qui est à l'origine de toute chose se retrouve aussi dans le taoïsme. Né en Chine au VIe siècle avant notre ère, ce courant de pensée a fait son apparition approximativement en même temps que le confucianisme. Ces deux écoles représentent par excellence les deux pôles complémentaires du caractère chinois : le confucianisme reflète son côté hautement pragmatique – comment vivre en société, comment se comporter vis-à-vis des autres, comment vénérer ses ancêtres, etc. –, quand le taoïsme témoigne de son côté éminemment idéaliste – comment transcender les demandes et tiraillements de la vie quotidienne afin d'atteindre les plus hautes sphères de la sagesse. Le taoïsme est une philosophie de la nature et du rapport que l'homme entretient avec elle : l'homme ne peut se réaliser que s'il est en accord avec l'ordre naturel, que s'il peut s'abandonner à son intuition et agir de façon spontanée, sans se laisser entraver par les règles sociétales. Par contre, la société joue un rôle primordial dans la pensée confucéenne : « Le Tao (la Voie) n'est pas en dehors de l'homme… L'homme de bien se contente de transformer l'homme, il s'en tient là[1]. » Confucius (551-479 av. J.-C.) est le premier philosophe chinois à placer fermement l'homme au centre de sa réflexion. Pour atteindre la vertu suprême (le *ren*), chaque parole et chaque geste de l'homme de bien doit s'accomplir

1. Anne Cheng, *Les Entretiens de Confucius*, Seuil, 1981.

dans tout rapport social selon des règles de conduite précises (le *li*), que ce soit envers sa famille, ses amis ou ses supérieurs. Parce que le taoïsme se préoccupe du monde naturel et de son fonctionnement, c'est vers lui que nous nous tournerons pour mettre ses idées en parallèle avec les découvertes de la science moderne.

On considère généralement que les pères fondateurs du taoïsme sont les philosophes Lao-Tseu (vers le VIe siècle av. J.-C.) et Tchouang-Tseu (vers le IVe siècle av. J.-C.). Le *Tao Te King*, le *Livre de la Voie et de la Vertu*, ouvrage fondamental du taoïsme, est attribué à Lao-Tseu (littéralement « Vieux Maître »). Collection d'aphorismes, ce texte classique relativement court (cinq mille mots), écrit dans un style concis, imagé et poétique, est selon le sinologue britannique Joseph Needham « le plus beau et le plus profond jamais écrit en chinois ». Le *Tchouang-Tseu* (du nom de son auteur) est le deuxième texte essentiel du taoïsme, plus long que le *Tao Te King*. L'existence historique de ces deux penseurs a été contestée par certains chercheurs contemporains. La thèse est avancée que ni le *Tao Te King* ni le *Tchouang-Tseu* ne constituent l'oeuvre d'une seule et unique personne, mais que ces deux ouvrages résultent du travail collectif de multiples auteurs successifs au cours du temps.

Le Vide et le taoïsme

Qu'est-ce que le Tao selon le taoïsme ? Nous pouvons traduire ce mot par « Voie » ou « Méthode ». La Voie de quoi ? De l'univers[1]. Les taoïstes pensent qu'il existe une réalité ultime du cosmos, distincte de la réalité apparente perçue par nos sens. Cette réalité ultime évolue et change sans cesse. L'univers est comme un vaste flux d'événements et de courants dynamiques tous interconnectés et interagissant continuellement. Tout change, tout bouge, tout est impermanent. Le changement est omniprésent et perpétuel.

Le Tao n'est pas facile à définir. Il semble toujours vous glisser entre les doigts au moment même où vous pensez l'avoir saisi. Lao-Tseu en parle ainsi :

Il y avait quelque chose d'indéterminé avant
la naissance de l'univers.
Ce quelque chose est muet et vide.
Il est indépendant et inaltérable.
Il circule partout sans se lasser jamais.
Il doit être la Mère de l'univers.
Ne connaissant pas son nom,
Je le dénomme Tao[2].

1. Plus tard, les confucianistes, avec leur constant souci d'intégrer l'homme au sein de la société, élargiront le concept du Tao. Ils parleront du « Tao de l'homme », autrement dit sa Voie juste, dictée par des principes moraux justes.

2. *Tao Te King*, chap. 25, traduction Lou Kia-Hway, Gallimard, 1990.

Tchouang-Tseu insiste aussi sur ce caractère indéfinissable : « Le Tao ne peut être vu ; ce qui se voit n'est pas lui. Le Tao ne peut être énoncé ; ce qui s'énonce n'est pas lui... Qui répond sur le Tao ne connaît pas le Tao. La vérité est que le Tao ne souffre ni questions ni réponses aux questions... Quiconque répond sur ce qui n'a pas d'intériorité à qui interroge sur ce qui est fini, celui-là ne saisit ni l'univers extérieur ni son origine intérieure... Il ne va pas jusqu'au Vide suprême[1]. » Le philosophe chinois exprime dans ce passage la méfiance du taoïsme vis-à-vis de la connaissance rationnelle, ses doutes quant à la fiabilité de la seule raison pour parvenir à la vérité ultime. Le Tao peut être difficilement défini par des mots, dit-il, il résiste à l'analyse par le raisonnement, il ne souffre pas d'être disséqué en questions et réponses.

Dans ce passage, Tchouang-Tseu lie explicitement le Tao au « Vide suprême ». François Cheng a tenté de préciser cette relation : « Disons, en simplifiant beaucoup, que, par rapport au Vide, le Tao a un contenu plus général. Parfois, il représente l'Origine, il est alors confondu avec le Vide ; parfois, il se présente comme une manifestation de celui-ci ; parfois encore, dans une acception plus large, il englobe aussi tout l'univers qui est immanent[2]. »

---

1. *Tchouang-Tseu*, chap. « Intelligence voyage dans le Nord », cité par François Cheng, *Vide et Plein. Le langage pictural chinois*, Seuil, 1979.
2. *Ibid.*

Le Tao est la « Mère de l'univers » selon Lao-Tseu. Comme dans l'hindouisme, il ne faut surtout pas confondre le Vide (aussi appelé le « Rien ») avec le néant : « Contenant la promesse du Tout, explique encore François Cheng, le Rien désigne le Non-Être, ce Non-Être n'étant autre que ce par quoi l'Être advient. La notion de Non-Être est nécessaire, car c'est seulement à partir d'elle qu'on peut réellement concevoir l'Être[1]. » Cette notion taoïste de Vide plein qui est à la source de tout, de Non-Être qui génère l'Être, a des résonances étonnantes avec ce que nous dit la cosmologie moderne. Souvenez-vous, la physique connue (celle qui régit l'univers depuis les temps postérieurs au temps de Planck de 10^{-43} seconde) nous dit aussi que l'univers part d'un vide primordial. Comme le Vide taoïste n'est pas le néant, le vide cosmologique n'est pas dénué de tout, mais plein. L'univers primordial est rempli d'un champ d'énergie, appelé « champ de Higgs », bloqué dans un état de faux vide qui, en exerçant une force répulsive colossale, lance le cosmos dans une folle inflation. Parce que le vide plein est responsable du « bang » du big bang, le cosmologue peut conclure, comme le taoïste, que le vide est la mère de l'univers, que le non-être génère l'être.

1. François Cheng, *Cinq méditations sur la mort*, Albin Michel, 2013.

Le Tao engendre l'Un

Pour le taoïste, c'est le Vide qui va engendrer tout le contenu matériel de l'univers. Un passage bien connu du chapitre 42 du *Tao Te King* nous décrit cette évolution :

Le Tao d'origine engendre l'Un
L'Un engendre le Deux
Le Deux engendre le Trois
Le Trois engendre les Dix mille êtres
Les Dix mille êtres s'adossent au Yin
Et embrassent le Yang
Ils obtiennent l'harmonie par le Vide médian[1].

« Le Tao d'origine engendre l'Un. » Cette vision de l'unité primordiale du monde n'est pas propre au taoïsme. Les autres grandes traditions spirituelles orientales, tel le bouddhisme et l'hindouisme, ont aussi mis l'accent sur l'inséparabilité de la réalité du monde. Mais cette idée est aussi en harmonie avec la conception scientifique du monde. Au fur et à mesure des découvertes de la science, en se laissant guider par des principes de beauté et de symétrie[2], les physiciens ont pu unifier des phénomènes que l'on croyait être totalement déconnectés. Ainsi, Aristote pensait que le ciel et la Terre étaient gouvernés par des lois totalement différentes – toute chose allait en ligne droite sur notre planète, alors que le mouve-

1. Cité *ibid.*
2. Trinh Xuan Thuan, *Le Chaos et l'Harmonie*, *op. cit.*

ment circulaire régnait au ciel. Au XVIIe siècle, Newton fait table rase de la distinction aristotélicienne et unifie ciel et Terre en démontrant que c'est la même gravitation universelle qui explique la chute d'une pomme dans le verger et le mouvement des planètes autour du Soleil. Plus tard, quand le son est reconnu n'être qu'une onde qui se propage à travers l'air, c'est au tour de la science de l'acoustique de rejoindre le giron de la mécanique newtonienne. Au XIXe siècle, Maxwell découvre que l'électricité et le magnétisme ne sont que deux facettes d'une seule et même réalité. De surcroît, en démontrant que les ondes électromagnétiques ne sont autres que des ondes lumineuses, il unifie l'optique avec l'électromagnétisme. Au XXe siècle, Einstein unifie le temps et l'espace. Nous vivons dans un univers à quatre dimensions : pour vous localiser, il vous faut non seulement indiquer vos trois coordonnées spatiales, mais aussi donner le temps mesuré à cette position.

Au début du XXIe siècle, les physiciens pensent qu'au début de l'univers, quand celui était plus chaud que tous les enfers imaginés, les quatre forces fondamentales qui régissent le monde actuel étaient unies en une seule et unique superforce. C'est le refroidissement de l'univers qui a brisé leurs liens et les a fait se séparer. Comme le taoïsme, la physique moderne nous assure que tout est issu de l'Un.

L'évolution de l'univers

Le passage précédemment cité du *Tao Te King* nous décrit ensuite comment, à partir de l'Un, l'univers a évolué vers la multiplicité, comment l'uniformité est devenue diversité et la simplicité complexité : l'Un génère le Deux, qui engendre le Trois, qui fait venir au monde les Dix mille êtres. De même, la cosmologie moderne nous dit que l'histoire de l'univers est celle de la matière qui se construit, évoluant du plus simple au plus complexe. Elle nous fournit un scénario précis et détaillé de cette magnifique épopée du cosmos qui se déploie sur une durée de quelque quatorze milliards d'années, et qui est aussi la nôtre puisqu'elle débouche sur nous. À partir d'un vide microscopique rempli d'énergie, la matière et l'antimatière viennent au monde sous la forme de particules élémentaires (quarks et électrons) et de leurs antiparticules. L'extrême température de l'univers primordial fait que particules et antiparticules s'entrechoquent violemment pour s'annihiler en lumière. Les grains de lumière disparaissent à leur tour pour se convertir en de nouvelles paires particules-antiparticules (fig.). Création et destruction de matière et d'antimatière se succèdent à un train d'enfer selon des cycles de vie et de mort d'une durée infinitésimalement courte.

L'interaction matière-antimatière dans l'univers du début n'est pas sans rappeler l'action du couple polaire et complémentaire Yin-Yang décrite dans le

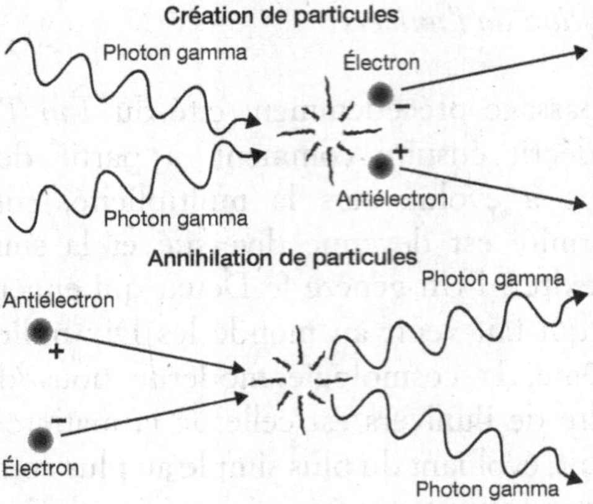

La création de matière (ici des électrons) et d'antimatière (ici des antiélectrons) à partir de la lumière (des photons gamma) et leur annihilation en lumière se succèdent à un rythme d'enfer dans l'univers primordial.

Le couple Yin-Yang. Dans le taoïsme, l'univers est façonné par l'action dynamique et réciproque de deux forces polaires, le Yin (en noir) et le Yang (en blanc). L'une contient l'autre en germe, et elles se succèdent de façon cyclique.

taoïsme. Dans la vision taoïste, le monde est conçu comme résultant de l'action dynamique et réciproque de ces deux forces étroitement liées, l'une contenant l'autre en germe, et se succédant de manière cyclique (fig.). François Cheng évoque l'interaction du couple Yin-Yang de la façon suivante : « Du Tao d'origine, conçu comme le Vide suprême, émane l'Un qu'est le Souffle primordial, lequel engendre à son tour les deux souffles complémentaires Yin et Yang : ceux-ci, par leur incessante interaction, engendrent tous les êtres qui parviennent à faire naître entre eux l'harmonie grâce au troisième souffle qu'est le Vide médian[1]. » L'univers obéit ainsi à un mouvement cyclique perpétuel, le Yang parvenant à son apogée pour laisser la place au Yin, celui-ci étant à son tour remplacé par le Yang après avoir atteint son maximum. L'interaction harmonieuse du couple Yin-Yang se manifeste dans maintes situations : le ciel est associé au Yang, pouvoir masculin, fort et créateur, tandis que la Terre est représentée par le Yin, élément féminin, maternel et intuitif ; le Soleil, ardent et lumineux, est le Yang, la Lune, tiède et obscure, est le Yin ; l'été brillant et chaud qui suit l'hiver sombre et froid, le noir de la nuit qui succède à la luminosité du jour, le Yang de la matière et le Yin de l'antimatière, voilà autant d'exemples de l'action du couple Yin-Yang.

Concernant le couple matière-antimatière, la cosmologie moderne nous apprend qu'il n'existe pas de parfaite symétrie entre le nombre de particules et celui d'antiparticules. Si c'était le cas, il y aurait une annihilation totale de la matière et de l'anti-

1. François Cheng, *Cinq méditations sur la mort*, *op. cit.*

matière, et il ne resterait que de la lumière dans l'univers. Galaxies, étoiles, planètes et hommes en seraient absents. L'univers serait vide et stérile, totalement dépourvu de chants d'oiseaux et de rires d'enfants. Heureusement, la nature se montre un milliardième plus favorable à la matière qu'à l'antimatière, de sorte que dans l'univers actuel il subsiste une particule de matière pour chaque milliard de photons. La raison de cette préférence – si minime soit-elle – pour la matière par rapport à l'antimatière demeure un mystère. Quoi qu'il en soit, un fait est certain : la symétrie parfaite est stérile alors qu'une petite rupture de symétrie est féconde.

« Le Trois engendre les Dix mille êtres, les Dix mille êtres s'adossent au Yin et embrassent le Yang. » Cette description laconique de l'évolution de l'univers par le *Tao Te King* a été précisée par l'astrophysique moderne. Celle-ci nous livre une grande fresque historique dans laquelle, à partir des quarks et des électrons, rescapés de la grande annihilation entre matière et antimatière, l'univers va construire successivement atomes (d'hydrogène et d'hélium), molécules, étoiles, galaxies et planètes. Sur une planète nommée Terre, la vie et la conscience vont émerger.

L'interaction incessante du Vide et du Plein

Le Vide tend ainsi vers la plénitude : « Le Vide est à la racine de la Voie, outre qu'il est la condition de l'harmonie dans la marche de la Voie. Prendre appui sur le Vide, c'est être dans le sens de la Voie, laquelle n'a de cesse d'effectuer ce mouvement qui va du Vide vers le Plein et retourne au Vide où le Souffle primordial se ressource... Être, ce n'est pas simplement suivre l'écoulement d'une existence, c'est continuellement faire acte d'être, à partir du non-être[1].» Le taoïsme évoque souvent le couple Vide-Plein par l'image de la vallée et de l'eau qui, comme le souffle primordial, « pénètre partout et anime tout ». Lao-Tseu compare ainsi le Vide à une vallée : celle-ci paraît creuse au milieu des montagnes – pleines – qui l'entourent, pourtant elle est elle-même pleine puisqu'elle porte toutes choses en son sein, les arbres, la rivière, etc. (ill. 13). Le Plein rend visibles et palpables les choses matérielles, mais c'est le Vide qui en structure l'existence et l'usage[2]. Pour Tchouang-Tseu, « la Grande Vallée est le lieu où l'on verse sans jamais remplir et où l'on puise sans jamais épuiser ».

La peinture chinoise ancienne illustre de façon subtile cette interaction du Vide et du Plein. Considérée comme une activité sacrée, elle a évolué à partir d'une tradition réaliste vers une conception de plus en plus spirituelle. Ici, ce terme ne désigne pas tant une peinture à motifs religieux, telle la représentation du Christ dans la peinture occidentale ou celle de Bouddha dans les tableaux bouddhistes, que l'acte de peindre lui-même qui se

---

1. *Ibid.*
2. François Cheng, *Vide et Plein*, *op. cit.*

« spiritualise » : « La peinture ne se contente plus de reproduire l'aspect extérieur des choses, elle cherche à en capter les lignes internes et à fixer les relations cachées qu'elles entretiennent entre elles[1]. » En d'autres termes, la peinture chinoise ancienne, essentiellement d'inspiration taoïste, ne vise pas seulement à être un objet esthétique, elle se donne pour but la révélation même du mystère de l'univers. En donnant une représentation de l'espace parcouru par les souffles vitaux, elle veut mettre en lumière le rapport profond de l'homme avec le cosmos et éclairer le sens fondamental de la destinée humaine : « Si l'univers procède du Souffle primordial et ne se meut que grâce aux souffles vitaux, il faut que ces mêmes souffles animent la peinture… Corrélative à la notion de souffle est celle du Yin-Yang qui incarne les lois dynamiques régissant toutes choses. À partir du Yin-Yang est née, en peinture, l'idée de polarité : Ciel-Terre, Montagne-Eau, Lointain-Proche, etc. (Cela) ne peut fonctionner que grâce à un facteur toujours implicite : le Vide. Dans la peinture comme dans l'univers, sans le Vide, les souffles ne circuleraient pas, le Yin-Yang n'opérerait pas. Sans lui, le Trait (de pinceau), qui implique volume et lumière, rythme et couleur, ne saurait manifester toutes ses virtualités. Ainsi, dans les réalisations d'un tableau, le Vide intervient à tous les niveaux, depuis les traits de base jusqu'à la composition d'ensemble… En face du Plein, le Vide constitue

1. *Ibid.*

une entité vivante. Ressort de toutes choses, il intervient à l'intérieur même du Plein, en y insufflant les souffles vitaux[1]. »

Le couple Yin-Yang est intimement lié au couple Vide-Plein : alors que « le Yin-Yang régit la loi dynamique du Réel marqué par le Plein, le Vide est le lieu fonctionnel où s'opère la transformation[2] ». Le Vide médian, cet « entre-deux évanescent » qui tire son pouvoir du Vide originel, permet au couple Yin-Yang d'interagir, les élevant l'un vers l'autre en une « transformation bienfaisante » et une harmonie féconde. Autrement dit, sans la présence du Vide médian, le couple Yin-Yang ne pourrait pas exercer son action dans le domaine du Plein que sont l'univers matériel et les êtres, et rien ne pourrait fonctionner ni évoluer. Tout resterait figé dans une immobilité stérile. Le Vide médian constitue ainsi le troisième élément essentiel du couple Yin-Yang, et ce qui est binaire devient ternaire. Ce système ternaire se confond à son tour avec le Tao qui est un. Nous nous retrouvons alors en présence de deux équations paradoxales : 2 = 3 et 3 = 1[3].

1. *Ibid.*
2. *Ibid.*
3. *Ibid.*

Un univers en constante évolution

L'idée d'une constante interaction entre le Vide et le Plein, autrement dit entre le non-être et l'être, implique une transformation incessante des phénomènes naturels. Parce que le Vide évolue en permanence vers le Plein et vice versa, rien ne peut être éternel et immuable. Cette idée de transformation incessante est apparue très tôt, on la trouve dans le *Yi King* ou *Livre des mutations*. Considéré comme un des livres les plus essentiels de la pensée universelle, le *Yi King* remonte au premier millénaire avant l'ère chrétienne. Distillant l'essentiel de millénaires de sagesse chinoise, il est à l'origine une collection de soixante-quatre signes, appelés « hexagrammes » (un hexagramme est une série de six traits), basés sur le symbolisme du Yin et du Yang et du Plein et du Vide, et utilisés à l'origine pour les oracles. Dans les hexagrammes, le Plein, associé au Yang, est évoqué par le trait plein alors que le Vide, associé au Yin, est suggéré par l'espace qui sépare les deux parties d'un trait brisé. C'est ce Vide qui est responsable des transformations dans l'univers. Ces hexagrammes représentent en essence l'impermanence du cosmos, les mouvements des phénomènes naturels dans leurs transformations. Comme il existe une transformation continue des signes les uns vers les autres, ces phénomènes ne cessent d'évoluer d'une forme à une autre. Le *Yi King*, comme plus tard le taoïsme, tente donc de rendre compte des changements incessants de la nature, en même temps que des relations non moins changeantes et fluctuantes entre les humains.

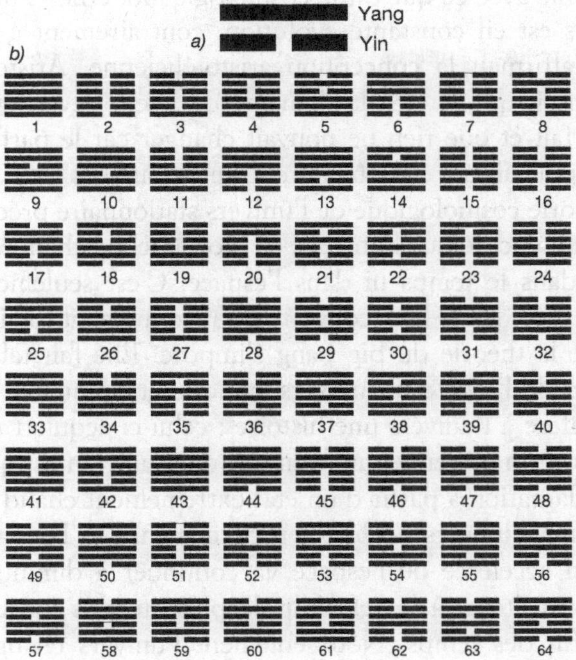

Les 64 hexagrammes du *Yi King.* a) Dans ceux-ci, le Yang est représenté par un trait plein et le Yin par un trait brisé ; b) Un hexagramme doit être conçu comme étant composé de deux trigrammes placés l'un au-dessus de l'autre, chacun avec sa propre signification, et non comme une série de six traits. Chaque hexagramme représente un archétype cosmique, généré par l'interaction dynamique du couple Yin-Yang, qui se retrouve non seulement dans l'univers, mais aussi dans les relations humaines.

Ce concept de changement perpétuel est en harmonie avec ce que dit la cosmologie moderne : l'univers est en constante évolution, contrairement à ce qu'affirmait la conception aristotélicienne. Aristote pensait que le ciel, le domaine de Dieu, devait être parfait et que rien ne pouvait changer car le parfait ne pouvait pas être amélioré. Dans les années 1950, la théorie cosmologique de l'univers stationnaire préconisait encore que l'univers, en moyenne, ne changeait ni dans le temps ni dans l'espace. C'est seulement en 1965, après la découverte du rayonnement fossile, que la théorie du big bang s'impose. Elle fait table rase de l'idée d'un univers statique et immuable et confère à l'univers une histoire : celui-ci acquiert un passé, un présent et un futur. Né dans une fantastique déflagration à partir d'un état extrêmement chaud et dense, l'univers se dilate en permanence et l'expansion accélérée de l'espace va continuer à diminuer sa densité et à le refroidir de plus en plus jusqu'à la fin des temps. Non seulement l'univers change, mais toutes les structures qu'il contient évoluent elles aussi. Des planètes aux étoiles, des galaxies aux amas de galaxies, rien n'est permanent. Les étoiles naissent, vivent leur vie en consommant leur carburant d'hydrogène et d'hélium, et meurent en expulsant dans le milieu interstellaire leur gaz enrichi en éléments chimiques résultant de leur alchimie nucléaire. Ce gaz s'effondre sous l'effet de la gravité pour donner naissance à une nouvelle génération d'étoiles, et un nouveau cycle commence. Seulement, les cycles de vie et de mort des étoiles ne se mesurent pas en une centaine d'années comme une vie humaine, mais en millions voire en milliards d'années.

Non seulement tout change, mais tout bouge également. Planètes, étoiles, galaxies ou amas de galaxies sont en mouvement perpétuel et participent à un fantastique ballet cosmique. À l'instant où vous lisez ces lignes, la Terre vous entraîne à travers l'espace à quelque trente kilomètres par seconde dans son voyage annuel autour du Soleil. En même temps, celui-ci emmène notre planète à quelque deux cent trente kilomètres par seconde à travers le milieu interstellaire de la Voie lactée, car notre astre accomplit un tour autour du centre de la Voie lactée tous les deux cent cinquante millions d'années. Notre galaxie tombe à son tour à quatre-vingt-dix kilomètres vers sa compagne, la galaxie Andromède, attirée par sa gravité. Et ce n'est pas fini : s'ajoutent à tout cela des mouvements du Groupe local et du Superamas local qui se superposent au mouvement d'expansion de l'univers.

Le monde des particules élémentaires n'est pas en reste. La physique contemporaine nous apprend que, là aussi, tout n'est qu'impermanence. La vaste majorité des particules sont instables : elles se désintègrent spontanément. Ainsi un neutron libre, non emprisonné dans un noyau atomique, se mue en proton au bout d'une quinzaine de minutes, tout en émettant un électron et un neutrino. La plupart des particules qui font leur apparition dans les entrailles des accélérateurs subsistent bien moins que le temps d'un clin d'œil – un millionième de seconde ou moins – et elles s'en vont. Les plus stables, tels l'électron, le photon ou le neutrino, ne vivent pas isolées, et tôt ou tard, l'interaction avec d'autres particules change leur nature ou les fait disparaître. Comme le vide se mue en plein et vice versa, l'énergie d'une particule peut se muer en matière, ou au contraire la matière peut devenir lumière en s'annihilant avec l'antimatière. D'innombrables particules virtuelles peuplent l'espace autour de nous à cause du principe d'incertitude de l'énergie. Apparaissant et disparaissant selon des cycles infernaux de vie et de mort d'une durée infinitésimale, elles incarnent au plus haut point l'impermanence du monde, où tout n'est que mutation et transformation.

L'homme et le Vide

Dans la pensée taoïste, le concept de Vide ne s'applique pas seulement à l'univers, mais aussi à l'homme. Celui-ci n'est pas constitué que de chair et de sang, mais aussi de souffles et d'esprits. Il est également habité par le Vide. Et c'est par le Vide qu'il peut s'identifier au Vide originel, devenir le miroir du monde, appréhender ainsi le rythme du temps et de l'espace, et maîtriser la loi de la transformation : « Le Vide qui réside à la fois au sein de l'Origine et au cœur de toutes choses est le garant du bon fonctionnement de la vie dans le cadre du Temps-Espace. Dans la mesure où le Temps vivant n'est autre qu'une actualisation de l'Espace vital, le Vide constitue une sorte de régulateur qui transforme chaque étape de la vie vécue en un espace animé par les souffles vitaux, condition indispensable pour préserver la chance d'une vraie plénitude, d'une vraie vie qui ne soit pas unidimensionnelle... Le Vide, en introduisant la discontinuité dans le déroulement temporaire, réinvestit, en quelque sorte, la qualité de l'Espace dans le Temps, assurant ainsi le rythme juste des souffles et l'aspect total des relations... Le Vide implique Intériorisation et Totalisation[1]. » Les souffles vitaux qui animent le Vide générateur de l'univers et de la vie constituent ce que le taoïsme appelle le *chi*. Ce concept rappelle étonnamment la notion de champ dans la physique moderne. Comme le *chi* remplit le Vide taoïste, les champs associés aux forces fondamentales et aux particules de matière remplissent le vide physique.

Selon le taoïsme, le *chi* est vital à notre bien-être. Notre santé, autant physique que mentale et morale, dépend du fait que le *chi* parcourt notre corps de façon harmonieuse et sans entrave. Ainsi, dans le corps humain, ce sont les réseaux de circulation du *chi*, définis par des méridiens (ou canaux) et des points, qui forment la base de la médecine traditionnelle chinoise. Le but de cette médecine, l'acupuncture, est de favoriser et de stimuler la circulation du *chi* à travers ces réseaux[2]. Ces principes s'appliquent aussi au tai-chi-chuan, l'art martial taoïste, où la flui-

1. *Ibid.*
2. L'existence du *chi* et de sa circulation dans notre corps n'a pas été encore démontrée et comprise scientifiquement. Elle s'appuie sur une connaissance empirique accumulée au cours des siècles de pratique.

dité des mouvements se conjugue avec la respiration pour stimuler la circulation du *chi*.

Dans le passage précédemment cité, François Cheng parle aussi d'un « Temps vivant (qui) n'est autre qu'une actualisation de l'Espace vital ». L'idée taoïste que le couple espace-temps est indissolublement lié et que le temps peut se transformer en espace et vice versa est prémonitoire. Quelque vingt-cinq siècles plus tard, Einstein démontrera par sa théorie de la relativité que le temps et l'espace ne vivent plus des vies séparées comme dans l'univers de Newton. L'univers a désormais quatre dimensions, la dimension du temps s'ajoutant aux trois dimensions de l'espace. Le temps et l'espace perdent la rigidité qu'ils possédaient dans l'univers de Newton. Tous les deux deviennent dynamiques, élastiques et malléables, avec des comportements toujours complémentaires. L'espace peut se transmuter en temps et vice versa quand vous voyagez très vite ou que vous êtes dans un champ gravitationnel intense. Pour un observateur se déplaçant à des vitesses proches de la lumière, l'espace se rétrécit et se transforme en un temps qui s'allonge. Ces déformations concertées peuvent être considérées comme une transmutation de l'espace en temps, avec en quelque sorte un taux de change à la banque cosmique extrêmement élevé : pour trois cent mille kilomètres d'espace, vous n'obtiendrez qu'une seconde de temps. Dans l'univers d'Einstein, comme dans le monde taoïste, le temps et l'espace ne sont donc plus dissociables.

La vacuité bouddhiste ou l'absence d'existence propre

Le taoïsme n'est pas la seule tradition spirituelle en Orient à s'être penchée sur la notion de vide. Le bouddhisme l'a fait aussi, et de façon originale. C'est la tradition spirituelle majeure d'une grande partie de l'Asie, incluant la Birmanie, le Cambodge, la Chine, la Corée, le Japon, le Laos, le Népal, le Sri Lanka, la Thaïlande, le Tibet et mon pays natal, le Vietnam. Bien qu'il soit né en Inde, le bouddhisme n'y est plus la forme de spiritualité dominante, en partie à cause de son opposition farouche au système des castes qui y est pratiqué. Le fondateur du bouddhisme, Siddharta Gautama, le Bouddha (l'Éveillé, en sanskrit) historique, vivait vers le VIe ou Ve siècle avant notre ère (les historiens ne sont pas unanimes), une période exceptionnelle dans l'histoire de l'humanité qui a aussi vu fleurir la pensée d'autres hommes d'exception – celle de Confucius et de Lao-Tseu en Chine, mais aussi celle des grands philosophes grecs –, dont la sagesse nous guide encore aujourd'hui.

Si le bouddhisme s'est aussi intéressé à la nature du monde, c'est non pas parce qu'il en fait sa préoccupation première, comme c'est fondamentalement celle de la science, mais parce que, selon lui, l'ignorance peut être source de souffrance. Par « ignorance », le bouddhisme n'entend pas un simple manque de connaissances, mais une vision fausse de la réalité qui nous fait croire que les choses sont permanentes et solides et que notre moi existe vraiment. Ce qui nous amène à agir de façon à satisfaire ce moi, parfois aux dépens des autres, aboutissant à un comportement totalement égocentrique et détruisant notre paix intérieure. Pour éliminer cette ignorance, le bouddhisme nous enseigne qu'il nous faut apprendre à distinguer la réalité apparente (la façon dont les choses nous apparaissent) de la réalité ultime (leur véritable nature). L'acquisition du savoir dans le bouddhisme se fait donc avant tout dans un but thérapeutique : aider les hommes à éliminer leur souffrance en prenant le chemin de l'Éveil, état de connaissance ultime associé à une compassion infinie.

Une des notions fondamentales sur lesquelles le bouddhisme a réfléchi en profondeur est celle du Vide. Mais le Vide bouddhique ne concerne pas tant l'espace qui nous entoure que la nature même des choses. Nous désignerons ce concept par le mot « vacuité » pour le distinguer du vide de l'espace. Le bouddhisme nous enseigne ainsi que la vacuité est la nature ultime du monde. « Vacuité » ne signifie pas ici « néant » comme les premiers commentateurs occidentaux du bouddhisme, tel le philosophe allemand Schopenhauer, l'ont cru à tort[1], mais « absence d'existence propre ». Les phénomènes et les fonctions qu'ils remplissent, nous dit la pensée bouddhiste, sont dénués d'existence autonome et permanente.

La notion de vacuité découle directement d'une autre idée de base du bouddhisme, celle de l'interdépendance des phénomènes selon laquelle une chose ne peut être définie que par rapport à d'autres :

---

1. Pour une histoire de cette méprise, voir Roger-Pol Droit, *Le Culte du néant*, Seuil, 1997.

rien ne peut exister en soi ni être sa propre cause ; un phénomène quel qu'il soit ne peut se manifester que s'il est relié et connecté à d'autres. Considérons par exemple la table en bois que j'utilise pour écrire. Elle n'existerait pas sans le bois qui a servi à la confectionner. Ce bois vient d'un arbre qui n'aurait pu croître sans la lumière du Soleil, l'arrosage de la pluie, et la terre où sont plantées ses racines. La table ne serait pas venue au monde sans le charpentier qui l'a façonnée et le bûcheron qui a abattu et taillé l'arbre. Tous les deux dépendent à leur tour du forgeron responsable des outils utilisés dans leur travail. Il nous faut ensuite invoquer le boulanger qui a fabriqué le pain pour nourrir tout ce monde, le paysan qui a cultivé et récolté le blé nécessaire au pain, le maçon qui a construit le four à pain, le charbonnier qui a procuré le bois pour chauffer le four, et ainsi de suite. La chaîne de connexions continue à l'infini. Le plus simple objet dans la vie de tous les jours est la conséquence de la présence et de l'activité d'autrui. La réalité est le résultat du concours d'un nombre illimité de conditions et de causes sans cesse changeantes. Les phénomènes ne sont rien en eux-mêmes. Ils tirent leur nature d'une mutuelle dépendance.

Tout dépend donc d'autre chose. De sorte que la réalité ne peut être considérée comme fragmentée et localisée, elle est interconnectée et doit être appréhendée dans son ensemble. Cette interdépendance du monde, la science nous la rappelle constamment. Ainsi, la cosmologie moderne nous dit que nous sommes les enfants des étoiles car nous sommes tous faits d'éléments chimiques fabriqués par des processus nucléaires, d'abord dans le big bang pour l'hydrogène et l'hélium, ensuite au cœur des étoiles pour les éléments plus lourds. Nous partageons la même généalogie cosmique avec les roses parfumées et les gazelles des savanes, une généalogie qui remonte à quelque 13,8 milliards d'années. Connectés à travers l'espace et le temps, nous sommes tous interdépendants[1]. Le bouddhisme tire une leçon de ce constat : une juste compréhension du concept d'interdépendance doit nous faire réaliser que le mur érigé par notre esprit entre moi et autrui est factice et n'a pas lieu d'être. Au contraire, nous devons pratiquer la compassion et l'amour d'autrui car notre bonheur dépend de celui des autres. L'Éveil, rappelons-le, n'est pas seulement l'état d'une connaissance illimitée, mais aussi d'une compassion infinie.

Le monde atomique et subatomique n'est pas en reste sur cette question. Une célèbre expérience proposée en 1935 par Einstein et deux de ses collègues, Boris Podolsky (1896-1966) et Nathan Rosen (1909-1995), nous dit aussi que la réalité est interdépendante, qu'elle est « non séparable », que deux grains de lumière qui ont interagi continuent à faire partie d'une seule et même réalité. Quelle que soit la distance entre eux, leurs comportements sont instantanément corrélés sans aucune transmission d'information. Cette expérience nous contraint à dépasser

1. Pour une discussion des expériences scientifiques démontrant l'interdépendance du monde, voir mon ouvrage *Le Cosmos et le Lotus*, Le Livre de poche, 2013, et, avec Matthieu Ricard, *L'Infini dans la paume de la main*, Pocket, 2002.

nos notions habituelles d'espace. Elle nous oblige à abandonner nos idées sur la localisation des choses, sur notre perception d'ici ou là. Elle nous force à admettre que la réalité n'est plus locale, mais globale.

Parce que les choses sont interdépendantes, elles n'ont pas d'existence autonome et permanente, elles ne possèdent pas de réalité intrinsèque. Le bouddhisme dit qu'elles sont « vides ». Selon le philosophe indien bouddhiste Nagarjuna (c.150-c.250) (fig.), « les phénomènes tirent leur nature d'une mutuelle dépendance et ne sont rien en eux-mêmes ». Le septième dalaï-lama a résumé la connexion entre les notions d'interdépendance et de vacuité de la façon suivante :

Comprenant l'interdépendance, on comprend la vacuité,
Comprenant la vacuité, on comprend l'interdépendance,
Telle est la Voie du Milieu
Qui échappe aux terrifiants abysses du nihilisme et du réalisme[1].

Le bouddhisme ne prône en effet ni le nihilisme (les choses n'existent pas) ni le réalisme matérialiste

1. *Selected Works of the Dalai Lama VII*, Snow Lion, 2e éd., 1985.

(les choses ont une réalité intrinsèque et existent de façon autonome), mais une position médiane : la Voie du Milieu (les choses existent mais sont dépourvues d'existence intrinsèque). Il n'y a ni rien ni quelque chose, ce que Nagarjuna exprime ainsi : « Dire "il y a", c'est prendre les choses comme éternelles ; dire "il n'y a pas", c'est ne voir que leur anéantissement. C'est pourquoi l'homme clairvoyant ne s'attache ni à l'idée d'être ni à l'idée de non-être. » Pour le bouddhisme, le fait que nous ne percevons pas le monde comme un vaste réseau de choses interconnectées mais plutôt comme une collection d'entités totalement distinctes n'est que vérité conventionnelle et non la vérité ultime. Cette vue de l'esprit qui est la nôtre ne tient plus dès lors qu'on l'analyse en profondeur. Le bouddhisme ne prétend aucunement que les phénomènes – une particule élémentaire, une table ou l'univers – n'existent pas puisque nous en faisons l'expérience avec nos sens et que les physiciens en mesurent les propriétés avec leurs instruments. Il ne conteste pas non plus les lois de cause à effet, ou les lois physiques et mathématiques qui font que l'univers fonctionne. Il affirme simplement que si on va au fond des choses, il y a une différence entre la façon dont le monde nous apparaît et sa nature ultime. Comprendre que les choses sont vides ne consiste donc pas à vider le monde et notre existence de leur richesse, mais au contraire à les révéler dans toute leur splendeur.

Le non-être et l'impermanence des choses

Pour le bouddhisme, la vacuité des choses est intimement liée à l'impermanence des phénomènes. Parce que l'être est remplacé par le non-être (*anatman* en sanskrit), et parce que le non-être n'est pas le néant mais le vide de substance propre, rien n'est permanent et tout est sujet au changement et à la transformation : « Tout ce qui est sujet à la naissance, tout cela est sujet à la disparition. » Les montagnes s'érodent, les châteaux non entretenus tombent en ruine, nous allons du berceau au tombeau. À chaque moment infinitésimal, les choses et les êtres qui nous entourent – comme nous-mêmes – se transforment et évoluent. Le changement est inévitable et reconnaître son omniprésence nous amène à réaliser que l'univers n'est pas composé d'entités solides et distinctes, mais de flux dynamiques en perpétuelles transformation et interaction. Rien ne peut rester figé et immobile, identique à soi-même. Pour le Bouddha, l'impermanence est possible grâce à la nature vide des choses. Leur vacuité se traduit par une réalité qui est en constant devenir, par une fluidité universelle du réel qui se manifeste continuellement à travers des cycles incessants de vie et de mort de tout être et de toute chose. Ce concept d'impermanence bouddhiste rejoint celui de changement perpétuel du *Yi King* et de la philosophie taoïste. Elle est en harmonie aussi, nous l'avons vu, avec les descriptions scientifiques modernes de l'univers et du monde atomique et subatomique.

« Parce que tout est vacuité, tout peut être. » Cette fameuse phrase de Nagarjuna peut être considérée comme une sorte de réponse à la non moins célèbre interrogation du philosophe et scientifique allemand Gottfried Leibniz (1646-1716) : « Pourquoi y a-t-il quelque chose plutôt que rien ? Car le rien est plus simple et plus facile que quelque chose. De plus, à supposer que des choses doivent exister, il faut qu'on puisse rendre compte du pourquoi elles doivent exister ainsi et non autrement. » Nagarjuna précise dans *La Perfection de la sagesse* : « Vides, les choses apparaissent ; apparaissant, elles sont vides. » La vacuité n'est pas seulement la nature ultime des phénomènes, c'est elle aussi qui permet le déploiement de ces phénomènes à l'infini. Ainsi, c'est l'espace vide qui permet aux montagnes, aux forêts et aux cours d'eau d'exister. Nous retrouvons ici le couple complémentaire Vide-Plein de la pensée taoïste : c'est le Vide de la vallée (elle est creuse au milieu des montagnes pleines qui l'entourent) qui lui permet d'être pleine, hébergeant en son sein les arbres, la rivière, etc. Si l'espace était de pierre, aucun phénomène ne pourrait jamais se déployer. De même, si la nature profonde des phénomènes n'était pas la vacuité, s'ils possédaient une réalité intrinsèque et immuable, ils seraient dans l'impossibilité de se manifester à l'infini. Parce que la nature ultime des choses est l'absence d'existence autonome et permanente, les phénomènes sont possibles. Une chose ne peut surgir que si elle est reliée, conditionnée et conditionnante. Une entité qui existerait indépendamment de toutes les autres ne pourrait agir sur rien et rien ne pourrait agir sur elle. Le monde des phénomènes peut se manifester de mille façons car sa nature ultime est la vacuité. Une réponse possible du bouddhisme à la question de Leibniz peut être alors avancée sous la forme d'une autre interrogation : pourquoi n'y aurait-il rien puisque les phénomènes, à cause de leur nature vide, sont possibles et peuvent se déployer à l'infini ?

Le bouddhisme et le non-début de l'univers

À cause du principe d'interdépendance et de la vacuité des choses, le bouddhisme envisage la naissance de l'univers, son passage du néant à l'existence, non pas dans une création ex nihilo (à partir du néant), mais dans une perspective totalement différente. Ainsi, pour le bouddhisme, les phénomènes du monde ne sont pas véritablement nés, au sens où ils seraient passés de la non-existence à l'existence. Ils ne passent pas du non-être à l'être car, fondamentalement, ils sont dépourvus de réalité ultime et existent seulement selon une réalité relative.

De ce point de vue, la question de l'origine de l'univers, de son passage de la non-existence à l'existence est un faux problème ou, tout au moins, cette question ne se pose pas de façon aussi aiguë que dans le cas d'une création ex nihilo d'un univers doué d'existence propre. Selon le bouddhisme, le problème de l'origine repose sur la croyance en la réalité des phénomènes, en particulier de l'existence réelle du temps et de l'espace. Or, d'après lui, ceux-ci ne sont que des concepts liés à notre appréhension relative du monde et de ce qui s'y manifeste. Ils n'ont pas d'existence propre. Du point de vue de la vérité absolue, il ne peut y avoir de création ex nihilo de l'univers car rien ne peut se manifester sans causes ni conditions, en d'autres termes rien ne peut commencer à exister ou cesser d'exister. Le raisonnement est le suivant[1] : si rien ne peut pas devenir quelque chose, c'est que rien ne peut pas se transformer sans abandonner son statut de néant ; mais comment serait-il possible d'abandonner quelque chose qui n'existe pas ? Parce que le néant est une notion qui ne peut se définir que par rapport à l'existence, il ne possède pas de réalité par lui-même. Au VIIe siècle, le philosophe indien Shantidéva argumentait dans le même sens :

Si l'être n'est pas au temps du non-être,
Quand existera-t-il ?
Car le non-être ne disparaîtra pas
Tant que l'être ne sera pas né,

Et celui-ci ne peut se produire
Tant que le non-être n'a pas disparu.
De même, l'être ne peut passer au non-être,
Car une même chose posséderait alors cette double nature[2].

Puisque le bouddhisme rejette l'idée d'un univers passant de la non-existence à l'existence,

1. Matthieu Ricard et Trinh Xuan Thuan, *L'Infini dans la paume de la main*, *op. cit.*
2. Shantidéva, *La Marche vers l'Éveil*, Padmakara, 1991.

comment conçoit-il l'origine du monde ? Il parle d'une « potentialité » qui aide les phénomènes à se manifester. Si le monde apparaît, c'est parce qu'un potentiel de manifestation était déjà présent. Ainsi, la vacuité n'est pas seulement la nature ultime des phénomènes, elle désigne également le potentiel qui permet à ces phénomènes de se déployer à l'infini. Cette idée de potentiel de manifestation, de potentialité de l'espace rappelle étonnamment la notion de vide plein des physiciens : on l'a vu, le vide de l'espace est rempli d'un champ de Higgs qui, en se cristallisant au cours du refroidissement de l'univers, donne naissance au monde et à son contenu ; à cause du principe d'incertitude, l'espace vide pullule de particules virtuelles qui peuvent entrer dans le monde réel dès lors qu'elles sont en présence d'un champ gravitationnel intense.

Le bouddhisme n'accepte donc pas l'idée d'un début de l'univers avec l'apparition simultanée du temps et de l'espace. Parce que tout est interdépendant, le monde conditionné est sans commencement, car chaque état doit être nécessairement causé par un état précédent qui n'est pas le néant mais qui représente une potentialité. Du point de vue de la vérité absolue, il n'y a ni création ni cessation. Rien ne peut commencer à exister ni cesser d'être. L'univers n'a donc ni commencement ni fin. Le seul univers compatible avec la conception bouddhique est dès lors un univers cyclique. Dans le vocabulaire de la cosmologie moderne, l'univers devrait traverser une série sans début ni fin de big bangs (périodes d'expansion) suivis de big crunchs (périodes de contraction). De ce point de vue, le big bang qui a engendré l'univers actuel ne serait plus une explosion primordiale unique, le temps et l'espace apparaissant simultanément, mais le commencement d'un cycle particulier dans une succession infinie de cycles, le temps s'étendant à l'infini dans les deux directions, vers le passé et vers le futur.

Le premier scientifique à construire un modèle d'univers cyclique dans l'histoire de la cosmologie fut le physicien et mathématicien russe Alexandre Friedmann (1888-1925) (fig.). En 1922, en utilisant les équations de la relativité générale, il proposa un univers traversant une suite infinie d'expansions et de contractions, et ce malgré l'opposition farouche du père de la relativité qui défendait à l'origine l'idée d'un univers statique. Friedmann décrivit ainsi son univers cyclique : « L'univers se contracte en un point, puis son rayon augmente à nouveau, puis de nouveau il se contracte, et ainsi de suite. On ne peut s'empêcher de penser à l'univers cyclique de la mythologie hindoue. » Friedmann faisait allusion ici au mythe hindouiste selon lequel le dieu Brahma (fig.) crée le monde dans son sommeil en dormant et rêvant. Chaque cycle cosmique correspond à une de ses respirations, l'univers se dilatant quand il expire et se contractant quand il inspire. Chaque respiration de Brahma dure environ

Dans la mythologie hindouiste, le dieu Brahma (ici représenté avec quatre têtes, symbolisant les quatre modes de fonctionnement de la pensée : l'esprit, l'intellect, l'ego et la conscience) crée l'univers en rêvant dans son sommeil. Le cosmos se dissout après cent cycles (860 milliards d'années) quand le rêve se termine. Puis Brahma se met à rêver de nouveau et l'univers repart dans une nouvelle phase de cent cycles.

8,6 milliards d'années[1], ce qui est étonnamment proche (moins d'un facteur 2) de l'âge moderne de l'univers évalué à 13,8 milliards d'années[2].

---

1. Dans la cosmologie hindouiste, l'unité de temps est le kalpa, valant 4,3 milliards d'années. Un cycle de l'univers comprend une expiration et une inspiration du dieu Brahma, chacune durant un kalpa, ce qui fait que chaque cycle dure 8,6 milliards d'années.

2. Pour plus de détails sur les univers cycliques scientifiques, voir mon ouvrage *Désir d'infini*, *op. cit.*

Que nous disent les observations astronomiques ? Vivons-nous dans un univers cyclique ? Nous avons vu que ce n'est pas le cas. Les mesures nous montrent que la quantité totale de matière lumineuse et noire dans l'univers est loin d'être suffisante (elle contribue seulement pour environ un tiers à la densité critique) pour que sa gravité inverse le cours de l'expansion universelle et provoque un big crunch. Au contraire, une mystérieuse énergie noire (contribuant pour les deux tiers restants à la densité critique), générant une force antigravité, est en train d'accélérer l'expansion de l'univers, et cela jusqu'à la fin des temps. Les observations actuelles excluent donc la possibilité d'un big crunch, et par conséquent d'un univers cyclique, du moins dans la théorie standard du big bang. Mais il existe d'autres versions non standard du big bang, comme la théorie des branes que nous avons mentionnée. Selon cette dernière, le big bang serait le résultat d'une collision de notre univers-brane avec un autre univers-brane parallèle, et cette collision ne serait qu'une étape dans un cycle infini de collisions titanesques. Cette théorie serait en accord avec la conception bouddhique d'un univers cyclique, sans début ni fin.

En rejetant l'idée d'une création ex nihilo de l'univers, le bouddhisme n'a pas besoin d'évoquer l'existence d'un Créateur. Bouddha n'est pas Dieu, il se décrit comme un simple guide de voyage : il nous indique la Voie, et il incombe à chacun de nous de parcourir celle-ci afin de nous libérer (et libérer les autres) de nos souffrances et de parvenir au bonheur. Par contre, l'idée d'une création du cosmos à partir du néant par Dieu joue un rôle fondamental dans les traditions judéo-chrétiennes. L'un des arguments les plus utilisés en Occident pour démontrer l'existence d'un Dieu créateur est connu sous le nom d'« argument cosmologique ». Il a attiré l'attention des plus grands philosophes et théologiens à travers les siècles, de Platon et Aristote à Kant et Leibniz, en passant par Thomas d'Aquin. Il postule que toute chose a une cause et qu'il ne peut y avoir une chaîne infinie de causes : tôt ou tard, on doit arriver à une cause première, responsable de toute la création. Cette cause première est Dieu, qui est sa propre cause (*causa sui* en latin) : il ne nécessite pas de cause parce qu'il est nécessaire, son existence ne requiert pas d'explication parce qu'elle dérive de son essence même. L'argument cosmologique est basé sur le principe de raison suffisante formulé, entre autres, par Leibniz comme suit : « Jamais rien n'arrive sans qu'il y ait une cause ou du moins une raison déterminante. » Il repose aussi sur le concept occidental de temps linéaire : un événement A se produit, qui provoque B, qui cause C, et ainsi de suite. Cet argument ne tient plus dès que l'on considère que le temps n'est plus linéaire, mais cyclique.

Le flou quantique fait aussi voler en éclats l'idée d'une cause première. Grâce au principe d'incertitude, nous avons vu que l'espace vide est rempli de particules virtuelles apparaissant et disparaissant au gré de cycles de vie et de mort infinitésimalement courts. Ces particules surgissent de façon soudaine et imprévisible en empruntant de l'énergie à la nature, et leurs existences sont d'autant plus brèves qu'elles sont plus massives et requièrent un plus grand emprunt d'énergie. Impossible de savoir à coup sûr où et quand elles vont apparaître, nous pouvons seulement parler en termes de probabilités. Ainsi la probabilité de leur existence sera plus grande près du champ gravitationnel intense d'un trou noir. En d'autres termes, les particules n'ont pas de cause précise et leur comportement ne peut pas être déterminé à l'avance. Les physiciens pensent aujourd'hui que ce qui est vrai des particules élémentaires peut l'être aussi pour l'univers tout entier. Le cosmos n'a plus besoin d'une cause première, il peut faire son apparition par la grâce d'une fluctuation quantique. Une fois créé, l'inflation se chargera de le gonfler exponentiellement dans ses premières fractions de seconde et l'évolution cosmique, guidée par les lois de la physique et de la biologie, mènera à l'univers qui nous est familier. Cette description ressemble à bien des égards à la création ex nihilo du cosmos invoquée dans les traditions judéo-chrétiennes[1]. Mais

1. Citons par exemple la théorie du *tsimtsoum* (signifiant « retrait ») dans la kabbale juive. Pour répondre à la question « Comment Dieu peut-il créer le monde ex nihilo ? », celle-ci explique que Dieu se retira de lui-même en lui-même, et par cet acte, créa un vide pour le monde à venir. Il nous faut aussi mentionner Maître Eckhart (1260-1328), moine et théologien rhénan. Ses idées sur le rien ou le vide (qu'il appelle « désert »), ce lieu où l'âme est totalement dépourvue d'ego, sur le moi individuel illusoire et sur une nature originelle identique à la réalité ultime le rapprochent étonnamment de la pensée bouddhique. Mais alors que le bouddhisme est fondamentalement non théiste, Eckhart identifie le vide avec Dieu, incarné en Jésus.

dans ce cas, l'émergence de l'univers semble pouvoir s'expliquer par des processus purement physiques, sans nécessiter l'existence d'une cause première, divine ou non. Seule l'élaboration d'une théorie de la gravité quantique dans le futur pourra nous dire si ce scénario a quelque valeur.

Épilogue

La réconciliation des contraires

Le taoïsme et le couple Yin-Yang

Après nos pérégrinations dans le paysage de la cosmologie moderne, nous sommes arrivés à la conclusion que le vide est plein. Nous avons été amenés à réconcilier des concepts a priori contraires pour rendre compte de la richesse du réel. Le taoïsme nous encourage à embrasser la magnificence des opposés. Il nous enseigne que la juxtaposition de concepts qui paraissent au premier abord antinomiques pour décrire le monde ne peut que se révéler féconde. Il nous dit que l'unité et l'interdépendance du monde sont le résultat de l'opposition dynamique et complémentaire de deux forces polaires, le Yin et le Yang. Quand les taoïstes nous parlent d'un monde holistique et de l'unité du réel, ils ne veulent nullement dire que tous les phénomènes sont semblables. Loin de vouloir gommer toute différence, ils reconnaissent au contraire l'individualité de chaque chose. Mais en même temps, ils sont aussi conscients de l'unité de phénomènes qui, à première vue, semblent être totalement contradictoires.

Les textes taoïstes associent souvent des concepts contraires dans une même phrase. Ainsi, nous pouvons lire dans le chapitre 2 du *Tao Te King* :

Tous par le monde reconnaissent le beau comme beau ;
aussitôt voilà le laid.
Tous reconnaissent le bien comme bien ;
aussitôt voilà le mal.
Ainsi, existence et non-existence s'engendrent l'une l'autre.

Difficile et facile se constituent l'un l'autre,
Long et court prennent forme l'un de l'autre,
Haut et bas se renvoient l'un à l'autre[1].

Le fait même que notre esprit se concentre sur un concept a l'effet d'engendrer son contraire. Assurément, dès qu'une notion abstraite surgit, elle s'affirme comme point de repère. Or toute affirmation implique nécessairement la possibilité de sa négation. Selon Isabelle Robinet, « ce n'est pas seulement que Lao-Tseu s'efforce de mettre en évidence le côté paradoxal de la pensée et du discours humains, ni leur forme fondamentalement binaire ; mais bien aussi qu'il s'attache, selon les cas, soit à conjoindre l'avers et le revers d'une pièce, soit à renverser l'ordre habituel et ordinaire qui affirme, afin de saisir plutôt le fondement sur lequel s'appuie toute affirmation » ; la pensée taoïste repose donc sur une « logique de l'ambivalence (...) où un terme renvoie

1. *Tao Te King*, *op. cit.*

à son contraire, où thèse et antithèse doivent être vues sous leur aspect d'opposition dynamique en même temps que de complémentarité inscrite dans une Totalité une[1] ».

Ainsi, des phénomènes qui semblent opposés – la lumière et les ténèbres, la défaite et la victoire, la vie et la mort, le plaisir et la souffrance, le bien et le mal, ou, en ce qui nous concerne ici, le vide et le plein – doivent être considérés comme les manifestations polaires de deux extrêmes d'une seule et même réalité. De ce point de vue, selon le taoïsme, est vertueux non pas celui qui s'efforce d'éradiquer tout le mal pour ne retenir que le bien, tâche qui serait impossible, mais celui qui tente de maintenir un équilibre dynamique entre le bien et le mal, objectif beaucoup plus accessible.

La notion d'« opposition dynamique » est ici clé. Elle joue un rôle fondamental dans la philosophie taoïste. À cause de l'impermanence du cosmos, rien ne peut être statique dans l'univers : tout bouge, tout change, tout évolue. L'action dynamique et réciproque du couple Yin-Yang fait que l'univers et tout ce qu'il contient obéissent à un mouvement cyclique perpétuel, sans début ni fin. Les deux forces polaires étant étroitement liées, le Yang contient le Yin en germe. Celui-ci croît jusqu'à son maximum pour remplacer le Yang, mais le Yang contient lui-même le Yin en germe et sera à son tour remplacé par ce dernier, et ainsi de suite. Le mouvement du Tao est semblable à celui d'un balancier. D'après Lao-Tseu,

1. Isabelle Robinet, *Comprendre le Tao*, Albin Michel, 2002.

« le retour est le mouvement du Tao, et l'éloignement implique le retour ». Cette alternance donne espoir, courage et persévérance dans les moments difficiles de la vie, car ceux-ci ne peuvent qu'être remplacés par des temps meilleurs, mais elle suggère aussi prudence, modestie et retenue dans les périodes fastes, car le déclin n'est jamais très éloigné.

Le bouddhisme et la Voie médiane

La réconciliation des contraires n'est pas propre à la pensée taoïste, elle fait aussi partie intégrante de la philosophie bouddhiste. Le bouddhisme nous dit qu'il existe deux réalités, la vérité conventionnelle ou vérité relative, celle que l'homme perçoit avec ses sens, et la vérité ultime, celle qui décrit la vraie nature du monde. L'exemple qui illustre le mieux cette dichotomie concerne l'interdépendance des choses. Ainsi, dans la vie quotidienne, les objets nous semblent avoir une réalité objective indépendante, comme s'ils existaient de leur propre chef et possédaient une nature autonome. Nous voyons une orange là, un arbre ici. Chaque objet semble posséder une identité distincte, de sorte que le monde ne nous apparaît pas comme un ensemble de choses interconnectées. Le bouddhisme maintient pourtant que ce mode d'appréhension des phénomènes n'est juste qu'une construction de notre esprit qui ne résiste pas à l'analyse. En effet, lorsque nous regardons une orange, nous prenons note de sa taille, de son poids, de la couleur de sa peau, de sa forme ou de son emplacement. L'ensemble de ces propriétés constitue dans notre esprit la notion d'« orange ». Mais le bouddhisme maintient que cette désignation n'est qu'une construction mentale qui attribue de façon erronée une réalité autonome à l'orange. Lorsque nous analysons l'orange plus en détail, nous nous apercevons qu'elle est issue d'une suite de causes et de conditions multiples : l'oranger qui l'a produite, la lumière du soleil et la pluie qui ont permis à l'arbre de croître, l'agriculteur qui a planté cet arbre, le boulanger et le boucher dont le pain et la viande ont nourri l'agriculteur, etc. Les connexions étant sans fin, il est impossible de définir une identité autonome de l'orange. Selon le bouddhisme, c'est donc uniquement en relation et en dépendance avec d'autres facteurs qu'un événement peut survenir. L'interdépendance est essentielle à la manifestation des phénomènes : ceci surgit parce que cela est. En conciliant deux visions du monde qui semblent être au premier abord totalement opposées, en dépassant les contraires, le bouddhisme adopte ce qui est appelé la « Voie médiane » : un phénomène n'est pas inexistant, mais il ne possède pas non plus d'existence autonome, ce qui lui permet d'interagir et de fonctionner selon les lois de la causalité.

Niels Bohr et le principe de complémentarité

La physique quantique s'est aussi vue contrainte à harmoniser des phénomènes qui semblent être a priori irréconciliables. Une des découvertes les plus déconcertantes de la mécanique quantique est le fait que la lumière, de même que la matière, possède, comme Janus, un double visage : le photon, l'électron, le proton ou toute autre particule sont à la fois particule et onde. Plus étrange encore : l'apparence d'une particule dépend de la présence d'un observateur. Si j'active mon appareil pour mesurer les propriétés du photon, il apparaît comme une particule. Mais tant qu'il n'est pas observé, il prend un aspect d'onde. En tant qu'onde, il peut se propager et occuper l'espace tout entier, comme des ondes circulaires causées par une pierre qu'on lance dans un étang se propagent et occupent

toute sa surface. Cette onde, calculée en 1926 par le physicien autrichien Erwin Schrödinger (fig.), peut être considérée comme une onde de probabilité. La mécanique quantique dit que, sans faire d'observation, je ne pourrai jamais prédire où sera le photon à un instant déterminé. Tout au plus pourrai-je évaluer la probabilité de le trouver à tel ou tel endroit. L'onde du photon, telles les vagues de l'océan, possède une très grande amplitude aux crêtes et une amplitude bien moindre aux creux. Ce qui veut dire que j'ai beaucoup plus de chances de rencontrer le photon aux crêtes qu'aux creux, mais même aux crêtes je ne serai jamais certain qu'il sera au rendez-vous. La certitude est bannie du monde quantique.

Einstein, déterministe invétéré, ne pouvait accepter cette interprétation probabiliste de la réalité par la mécanique quantique. « Dieu ne joue pas aux dés », disait-il. Pour lui, les particules de matière et de lumière devaient toujours être caractérisées par une position et une vitesse bien déterminées, qu'elles soient observées ou non. Werner Heisenberg décrit ainsi le réalisme matérialiste d'Einstein : « Le physicien doit postuler qu'il étudie un monde qu'il n'a pas fabriqué lui-même et qui serait présent, essentiellement inchangé, si le scientifique en était lui-même absent. » Mais les expériences montrent qu'Einstein se trompait : l'observateur joue un rôle déterminant en façonnant la réalité qu'il contemple, et les prédictions de la mécanique quantique, qui accorde un rôle majeur au hasard dans son interprétation probabiliste du réel, n'ont jamais été prises en défaut par les mesures en laboratoire.

Mais si nous rejetons le réalisme dogmatique d'Einstein, comment pouvons-nous expliquer le fait que le photon ou l'électron sont à la fois ondes et particules ? La nature duelle de la lumière et de

la matière a contraint la physique quantique, comme le taoïsme et le bouddhisme, à dépasser des concepts apparemment opposés pour les unir dans une relation dynamique en un Tout unifié. L'interprétation de la mécanique quantique le plus généralement acceptée est celle de l'école de Copenhague dont le chef de file est

Niels Bohr (fig.). Selon Bohr, les aspects d'onde et de particule ne sont pas dissociés, mais complémentaires – ce qu'il appelle précisément « principe de complémentarité ». Pour le physicien danois, c'est là une conséquence de l'inévitable interaction entre un phénomène et l'appareil qui le mesure. Ce n'est donc pas la réalité qui est duelle, mais les résultats d'interactions expérimentales. D'après Bohr, quand nous parlons d'atomes ou d'électrons, nous ne devons pas imaginer des entités réelles existant par elles-mêmes, avec des propriétés bien définies comme la position ou la vitesse, décrivant des trajectoires elles aussi bien déterminées. Le concept d'atome n'est qu'un moyen commode pour relier en un schéma logique et cohérent diverses observations : « Notre description de la nature n'a pas pour but de révéler l'essence réelle des phénomènes, mais simplement de découvrir autant que possible les relations entre les nombreux aspects de notre existence[1]. » Heisenberg écrit dans le même sens : « Demander que l'on "décrive ce qui se passe" dans le processus quantique entre deux observations successives est une contradiction *in adjecto*, puisque le mot "décrire" se réfère à l'emploi des concepts classiques qui ne peuvent être appliqués dans l'intervalle séparant deux observations. (...) L'ontologie du matérialisme reposait sur l'illusion que (...) la "réalité" directe du monde qui nous entoure pouvait s'extrapoler jusqu'à l'ordre

1. Niels Bohr, *Atomic Theory and the Description of Nature*, Oxbow Press, 1987.

de grandeur de l'atome. Or cette extrapolation est impossible[1]. »

Une vision plus riche du monde

Au niveau atomique et subatomique, la physique quantique a donc su dépasser des concepts apparemment opposés pour les unifier dans une relation dynamique dans un Tout unifié. Cela s'applique non seulement à la dualité particule-onde de la lumière et de la matière, mais aussi, nous l'avons vu, au vide plein. En réconciliant les contraires à la manière du taoïsme et du bouddhisme, la physique quantique nous présente une vision plus précise et plus riche du monde atomique et subatomique. Les fondateurs de la mécanique quantique étaient d'ailleurs bien conscients des parallèles qui peuvent exister entre la vision du réel de la mécanique quantique et celle des traditions spirituelles orientales. Au cours d'un voyage en Chine en 1937, après la formulation de son principe de complémentarité, Bohr a été profondément impressionné par le concept taoïste des pôles opposés, le Yin et le Yang, qui façonnent le réel. Dix ans plus tard, quand le physicien a été fait chevalier par le roi du Danemark pour ses contributions scientifiques, il a choisi pour blason le symbole représentant le couple Yin-Yang, et pour devise : *Contraria sunt complementa* (les contraires sont complémentaires) (fig.).

1. Werner Heisenberg, *Physique et Philosophie*, Albin Michel, 1961.

Le blason de Bohr avec le symbole du couple Yin-Yang et la devise en latin *Contraria sunt complementa* (les contraires sont complémentaires) fait écho à ses travaux en physique sur le « principe de complémentarité », selon lequel la matière et la lumière ont une nature duelle, l'aspect d'onde complétant celui de particule.

Comme l'aspect onde est complémentaire de l'aspect particule, et la notion de plein de celle de vide, la vision du monde dérivant de la spiritualité (la spiritualité orientale ici) est complémentaire de celle élaborée par la science. Certes, il ne s'agit pas de vouloir imprimer à la science des allures de mysticisme, ou d'étayer le taoïsme ou le bouddhisme par les découvertes de la science. La science et la spiritualité constituent des magistères différents, comme l'a justement remarqué le biologiste américain Stephen Jay Gould[1], et nul n'est besoin de les synthétiser ou

1. Stephen Jay Gould, *Rocks of Ages*, Ballantine Books, 1999 ; trad. française *Et Dieu dit : « Que Darwin soit ! »*, Seuil, 2000.

de les faire concorder. La science fonctionne parfaitement et atteint le but qu'elle s'est fixé – l'étude et l'interprétation des phénomènes – sans aucun besoin du support d'une tradition spirituelle ou d'une religion. Quant à ces dernières, elles visent à provoquer en nous une transformation intérieure profonde en termes de perception du monde et d'action sur lui, à nous aider à penser et agir juste. Et que ce soit la Terre qui tourne autour du Soleil ou le contraire, ou que ce soit le big bang qui est à l'origine de l'univers ou une autre cause ne changent rien à l'affaire. Mais parce que la science et la spiritualité représentent l'une comme l'autre une quête de la vérité, dont les critères sont l'authenticité et la rigueur, leurs manières respectives d'envisager le réel ne devraient pas déboucher sur une opposition irréductible, mais plutôt sur une harmonieuse complémentarité[1]. La réconciliation des contraires est créatrice et génératrice de vérité.

---

1. Fritjof Capra, *Le Tao de la physique*, Sand, 1989

Crédits photographiques

CAHIER D'ILLUSTRATIONS

1. © akg-images.

2. © akg-images.

3. Coucher de Lune avec la Terre et son atmosphère pour horizon, photo prise depuis la navette spatiale *Discovery* durant la mission STS-70, juillet 1995 © Bridgeman Images.

4. © NASA / ESA / M. Brodwin (Université du Missouri).

5. © M. Blanton and the Sloan Digital Sky Survey.

6. © akg / Kenneth Libbrecht / Science Photo Library et © akg / Kenneth Libbrecht / Science Photo Library.

7.a. © CERN.

7.b. © CERN.

8. © CERN.

9. © ESA and the Planck Collaboration.

10.a. © Courtesy PTF.

10.b. © ESO.

11. © akg / Science Photo Library.

12. © Bill Schoening, Vanessa Harvey/REU program/NOAO/AURA/NSF.

13. *Voyages d'inspection dans le Sud de l'empereur Kangxi*, Wang Hui (1632-1717) © The Metropolitan Museum of Art, Dist. RMN-Grand Palais / image of the MMA.

ILLUSTRATIONS INTÉRIEURES

p. 24 : Bois de renne entaillé, 30 000-25 000 avant J.-C. © RMN-Grand Palais (Musée d'archéologie nationale) / Martine Beck-Coppola.

p. 25 : © BnF.

p. 31 : © Gary S. Chapman/getty images.

p. 34 : Charles P. Bowditch, *The numeration, calendar systems and astronomical knowledge of the Mayas*, Cambridge, The University Press, 1910.

p. 41 : Siva Natarâja, roi de la danse © RMN-Grand Palais (musée Guimet, Paris) / Hervé Lewandowski.

p. 49 : *The Elder or Poetic Edda, commonly known as Sæmund's Edda,* édité et traduit par Olive Bray, illustré par W.G. Collingwood, London Viking Club, 1908, p. 112.

p. 59 : © BnF.

p. 67 : © Photo Josse/Leemage.

p. 73 : © Science & Society Picture Library/getty images.

p. 83 : © akg / Science Photo Library.

p. 126 : © akg / Science Photo Library.

p. 130 : © akg-images / Interfoto / Thomas Höfler.

p. 132 : © akg / Science Photo Library.

p. 133 : © akg / Science Photo Library.

p. 134 : D.R.

p. 139 : © IAM / akg-images / World History Archive.

p. 139 : © akg / Science Photo Library.

p. 134 : © akg-images / Pictures From History.

p. 157 : Dmitri Ivanovitch Mendeleïev (1897).

p. 158 : © akg / Science Photo Library.

p. 162 : © akg / Science Photo Library.

p. 180 : © Santi Visalli/getty images.

p. 188 : © NASA/CXC/M.Weiss.

p. 199 : © akg / Science Photo Library.

p. 210 : © akg / Science Photo Library.

p. 225 : © Bettmann/CORBIS/getty images.

p. 238 : © Deanne Fitzmaurice/National Geographic Creative.

p. 268 : © akg / Science Photo Library.

p. 279 : © Linda A. Cicero / Stanford News Service.

p. 282 : D.R.

p. 284 : D.R.

p. 310 : D.R.

p. 327 : *Thangka de Nagarjuna* (soie), école tibétaine (XIXe siècle) © World Museum, National Museums Liverpool / Bridgeman Images.

p. 334 : © akg / Science Photo Library.

p. 335 : © akg-images / Erich Lessing.

p. 346 : © akg / Science Photo Library.

p. 347 : © akg / Science Photo Library.

p. 350 : © The Royal Library, Copenhague.

Index

Table des matières

Du même auteur :

L'auteur a été récompensé en 2009 par le prix Kalinga de l'Unesco et en 2012 par le prix mondial de la fondation Cino del Duca, décerné par l'Institut de France, pour l'ensemble de son œuvre de vulgarisation scientifique.

La Mélodie secrète. Et l'homme créa l'univers, Fayard, 1988 ; Folio essais, 1991.

Un astrophysicien. Entretiens avec Jacques Vauthier, Beauchesne/Fayard, 1992 ; Champs Flammarion, 1995.

Le Destin de l'univers. Le big bang et après, Gallimard, collection « Découvertes », 1992 ; version remise à jour 2008.

Le Chaos et l'Harmonie. La fabrication du réel, Fayard 1998 ; Folio essais, 2000.

L'Infini dans la paume de la main. Du big bang à l'Éveil, avec Matthieu Ricard, Nil/Fayard, 2000 (prix d'Asie 2000 de l'Association des écrivains de langue française) ; Pocket, 2002.

L'Arpenteur du cosmos. Entretiens avec Edmond Blattchen, Alice Éditions, 2002.

Origines. La nostalgie des commencements, Fayard, 2003 ; Folio essais, 2006.

Les Voies de la lumière, Fayard, 2007 (Grand Prix Moron 2007 décerné par l'Académie française) ; Folio essais, 2008.

Voyage au cœur de la lumière, Gallimard, collection « Découvertes », 2008.

Le monde s'est-il créé tout seul ?, avec Ilya Prigogine, Albert Jacquard, Joël de Rosnay, Jean-Marie Pelt et Henri Atlan, Albin Michel, 2008 ; Le Livre de poche, 2010.

Dictionnaire amoureux du ciel et des étoiles, Plon/Fayard, 2009 ; édition de poche : *Petit dictionnaire amoureux du ciel et des étoiles*, Pocket, 2014.

Le Cosmos et le Lotus, Albin Michel, 2011 (prix Louis Pauwels 2012 décerné par la Société des gens de lettres) ; Le Livre de poche, 2013.

Désir d'infini, Fayard, 2013 ; Folio essais, 2014.

Face à l'univers, avec Jean d'Ormesson, Matthieu Ricard, Jean-Marie Pelt, Philippe Desbrosses, Edgar Morin, Joël de Rosnay, Fabienne Verdier et Jean-Claude Guillebaud, Autrement, 2015 ; édition de poche, Fayard/Pluriel, 2017.

Une nuit, L'Iconoclaste, 2017.

Dictionnaire amoureux illustré du ciel et des étoiles, dessins de Catherine Dubreuil, Gründ/Plon, 2018.

Vertige du cosmos, Flammarion, 2019.

Pour plus de détails sur ces ouvrages,
consulter le site

www.trinhxuanthuan.fr

PAPIER À BASE DE FIBRES CERTIFIÉES

Le Livre de Poche s'engage pour l'environnement en réduisant l'empreinte carbone de ses livres. Celle de cet exemplaire est de :
600 g éq. CO_2
Rendez-vous sur www.livredepoche-durable.fr

Composition réalisée par NORD COMPO

Achevé d'imprimer en mai 2022, en France par
La Nouvelle Imprimerie Laballery
58500 Clamecy (Nièvre)
N° d'impression : 205430
Dépôt légal 1re publication : mars 2018
Édition 06 – mai 2022

LIBRAIRIE GÉNÉRALE FRANÇAISE
21, rue du Montparnasse – 75283 Paris Cedex 06

Composition réalisée par [illegible]

Achevé d'imprimer en mai 2002 en France par
La Nouvelle Imprimerie Laballery
58500 Clamecy
N° d'impression : [illegible]430
Dépôt légal 1re publication : [illegible]
Édition [illegible] - mai 2002

LIBRAIRIE GÉNÉRALE FRANÇAISE
21, rue du Montparnasse - 75283 Paris Cedex 06

36/5098/4